大国制造再出发

任继球 著

产业政策、行业发展
与国际经验

THE RESTART OF CHINA'S
MANUFACTURING INDUSTRY

中国社会科学出版社

图书在版编目（CIP）数据

大国制造再出发：产业政策、行业发展与国际经验／任继球著．－－北京：中国社会科学出版社，2024．11．
ISBN 978-7-5227-4396-7

Ⅰ．F426.4

中国国家版本馆 CIP 数据核字第 2024XD6143 号

出 版 人	赵剑英
责任编辑	王　曦
责任校对	殷文静
责任印制	戴　宽

出　　版	中国社会科学出版社
社　　址	北京鼓楼西大街甲 158 号
邮　　编	100720
网　　址	http://www.csspw.cn
发 行 部	010-84083685
门 市 部	010-84029450
经　　销	新华书店及其他书店

印刷装订	北京君升印刷有限公司
版　　次	2024 年 11 月第 1 版
印　　次	2024 年 11 月第 1 次印刷

开　　本	710×1000　1/16
印　　张	16.25
字　　数	225 千字
定　　价	96.00 元

凡购买中国社会科学出版社图书，如有质量问题请与本社营销中心联系调换
电话：010-84083683
版权所有　侵权必究

前　言

制造业是国家经济命脉所系，是立国之本、强国之基。改革开放 40 多年以来，中国制造业不断发展壮大，已成为全球不可忽视的一道风景线。自 2010 年中国制造业增加值首次超过美国，已连续多年稳居世界第一位，成为名副其实的制造业大国。据世界银行发展指数数据库统计，2022 年中国制造业增加值占全球的比重超过 30%，接近美国、日本和德国的总和。在冶金、石化等传统优势产业领域，中国很多产品接近全球 50% 的产值规模，在新能源汽车、锂电池、光伏等国际新兴产业领域，中国企业国际竞争力也不断增强，"中国造"全球市场份额快速提升。2023 年，中国新能源汽车产量接近 1000 万辆，新能源汽车出口达到 120 万辆以上，并首次成为全球最大的汽车出口国。

在正视中国制造业发展所取得成绩的同时，也要认识到当前中国制造业进入新的发展阶段，内外部环境发生深刻变化，制造业发展目标和重心也相应发生变化，大国制造再出发任重道远。从外部环境来看，当前，世界各国制造业的竞争日益激烈，中国制造业发展充满挑战。2008 年国际金融危机以来，世界各国对制造业愈加重视，美国等发达国家逐步采取各种政策推动再工业化，在中美贸易摩擦后，特别是新冠疫情后不断加强，部分国家还加大了对中国制造业的技术限制和贸易打压力度。与此同时，以越南、印度、墨西哥等为代表的新兴国家和地区也不断推动工业化发展，对中国部分制造业形成替代和挤压。同时，新一轮科技革命和产业变革在全球范围蓬勃兴起，正在引发全球产业链和生产组织网络的重大调整，以人工智能等技术为代表的新一轮技术革命将以惊人的速度拓展，并"以更快的速度、更广的范围整合和重构全球价值链条"，有可能会带来国家之间竞争的"赢者通吃"，第一步落后很可能意味着在未来很长一段时间都处于差距扩大的状态。此外，全球减碳虽有曲折但大势所趋、目标清晰，中国也提出了"二氧化碳排放力争于2030年前达到峰值，努力争取2060年前实现碳中和"的目标，制造业绿色低碳发展既是趋势，也是要求。

从内部发展阶段来看，根据钱纳里模型判断，中国已处于工业化后期阶段，工业化速度将大幅放缓，并将在很长一段时间处于工业化后期阶段，工业化攻坚任务较重、难度较大。改革开放以来，中国用40多年时间跨越了其他国家需要很长时间才能完成的工业化发展的几个阶段，是一个"压缩式的工业化"。尽管当前中国工业规模已经跃居世界第一位，但"压缩式的工业化"不可避免地带来一些短板和不足，中国制造业发展核心技术和关键零部件缺失，工业化的根基不牢，在增加值率、劳动生产率、产品质量和品牌建设等方面与发达国家相比还有一定差距。同时，中国资源要素比较优势发生复杂深刻变化，面临传统成本优势锐减等新问题新挑战，制造业进入新的发展阶段。

大国制造再出发，必须认识到在新的发展阶段中国制造业发展的环境、条件和目标都发生了较大变化，迫切要求为制造业发展服务的产业政策相应调整，也面临一系列新挑战新问题，需借鉴先行工业化国家经验，推动中国制造业高质量发展。基于此，本书分别从产业政策、行业发展和国际经验三方面展开对中国制造业发展的研究。产业政策篇主要探索寻求适宜产业政策，以适应大国制造再出发，包括四章内容。本书第一章"从外循环到双循环：中国产业政策转型的基本逻辑与方向"探讨了双循环新发展格局对中国产业政策提出新的要求，适用于外循环的既往产业政策"选产业、选技术、选企业"弊端增多、有效性弱化，双循环新发展格局下需加快推动产业政策向"选有限产业、产业内普惠性支持"转变，促进政策实施范围有限聚焦，放弃对特定技术路线和具体企业的选择，并逐渐放弃以往的行政干预手段，更多采用市场化的手段和工具。本书第二章"澄清认识，加快构建'卡脖子'技术攻关长效机制"探讨和澄清了中国对"卡脖子"技术的认识误区，聚焦导致全社会"卡脖子"技术攻关投入不足的瓶颈障碍，重点围绕解决使用需求预期不足和难以嵌入发达国家主导的产业链等问题，提出了制定长期可持续的支持机制和手段，鼓励和支持重点企业加大对"卡脖子"技术攻关的投入力度。本书第三章"探寻政府主导产业发展模式的边界条件：基于高铁和通信设备的行业比较研究启示"从制造业不同行业特征出发，通过比较高铁和通信设备，从政府作用模式、技术创新范式、行业进入壁垒等维度分析了高铁和通信设备的不同特征，对政府主导产业发展的边界条件进行了探讨，提出在激进式创新、市场需求不确定性大、具有边缘市场和领先用户、行业进入壁垒不高等特征的行业领域要慎用政府主导产业发展模式。本书第四章"提升产业政策对国际新兴产业的适配性——基于光伏与新能源汽车产业政策的研究启示"聚焦国际新兴产业，通过梳理总结中国光伏和新能源汽车产业政策的主要做法和经验，探讨和总结了提升产业政策对国际新兴产业发展适配性的一般规律。

行业发展篇主要讨论大国制造再出发不同行业遇到的突出问题与发展方向及战略举措，包括五章内容。本书第五章"推动战略性新兴产业集群化发展：理论内涵、面临问题与推进策略"聚焦战略性新兴产业，在中国，战略性新兴产业不断发展壮大，2023年中国战略性新兴产业增加值占GDP的比重接近15%，在效能提升成为中国战略性新兴产业发展重要目标的背景下，探讨了战略性新兴产业集群化发展的内涵特征，研究分析了集群化发展对战略性新兴产业效能提升的机理作用，归纳总结当前中国战略性新兴产业集群化发展的成效与问题，并提出了相应的思路方向与对策建议。

装备制造业是制造业的基础和核心，中国与发达国家在实体经济上的差距主要体现在装备制造业。本书第六章"推动装备制造业高质量发展：特征、困境与建议"分析了中国装备制造业对国民经济的重要性，重点研究了中国装备制造业升级面临的三大困境："全球化"困境、"干中学"困境和"合作型"困境，并相应地提出了一系列对策建议。

党的二十大报告明确提出，积极稳妥推进碳达峰碳中和，并指出要推进工业等领域清洁低碳转型。"双碳"目标将给中国制造业造成深刻影响，典型的是以钢铁为代表的高碳排放产业。中国钢铁产业具有产值规模大、全球市场份额高、产业竞争力强等特征，但也是工业领域高耗能高排放产业的典型代表，呈现碳排放总量大和强度大的双重特征。基于此，本书第七章"'双碳'目标下的钢铁产业：压力挑战、发展要求与政策建议"以钢铁产业为例，研究分析了"双碳"目标下中国钢铁产业减碳的压力挑战，并对中国钢铁产业发展提出了新的要求，并相应提出采取有针对性的改革和措施，为钢铁产业实现低碳发展提供政策保障。

近些年来，对于制造业机器换人带来失业风险的讨论增多，一类观点对产业机器换人持保留意见，建议减缓产业自动化改造步伐，平衡自动化改造和就业的关系，减少和防范大面积失业风险。本书第八章"电子信息制造业就业：'增长之谜'、隐忧问题与启示建议"讨论了产业发展和就业的关系，发现"十三五"以来，中国电子信息制造业就业稳定甚至出现小幅增长，在制造业整体和各细分行业均出现就业下降背景下的逆势上扬。对电子信息制造业就业"增长之谜"的背后经验规律进行研究发现，产业持续增长是电子信息制造业就业增长的重要前提，而机器换人则是提升产业效率和竞争力、促进产业持续增长的重要措施,并结合当前中国电子信息产业遇到的问题,提出提升产业竞争力、夯实产业发展质量和规模等方面的意见和建议。

当今世界,新一轮科技革命和产业变革正在孕育兴起,未来产业正加快成为推动经济社会发展的重要力量,成为大国竞争和博弈的重要焦点,也将重塑未来很长一段时间全球竞争格局。本书第九章"未来产业创新创业发展模式研究",主要聚焦未来产业,明确了未来产业创新创业的内涵特征与发展模式,梳理当前制约未来产业创新创业的主要因素,围绕未来产业发展重点领域,提出有针对性的改革和配套措施。

国际经验篇基于大国制造再出发遇到的新问题,探寻先行工业化国家在不同时期遇到类似问题采取的战略路径和重大举措,并比较分析出经验和教训,为中国制造业发展提供经验镜鉴。本书第十章"世界工厂的挑战与应对:基于英美制造业的比较研究与启示"通过对历史数据的研究分析,发现英国和美国先后成为全球制造业规模最大的国家,在此之后都出现了从贸易保护向推动自由贸易转变,从对内投资为主向加大对外投资转变,从偏重有形生产向偏重无形生产转变,从技术跟随向自主创新转变等趋势,随之带来贸易逆差扩大、产业外迁、去工业化、技术外溢等压力和挑战。但英国制造业在登顶世界第一后呈现改造升级停滞的趋势,在半个世纪内被美国超越,而美国制造业则向高度工业化发展,自登顶世界第一一直至现在依然通过高技术产业引领全球制造业产业链发展。美国制造业之所以能维持竞争力,主要是因为与英国相比,美国的包容性增长造就庞大的国内市场,持续推动对等贸易,美国政府持续加大对科技创新的投入,采用强有力的产业政策保护本国工业和限制潜在竞争国的发展,对当前中国制造业发展具有重要启示。

当前,稳定制造业比重成为中国构建新发展格局的重要任务。本书第十一章"先行工业化国家制造业比重稳定组和下降组的比较及启示"按照制造业比重这一指标，将先行工业化国家分为制造业比重稳定组和下降组，分析了不同类别国家制造业比重稳定或下滑的原因，并提出制造业比重稳定组和下降组代表两种不同的发展路径，两种发展路径各有利弊，借鉴和参考何种路径需要结合和考虑中国的发展阶段及主要矛盾。当前，中国制造业比重出现下降的苗头，要高度警惕美国、英国和法国的发展路径对制造业比重下降的推动作用，借鉴日本、德国和韩国稳定制造业的主要做法和经验，但也不能简单照搬其发展路径，要结合中国的国情，实施有针对性的政策措施和配套改革，强化基础产业及工业基础设施、科技创新、人力资源和现代金融等对制造业的支撑，夯实和稳固制造业发展的产业生态和发展基础，保持中国制造业比重基本稳定。

2023年12月中国召开的中央经济工作会议提出，要打造商业航天等若干战略性新兴产业。而在国外，随着以SpaceX为代表的商业航天企业的崛起，美国商业航天产业快速发展，并取得积极成效，美国商业航天产值规模全球领先，商业航天技术快速提升、成本加速下降。本书最后一章"美国商业航天产业政策的四个转向及对中国的启示"聚焦商业航天这一产业，研究分析了美国商业航天产业的发展历程，美国在21世纪初期发展也并不尽如人意，但在实施业务剥离、政企分离、政采创新、政军开放等一系列产业政策后，在短短20年左右的时间发展迅速，对当前中国还处于产业化初期阶段的商业航天具有重要启示，可为中国商业航天发展提供宝贵经验。

任继球
2024年4月

目　录

第一篇　产业政策篇

第一章　从外循环到双循环：中国产业政策转型的基本逻辑与方向 …… 3

　　第一节　引言及文献综述 …………………………………………… 3
　　第二节　外循环下中国产业政策主要特征及反思 ………………… 5
　　第三节　双循环对产业政策提出新要求 …………………………… 11
　　第四节　双循环下中国产业政策转型的思路及建议 ……………… 14

第二章　澄清认识，加快构建"卡脖子"技术攻关长效机制 …… 21

　　第一节　澄清对"卡脖子"技术的三个认识误区 ………………… 22
　　第二节　中国支持"卡脖子"技术政策措施的现状及不足：
　　　　　　以集成电路为例 …………………………………………… 25
　　第三节　构建七大长效机制促进"卡脖子"技术攻关 …………… 31

第三章　探寻政府主导产业发展模式的边界条件
　　　　　——基于高铁和通信设备的行业比较研究启示 …………… 37

　　第一节　引言 ………………………………………………………… 37

第二节　政府作用不同：政府主导推动 vs 政府辅助市场 …… 40
第三节　技术创新范式不同：渐进式创新 vs 激进式创新 …… 42
第四节　行业进入壁垒不同：技术复杂性、技术差距和边缘市场 …………………………………………………… 45
第五节　政府主导模式的适用条件 ……………………… 47
第六节　结论与政策启示 ………………………………… 49

第四章　提升产业政策对国际新兴产业的适配性
　　　　——基于光伏与新能源汽车产业政策的研究启示 ……… 51

第一节　问题的提出及文献综述 ………………………… 51
第二节　产业发展历程与发展成效：兼论产业政策的作用 …………………………………………………… 55
第三节　产业政策何以有效：光伏与新能源汽车产业政策主要特征及有效性 ………………………………… 64
第四节　总结与启示：推动产业政策从"选赢家"向"选赛道"转型 …………………………………… 69

第二篇　行业发展篇

第五章　推动战略性新兴产业集群化发展：理论内涵、面临问题与推进策略 ……………………………… 75

第一节　战略性新兴产业集群化发展的内涵特征与作用机理 ……………………………………………… 76
第二节　中国战略性新兴产业集群化发展的初步成效 …… 80
第三节　中国战略性新兴产业集群化发展面临的问题 …… 87
第四节　中国战略性新兴产业集群化发展的推进策略 …… 91

第六章　推动装备制造业高质量发展：特征、困境与建议 …… 97

第一节　装备制造业在国民经济中的重要地位 ………… 97

第二节　装备制造大而不强是中国制造业的现实缩影 …… 100

　　第三节　当前中国装备制造业面临三大困境 ……………… 105

　　第四节　外部政策支持、内部组织重构，助力中国装备
　　　　　　制造业高质量发展 …………………………………… 109

第七章　"双碳"目标下的钢铁产业：压力挑战、发展要求与
　　　　政策建议 …………………………………………………… 112

　　第一节　中国钢铁产业发展现状 ……………………………… 112

　　第二节　"双碳"目标下中国钢铁产业面临的严峻减碳
　　　　　　压力和挑战 …………………………………………… 116

　　第三节　"双碳"目标下中国钢铁产业发展的新要求 ……… 119

　　第四节　政策建议 ……………………………………………… 126

第八章　电子信息制造业就业："增长之谜"、隐忧问题与
　　　　启示建议 …………………………………………………… 130

　　第一节　中国电子信息制造业就业"增长之谜"及其
　　　　　　背后的经验规律 ……………………………………… 130

　　第二节　电子信息制造业就业的隐忧问题 …………………… 138

　　第三节　总结、启示与对策建议 ……………………………… 146

第九章　未来产业创新创业发展模式研究 ………………………… 150

　　第一节　未来产业创新创业的内涵特征与发展模式 ………… 150

　　第二节　当前推进未来产业创新创业面临的问题与制约 …… 159

　　第三节　推进中国未来产业创新创业发展的总体
　　　　　　思路与目标 …………………………………………… 168

　　第四节　推动未来产业创新创业发展的主要任务和
　　　　　　重大举措建议 ………………………………………… 171

第三篇　国际经验篇

第十章　世界工厂的挑战与应对——基于英美制造业的比较研究与启示 ………………………………………… 181

　　第一节　工业革命以来的世界工厂：英美制造业在全球地位的演变 ………………………………………… 181

　　第二节　世界工厂的共同烦恼：英美制造业面临的相同趋势与挑战 ………………………………………… 184

　　第三节　世界工厂的分岔路：英美制造业发展的不同方向及其原因 ………………………………………… 190

　　第四节　结论及对中国的启示 ………………………………… 199

第十一章　先行工业化国家制造业比重稳定组和下降组的比较及启示 ……………………………………………… 204

　　第一节　稳定组与下降组的分类：日德韩 vs 美英法 … 204

　　第二节　先行工业化国家制造业比重不同背后的原因 … 209

　　第三节　典型国家稳定制造业比重的主要做法与经验 … 215

　　第四节　辩证看待制造业比重下降组和稳定组的风险和挑战 ………………………………………………… 221

　　第五节　启示与建议 …………………………………………… 225

第十二章　美国商业航天产业政策的四个转向及对中国的启示 …… 228

　　第一节　美国商业航天产业发展取得积极进展 …………… 228

　　第二节　美国商业航天产业加快发展得益于其产业政策"四个转向" ………………………………………… 232

　　第三节　对中国的启示与建议 ………………………………… 238

主要参考文献 ……………………………………………………………… 240

第一篇

产业政策篇

第一章

研究的引入

第一章 从外循环到双循环：中国产业政策转型的基本逻辑与方向

第一节 引言及文献综述

当前，中国产业比较优势和国际环境发生复杂深刻变化，面临传统成本优势锐减、技术引进难度倍增等新问题新挑战，中国产业发展进入新的历史阶段。在此背景下，党中央多次强调要构建以国内大循环为主体、国内国际双循环相互促进的新发展格局。自2020年被提出以来，很多学者对"双循环新发展格局"进行了讨论。从产业视角来看，主要观点有：一是从供给的角度，强调产业链供应链的安全可控，进而上升到创新链，强调科技的自立自强。[1][2] 二是从需求市场的角度，强调转变过去对外需市场的依赖，强化内需市

---

[1] 王昌林：《新发展格局：国内大循环为主体 国内国际双循环相互促进》，中信出版社2021年版。
[2] 黄群慧：《新发展格局的理论逻辑、战略内涵与政策体系——基于经济现代化的视角》，《经济研究》2021年第4期。

场建设，充分发挥国内超大规模市场优势。[①②③] 三是从循环的角度，强调供给和需求的匹配，以及产业链上下游的畅通和循环。[④⑤] 四是从开放的角度，认为双循环新发展格局的本质是"客场全球化"转向"主场全球化"，要通过国际循环更好促进国内大循环。[⑥⑦]

中国加快构建双循环新发展格局，产业发展的环境、条件和目标以及模式都将发生深刻变化，这要求为产业发展服务的产业政策也随之改变。当前，对双循环新发展格局下产业政策转型的研究文献相对较少，仅有部分学者提及和阐述，他们的主要观点是要减少传统产业政策的使用，明确产业政策的作用边界，促进产业政策从选择性向功能性转变，奠定竞争政策的基础地位，培育公平竞争环境，让市场机制更多发挥资源配置作用。[⑧⑨] 这些观点在宏观层面上对双循环新发展格局下中国产业政策转型具有重要指导意义，但并没有深入到微观层面，对中国产业政策转型实践指导性和可操作性的研究还有待进一步深入，还需有效解答双循环新发展格局下"哪些产业领域和环节仍需产业政策""产业政策的作用方式需要如何调

---

① 江小涓、孟丽君：《内循环为主、外循环赋能与更高水平双循环——国际经验与中国实践》，《管理世界》2021年第1期。

② 罗重谱、李晓华：《中国超大规模市场优势发挥与"双循环"新发展格局的构建》，《学习与探索》2021年第11期。

③ 徐奇渊：《双循环新发展格局：如何理解和构建》，《金融论坛》2020年第9期。

④ 刘鹤：《加快构建以国内大循环为主体、国内国际双循环相互促进的新发展格局》，《人民日报》2020年11月25日。

⑤ 王一鸣：《积极探索形成"双循环"新发展格局的路径》，《清华金融评论》2020年第11期。

⑥ 刘志彪：《从客场到主场：中国经济全球化的新格局》，《智慧中国》2020年第8期。

⑦ 王昌林：《新发展格局：国内大循环为主体 国内国际双循环相互促进》，中信出版社2021年版。

⑧ 黄群慧：《新发展格局的理论逻辑、战略内涵与政策体系——基于经济现代化的视角》，《经济研究》2021年第4期。

⑨ 江小涓、孟丽君：《内循环为主、外循环赋能与更高水平双循环——国际经验与中国实践》，《管理世界》2021年第1期。

整优化"等问题。基于此，本章拟总结和反思外循环下产业政策的特征、有效性和存在问题，研究提出双循环新发展格局对产业政策的新要求，探寻中国产业政策转型的方向。

第二节 外循环下中国产业政策主要特征及反思

改革开放初期，与发达国家相比，中国产业发展较为落后，产业技术发展相对滞后，资本积累也不足。中国积极参与国际大循环，依托劳动力成本等优势，加快学习和引进国外技术，大量引进外资，加快嵌入全球产业链价值链。这一时期产业政策的主要任务是提升中国重点产业企业参与外循环的质量和效率，更好借鉴发达国家经验加快推动中国工业化进程，加快吸收和利用发达国家的先进技术和成熟技术，提升资本等要素资源集聚的效率。

一 外循环下中国产业政策的主要特征

改革开放初期，中国产业管理体制面临重大变革，正值日本经济快速发展引起全世界关注，日本的产业政策逐渐引入中国并大量使用。[①] 这种源于日本的产业政策是指政府为改变产业间资源分配和各种产业中企业经营活动而采取的政策。在实践中，选择性成为中国既往产业政策的灵魂，[②] 可以概括为"选产业、选技术、选企业"。"选产业"表现为中国有选择地将钢铁、汽车等作为支柱产业，持续加大对这些产业的倾斜性扶持力度。"七五"计划中明确提出把汽车制造业作为支柱产业。1994 年出台的《汽车工业产业政策》提出鼓励汽车工业企业利用多种渠道筹措资金，并明确要求冶

[①] 江飞涛、李晓萍：《改革开放四十年中国产业政策演进与发展——兼论中国产业政策体系的转型》，《管理世界》2018 年第 10 期。

[②] 江飞涛、李晓萍：《直接干预市场与限制竞争：中国产业政策的取向与根本缺陷》，《中国工业经济》2010 年第 9 期。

金、石化、机械、电子、轻工、纺织、建材等部门应在金属材料、机械设备、汽车、电子、橡胶、工程塑料、纺织品、玻璃等方面统筹规划，积极支持汽车工业的发展。同年印发的《关于促进钢铁工业持续发展的意见》也提出强化资金筹集，加快老企业技术改造，优化钢铁工业结构，特别是对矿山改造建设和矿山企业予以扶持。在21世纪，2004年后政府通过大规模技术引进促进高铁装备技术升级，选择支持高铁装备产业的发展。

"选技术"表现为在部分产业领域直接引进和模仿发达国家较为成熟的技术，或者选择与发达国家跨国企业合资，利用跨国企业成熟技术建设生产基地，或者对企业发展进行具体技术指导。在汽车产业领域，推动"市场换技术"，在20世纪80年代初大力引进外资设立中外合资厂。如，1983年，允许AMC成立北京吉普；1984年，批准成立上海大众；1985年，同意成立广州标致；1986年，天津汽车与大发签约引进日本先进技术。在钢铁产业领域，2004年发布的《钢铁产业发展政策》提出，企业应积极采用大型高炉和超高功率电炉等国外成熟的先进技术和工艺及装备。在高铁动车组领域，原铁道部在技术引进中直接选择了动力分散型电力机车技术，这一技术范式在日本、德国和法国等发达国家由来已久，相对较为成熟。

"选企业"表现为扶持在位大企业，并通过审批制度严格限制其他企业进入。在汽车工业领域，1987年出台的《国务院关于进一步严格控制轿车进口的通知》明确限制新增轿车生产点。国家还指定中方企业进行合资，任何其他地区、其他部门和其他企业不允许擅自同外资洽谈引进生产线，也不得假借其他名义生产轿车。1994年出台的《汽车工业产业政策》提出将对具有独立的产品、技术、开发能力和一定生产规模及市场占有率的汽车、摩托车及其零部件生产企业或企业集团，重点予以支持。在钢铁产业领域，2004年发布的《钢铁产业发展政策》要求投资钢铁项目需按规定报国家发展和改革委员会审批或核准。在高铁装备领域，原铁道部规定仅有长春机车、唐山机车、青岛四方机车和株洲南车等机车厂才有资质参加联合招标，也就是说只给予了这些企业学习技术的机会，且对本土高铁装备的采购也仅限于长春机车、唐山机车、青岛四方和株洲南车等少数几家企业。

二 既往产业政策的合理性和有效性

在改革开放的前几十年里，"选产业、选技术、选企业"的产业政策具有一定的合理性和必要性，在外循环中有效促进了石化、冶金、电力等主要产业规模快速扩张，也推动了轨道交通、电力装备、航天装备等产业领域取得重大技术突破。一是中国工业发展阶段与先行工业化国家相差较远，中国通过外循环积极嵌入全球产业链价值链，产业发展的方向选择较为清晰，政府"选产业"有迹可循。中国工业化处于起步阶段，先行工业化国家在工业化进程中所经历的产业结构演变规律可以为中国政府选择下一阶段的主导产业提供参考。钱纳里工业化阶段理论认为，一国工业化发展进程中，工业内部结构演变具有一定规律，在工业化初期主要以食品、烟草、采掘、建材等初级产品的生产为主；在工业化中期主要以钢铁、煤炭、化工等资本密集型的重化工业为主，在工业化后期阶段，汽车、机械、电子等技术密集型产业发展加快。改革开放初期，中国从前工业化阶段向工业化初期阶段转变，而以美国为代表的先行工业化国家已经完成工业化，基本进入后工业化阶段。中国与先行工业化国家的工业化阶段差距较大，先行工业化国家工业内部结构的演变规律对中国借鉴参考价值较大。与此同时，中国积极参与国际大循环，加快推动与发达国家的贸易往来，充分发挥中国劳动力成本等要素成本优势，不断承接发达国家的产业转移，出口贸易产品的品种和承接转移的产业类型较为确定，政府"选产业"不会犯太大的错误。

二是中国与发达国家技术差距较大,后发优势明显,中国也能通过外循环大量引进国外先进技术,发达国家很多产业较为成熟的技术范式可为政府"选技术"提供重要参考。改革开放初期,世界已经完成了两次工业革命,并加快进入美国、日本和欧洲领导的第三次工业革命。20 世纪,电力、电话、广播、电视、石油化工和国家公路系统的内燃机车快速发展,技术范式较为成熟。特别是在 20 世纪下半叶,发源于美国的半导体技术影响深远,计算机和其他电子产品以及合成化学产品和药品成为层出不穷的新产品中的主力军,大规模的瞬时通信成为可能。而在改革开放初期,中国工业还处于"一穷二白"的阶段,电力、电话等在发达国家已经非常成熟的技术还未普及,半导体技术甚至还未起步,中国与发达国家的技术隔代差距较大,另搞一套技术范式的成本和风险巨大,通过引进消化再吸收发达国家先进技术的"选技术"模式成为当时产业发展的最佳选择。

三是中国资本等要素资源缺失较为严重,"选企业"有效促进若干有实力的企业集聚资本达到规模经济,提高市场集中度,避免过度竞争,以免出现投资潮涌现象造成重复建设和资源浪费,大幅提升中国集聚要素资源的效率。改革开放初期,中国资本稀缺,国民经济各部门基本建设投资主要来自中央和地方政府的财政收入,这决定了政府只能在各个产业领域选择重点企业集中布局。1980 年,中国资本形成总额占全球资本形成总额的比重仅为 1.8%。[1] 以 1981 年为例,中国国民经济各部门基本建设投资额达到 427.89 亿元,其中 320.37 亿元来自财政拨款,占全国基本建设投资额的 75% 左右。[2]

---

[1] 江小涓、孟丽君:《内循环为主、外循环赋能与更高水平双循环——国际经验与中国实践》,《管理世界》2021 年第 1 期。

[2] 《中国固定资产投资统计年鉴》1950—1995 年。

三 既往产业政策有效性下降及其带来的弊端

进入21世纪的第二个十年,特别是近些年来,中国产业发展的环境和条件发生深刻变化,适用于国际大循环的产业政策的适用性和有效性开始下降。

一是中国进入工业化后期阶段,与先行工业化国家在工业化阶段中的差距大大缩小,世界主要工业国家在工业化进程中所经历的产业结构演变规律对中国主导产业选择参考和借鉴的有效性快速下降,中国"选产业"失败的风险增加。2020年,中国人均GDP超过1万美元,三次产业结构达到7.7∶37.8∶54.5,第一产业就业比重下降到23.6%,常住人口城镇化率超过60%,标志着中国已经进入工业化后期,与处于后工业化阶段的美国等先行工业化国家相比,工业发展阶段的差距快速缩小。① 先行工业化国家过去工业演变的特点,对中国的参考和借鉴作用正在下降。

二是经过40多年的发展,中国工业技术体系不断完善,与发达国家的差距快速缩小,技术发展从全面落后转变到"部分领域完成赶超、部分领域正在赶超和部分领域形成先发引领"的阶段,特别是发达国家对中国技术封锁加大,"引进消化再吸收"的空间不断压缩。中国研发投入占全球的比重从1980年的0.5%提升至2018年的21.2%。② 欧盟委员会发布的2020年工业企业研发投资2500强显示,中国上榜企业达到536家,仅次于美国,居全球第二位。企业海外专利布局能力持续增强,2019年通过《专利合作条约》(PCT)途径提交的专利申请量达5.9万件,居世界第一位,4家中国企业位居全球PCT申请量前十位。③ 500米口径球面射电望远镜、

---

① 《中华人民共和国2020年国民经济和社会发展统计公报》。
② 江小涓、孟丽君:《内循环为主、外循环赋能与更高水平双循环——国际经验与中国实践》,《管理世界》2021年第1期。
③ 国家发展和改革委员会编写:《〈中华人民共和国国民经济和社会发展第十四个五年规划和2035年远景目标纲要〉辅导读本》,人民出版社2021年版。

"天问一号"火星探测器、"嫦娥五号"月球探测器、"奋斗者"号全海深载人潜水器、"复兴号"中国标准动车组、"蓝鲸2号"半潜式钻井平台等一批重大技术和产品创新成果取得突破,部分优势领域呈现与国际先进水平并跑甚至领跑的发展格局。

三是经过近半个世纪的发展和积累,中国资本短缺的问题大大缓解,"选企业"促进资本集中的正面效应越来越难以抵消其带来的寻租、抑制公平竞争等负面影响。中国资本形成总额占全球资本形成总额的比重从1980年的1.8%提升至2018年的27%,[1] 外商直接投资占全球的比重从1980年的0.1%提升至2019年的9.2%,2020年中国外商直接投资额达1630亿美元,成为世界第一大外资流入国。外汇储备占全球的比重从1980年的0.6%提升至2019年的26.3%。与此同时,中国资本走出去加快,2019年中国对外直接投资占全球的比重从1980年的基本空白提升至8.9%。[2]

由于发展阶段和发展环境发生深刻变化,既往产业政策在促进产业发展的同时,对产业发展带来的弊端也明显增多。"选产业"的领域太多,分散了政府的有限资源,降低了政府资源的使用效率,带来了地区间产业结构趋同,并导致某些鼓励发展产业的产能过剩。[3]"选技术"可能会误伤具有市场需求或技术发展前景的其他技术路线产品。[4]"选企业"带来严重的寻租和腐败行为,降低企业从事技术创新的积极性,会导致某些特定产业市场集中度过高,抑制行业竞争活力。[5]

---

[1] 江小涓、孟丽君:《内循环为主、外循环赋能与更高水平双循环——国际经验与中国实践》,《管理世界》2021年第1期。

[2] 国家统计局编:《国际统计年鉴2020》,中国统计出版社2021年版。

[3] 江飞涛、李晓萍:《当前中国产业政策转型的基本逻辑》,《南京大学学报》(哲学·人文科学·社会科学)2015年第3期。

[4] 江飞涛、李晓萍:《当前中国产业政策转型的基本逻辑》,《南京大学学报》(哲学·人文科学·社会科学)2015年第3期。

[5] 江飞涛、李晓萍:《直接干预市场与限制竞争:中国产业政策的取向与根本缺陷》,《中国工业经济》2010年第9期。

第三节 双循环对产业政策提出新要求

一 双循环强调减少对国外技术的依赖，要求产业政策加大对产业基础能力再造工程的支持力度

近年来，随着中国产业不断升级和技术不断进步，部分企业进入和触碰发达国家的核心利益，中国产业与发达国家的关系从优势互补逐渐向互补和竞争并存转变，越来越多的产业领域竞争大于合作。为保持领先地位，以美国为代表的发达国家打压中国高技术产业，通过加征关税、出台出口管制"实体清单"等，对中国高技术产业领军企业和科研实体进行精准打击，严重影响了中国产业链安全和稳定，中国"卡脖子"风险上升。2020年5月15日，美国商务部发布公告称，任何使用美国技术设计和生产的产品均受《美国出口管理条例》（EAR）约束，需经过许可才能向华为（及其关联公司）出售和运输。这是时隔一年美国进一步升级打压和限制华为对美系技术的利用，在极端情况下将会迫使华为智能手机等产品所需的半导体产品面临断供，极大影响华为的生存发展，甚至会影响整个行业的稳定运行。同时，美国还强化对中国高技术产品出口的管制，制约中国对核心技术和关键零部件的进口。2018年中美贸易摩擦以来，中国对美国加征关税主要集中在中低端产品，对高技术产品加征关税相对较少。但这一期间，美国加大对中国高技术产品出口限制。2019年，中国对美国高技术产品进口相比2017年下降超过10%。[①]

而中国长期以来"造不如买"的发展模式导致高技术企业在核心零部件、核心软件、关键材料、关键检测设备等方面对西方国家依存度过高，"缺芯少魂"让产业发展感受到切肤之痛。双循环新发

---

① 数据来源：商务部。

展格局强调产业链循环，尤其重视产业链供应链安全自主可控，必然要求产业政策加大对产业基础再造工程的支持力度，突破产业链关键环节和瓶颈制约，进一步夯实产业基础，守住产业链安全底线。

二 双循环强调战略性产业的自育自立自强，要求产业政策发力促进占领未来国际竞争制高点

培育发展战略性产业是主导和融入新一轮科技革命和产业变革的必由之路。当前，智能革命、能源革命和绿色革命相互交织，传统产业加快升级改造，产业深度融合力度加大，产业跨行竞争趋势明显，部分关键产业的优势能快速渗透和转化成传统产业的优势，占领产业战略制高点重要性更加凸显。特别是新工业革命爆发后，将以惊人速度拓展，并以更快速度、更广范围整合和重构全球价值链，因此可能带来国家之间竞争的"赢者通吃""强者恒强"，并在未来较长时间内重构国际制造版图和产业竞争格局。

同时，发达国家纷纷加大对人工智能、新能源及新能源汽车等战略性产业领域的布局，强化与中国的竞争和对抗，并通过技术脱钩和限制出口等方式抑制中国战略性产业的技术创新和市场应用。如，美国拜登政府明确表示要加大对电动汽车、新能源、量子计算等战略性产业的支持力度。在电动汽车领域，拜登在其选举施政纲领中曾提出，将从购买力、研发、税收、贸易和投资政策等方面发力，使美国成为电动汽车及其供应材料和零部件制造的全球领导者，并提出要重塑美国汽车供应链，加快完善汽车基础设施。在新能源产业领域，拜登表示要加大对太阳能电池板、风力涡轮机、电池等产业的科技研发投入，提出要大幅降低关键清洁能源技术的研发与推广成本，利用税收抵免和补贴帮助企业升级设备和流程，投入资金支持企业部署低碳技术，推进包括电池存储、负排放技术、下一代建筑材料、可再生氢和先进核能等在内的技术研发。此外，拜登称美国要持续引领创新，必须加大对量子计算机、人工智能、5G和

高铁等方面的投入，维持这些产业对中国的竞争优势。

在新一轮科技革命和产业变革的当口，面向世界科技前沿、面向未来经济主战场，中国必须加大产业政策对战略性新兴产业和关系国家重大战略的战略性前沿尖端领域的支持力度，促进占领未来国际竞争战略制高点。

三 双循环的战略基点是坚持扩大内需，要求产业政策助力供给侧结构性改革以推动供需匹配

当前和今后一个时期，中国产业发展面临的需求格局面临重大调整，加快构建双循环新发展格局就是要减少对国外市场的依赖，牢牢把握坚持扩大内需这一战略基点。从国外看，美国等发达国家重振制造业步伐加快，特别是新冠疫情发生以来，制造业对一国的重要性更加凸显，主要发达国家纷纷表示要加码支持制造业回流的政策措施。部分原本位于产业高端层级的发达国家跨国公司为拓展业务规模，依托其技术和品牌优势，加快向量大面广的中低端业务领域下沉。与此同时，越南等新兴国家和地区工业化加快，对中国制造业替代加强，不断挤压中国市场。越南、孟加拉国和柬埔寨制造业增加值相当于中国制造业增加值的比重，从2010年的0.78%、0.97%和0.09%分别快速提升到2019年的1.11%、1.47%和0.11%。[1] 相比2018年，2019年中国纺织品占美国、欧盟、日本进口的比重分别下降0.6、3.8和2.5个百分点，而在同期，越南、孟加拉国、印度在上述三大市场的进口占比分别提高0.5、2.0和1.5个百分点。[2]

从国内看，中国居民收入和城镇化率的不断提升带来了国内需求的不断升级，中国大宗原材料和一般工业品需求普遍将达到物理峰值，国内需求结构不断向多样化、个性化、品质化升级，人民群

---

[1] 数据来源：世界银行。
[2] 数据来源：中经网统计数据库。

众对产业生态化和生态产业化的需求提升。如，中国黑色金属冶炼和压延加工业营业收入占制造业比重，从 2009 年的 9.30% 下降到 2019 年的 7.58%；布、纱、汽车、大型拖拉机等工业品产量在近些年一直处于负增长状态。汽车在 2019 年产量下降 8.0%，主要源于国内销量的快速下滑。相反，电子信息产业营业收入占制造业比重从 2009 年的 9.37% 提升到 2019 年的 12.18%，医药制造业营业收入占制造业比重也从 2009 年的 1.93% 上升到 2019 年的 2.56%。在产品方面，以化妆品为例，2018 年限额以上化妆品类零售额达 2618 亿元，近 10 年复合增速达到 18%。[①]

但在产业需求调整和变化升级的同时，中国产业供给的要素、产品、服务等没有同步提升，无效和低端供给能力过多，跟不上需求的改变，从而造成国内经济循环不畅，导致大量需求外溢和消费能力外流。构建双循环新发展格局，畅通国内大循环，坚持扩大内需，首要任务是畅通产业供需循环，需要以产业政策为重要抓手，助力供给侧结构性改革，通过减少低端和无效供给、扩大有效和中高端供给，打通国民经济循环的堵点，提升中国供给对国内需求的匹配能力，并通过创新供给创造新的需求，促进消费升级。

第四节　双循环下中国产业政策转型的思路及建议

一　双循环下产业政策转型的思路和方向

（一）政策要从"选产业"向"选有限产业"转变，实施范围应该有限聚焦

在工业化前期和初期阶段，世界主要工业国家在工业化进程中所经历的产业结构演变规律可以为中国政府选择下一阶段的主导产

[①] 数据来源：国家统计局。

业提供参考，政府"选产业""有规可循"，但当前中国进入工业化后期，与世界主要工业国家在工业化阶段中的阶段差距大大缩小，世界主要工业国家在工业化进程中所经历的产业结构演变规律对中国主导产业选择参考和借鉴的有效性快速下降，中国"选产业"失败的风险增加。此外，由于行业发展较为成熟，行业技术发展门槛不高，产业政策对部分竞争性产业领域的支持很容易造成投资潮涌，引发产业布局雷同和产能过剩风险。特别是地方政府配置资源能力不断提升，经济发展自主权和动力显著提高，国家层面的产业政策对准入门槛较低的具体产业的选择会带来地方产业政策的快速跟进，导致产业投资的遍地开花，造成严重产能过剩和资源浪费。[①]

但这并不意味着"选产业"走入末路，在新发展格局下中国产业政策仍需对少数特定产业进行选择性支持。一是尽管战略性新兴产业和未来产业具体发展具有很大不确定性，但以新能源、电动汽车、人工智能等为代表的部分战略性产业的大致发展方向是确定的，且对国民经济全局发展举足轻重，产业政策支持不会犯大的风险错误，同时也有利于促进占领国际竞争战略制高点。如，早在21世纪初期，新能源产业和电动汽车产业的发展方向就已大致确定，主要原因有：第一，中国原油对外依存度超过70%，发展光伏等可再生能源产业培育替代能源的重要性与日俱增，电动汽车的发展也成为减少石油进口依赖和确保能源安全的必然选择。第二，化石燃料带来的污染和碳排放，对生态环境的负面影响逐渐加大，减少碳排放量逐渐成为世界主要国家的共识，欧美发达国家在21世纪之初就逐渐加大对可再生能源发展的支持力度，多个国家已通过禁售燃油车法案，减少对化石能源的使用。此外，与传统燃油车相比，电动汽车产业采用的技术路线有根本性改变，为中国汽车行业实现换道超车与跨越式发展提供了机遇。二是当前部分发达国家通过限制出口

---

① 黄汉权、任继球：《新时期我国产业政策转型的依据与方向》，《经济纵横》2017年第2期。

和技术"卡脖子"等方式对中国产业的限制和打压往往集中在少数几个重要的产业领域，需要产业政策大力支持这些产业领域的技术攻关和市场拓展。如，过去几年美国通过技术断供对中国高技术产业的打压主要集中在半导体产业等重点领域，需要产业政策加大对半导体产业的支持力度。

当前有一种观点认为，由于既往产业政策在当前发展阶段存在的缺陷，政府应尽可能避免"选产业、选技术、选企业"，提出要推动产业政策从选择性向功能性转型，即通过完善市场制度、改善营商环境、维护公平竞争，构建系统有效的公共服务体系支持产业技术的创新与扩散，帮助劳动者提升技能，进而促进产业创新发展、结构演进与竞争力提升。[1]

产业政策是结构性的，产业政策就是要影响市场运行方式，以改变不同产业之间的资源配置。从这个意义上看，部分学者提出的产业政策应当以功能性产业政策为主的学术主张是缺乏依据的。[2]

一方面，国有企业改革、反垄断、保护知识产权、负面清单等所谓的功能性产业政策内容，都是增强市场定价和市场竞争功能。此外，功能性产业政策的内容与竞争政策和创新政策存在部分重合，相当于将竞争政策和创新政策纳入了产业政策体系。因此，功能性产业政策应当属于竞争政策、创新政策和制度改革的范畴，而不应该属于产业政策问题讨论的范畴。

另一方面，功能性产业政策的直接目的是通过制度改革增强市场定价和市场竞争功能，意味着完全丢弃对特定产业的选择性支持，这有利于促进大多数产业领域企业的公平竞争和创新，但将资源配置全部让渡于市场，可能会导致少数产业领域因"市场失灵"陷入"技术升级陷阱"。在任一发展阶段，一国都会存在部分产业领域的

---

[1] 江飞涛、李晓萍：《改革开放四十年中国产业政策演进与发展——兼论中国产业政策体系的转型》，《管理世界》2018年第10期。

[2] 贺俊：《新经济与结构性产业政策的精细化调整》，《探索与争鸣》2017年第1期。

市场失灵问题,只要存在外部性、系统失灵和协调性等问题,就存在产业政策作用市场价格的空间;而只要产业政策作用市场价格,产业政策就一定是特定产业指向的,具有"选择性"的特征,而不可能是功能性的。

(二)政策要从"选技术、选企业"向"产业内普惠性支持"转变,放弃对特定技术路线和具体企业的选择

中国技术创新和产业发展的重点开始逐渐从后发追赶中的培育和壮大主导产业转向自主创新和未知领域的探索,需要越来越多的中小企业来进行技术路线广泛试错,选择特定技术路线和具体企业的不确定性和风险大大增加,在大多数领域必须放弃对技术路线和具体企业的选择(见表1-1)。

表1-1　　　　　　　产业政策转型方向特定指向

	既往产业政策	功能性产业政策	产业政策转型方向
特定产业领域指向	有	无	有
特定技术指向	有	无	无
特定企业指向	有	无	无

注:笔者整理。

一是随着中国与发达国家的差距不断缩小,后发优势也在不断减弱,部分产业进入无人区,也涌现出很多新产业新业态,技术发展的不确定性不断增加,选择特定技术路线和具体企业的不确定性和风险大大增加,需要越来越多的中小企业来进行技术路线广泛试错。如,当前快速发展的新能源汽车是重要的战略性新兴产业,包括纯电动汽车、燃料电池汽车等技术路线。电池是纯电动汽车的重要部件,也有液态电池、半固态电池和固态电池等技术路线,在当前使用较多的液态锂电池也有磷酸铁锂电池和三元锂电池等技术路线。国家支持发展新能源汽车,并不意味着要选择具体企业去研究开发具体技术路线,而是要通过续航里程等方面的技术标准设定,

采取产业内普惠性支持方式，促进很多企业探索和试错各种技术路线，培育发展出具有市场竞争力的新能源汽车产品。

二是中国加强产业基础能力再造，而产业基础能力的基石是专精特新中小企业，以往选择支持大企业的产业政策会忽视对专精特新中小企业的培育，特别是对产业链下游重点企业的支持会固化特定产业的发展模式，很多下游重点企业会延续过去对国外关键零部件的采购，不利于中国产业基础能力的培育。因此，需要改变过去"抓大放小"的选择性政策支持方式，以培育专精特新中小企业、隐形冠军和独角兽等为重点，聚焦重点产业领域，提升产业政策对产业基础再造中小企业主体的支持力度。

三是随着中国居民收入和城镇化水平不断提升，超大规模多层次国内市场加快形成，需要中小企业广泛探索，满足不同层次居民多样化、个性化、品质化的需求，促进消费升级。相反，对部分产业重点企业的支持会导致这些企业快速产能扩张，生产出大量同质化的产品，无法满足不同层次居民多样化、个性化、品质化的需求，带来产能过剩风险，引起资源浪费。

（三）政策手段要逐渐放弃以往直接行政干预手段，更多采用市场化的手段和工具

既往产业政策"选产业、选企业、选技术"的特点，决定了过去产业政策手段和工具以行政干预为主，通过市场准入限制、项目审批、强制淘汰等行政措施，同时运用财政补贴、贷款贴息、税收减免、低价供地、能源电力价格优惠等配套手段，推动资源要素流向重点产业的重点企业。在双循环新发展格局下，这种手段的弊端显现，容易带来产能过剩、妨碍公平竞争、寻租等负面效应，不利于企业技术创新，需要最大限度减少不当行政干预，更多地依靠市场化、法律化手段来引导产业发展，少用倾斜性补贴等不公平措施。可以采用的政策工具有：一是采用产业引导基金、税收优惠、政府购买、消费补贴、示范推广应用等财税手段对特定产业领域进行支

持。二是通过优先上市等金融手段缓解特定行业企业的融资问题。三是建设制造业创新中心、产业共性技术平台、产业联盟、行业平台企业、虚拟仿真和测试验证平台等专用型行业平台解决特定产业领域的外部性问题和协调性问题。四是通过绿色通道、简化审批程序、提高审批效率、规范和下放审批权限等手段加快特定产业领域的审评审批进程，有效减少企业的创新时间和成本。五是加大行业偏向性的基础设施和公共服务体系建设。如，在新能源汽车产业领域，加快充换电、加氢、智能路网等方面的基础设施建设，提高新能源汽车产业领域的技术转移、信息服务、人才培训、项目融资、国际交流等公共服务支撑能力。

二 双循环下产业政策转型的重大举措建议

双循环新发展格局对产业政策转型提出了新的要求，特别是中国经济发展进入新的阶段，产业发展的比较优势和国际环境发生复杂深刻变化，既往选择性产业政策弊端增多、有效性弱化，需加快推动中国产业政策从"选产业、选技术、选企业"向"选有限产业、产业内普惠性支持"转变，需对产业政策进行以下调整。

一是促进现有产业政策聚焦瘦身。产业政策需改变过去广泛干预的模式，减少竞争性领域产业政策的制定，废止无法落地的产业政策，特别是清理一些无法实施的产业政策措施，主要限制在市场失灵和产业安全等领域发挥作用。具体包括：涉及产业安全的部门，如芯片等技术严重受制于人的领域；大致方向确定的战略性前沿尖端领域，如新能源产业等；不完全竞争产业领域，如高度自然垄断等产业；存在外部经济的部门，包括正外部性（如技术创新等）和负外部性（如污染、高碳排放等）；战略性贸易部门，如大飞机制造等产业；关系国家安全的部门，如卫星定位、航天等产业。此外，也需警惕关键性行业投资巨大的重点产能的无序布局，避免重大产业资源的浪费，探索建立"政府窗口指导、企业主体"的推进机制，在全国进行科学布局。

二是强化支持政策对产业内企业的普惠性。在产业政策选择的特定产业内部,产业政策要处理好与竞争政策的关系,严格审查产业政策支持导致的企业不公平竞争行为,促进产业内企业的公平竞争。清理和规范既往产业政策对国有企业和大型企业的选择性支持,加大政策对特定产业中小企业的支持力度,支持特定领域科研基础设施向中小企业开放共享,促进公共科研平台科研成果向中小企业转移转让。强化产业组织政策的实施,破除特定产业的垄断,激发中小企业的创新动力。

三是推动产业政策重点支持产业技术创新环节。激励企业进入新兴产业和开展研发活动,通过政策资源引导社会资源支持通用技术和共性技术的研发,提升通用技术、共性技术的供给、扩散和应用水平。政府对企业技术创新的支持更多偏向于产业研究和前竞争开发阶段,强化对特定产业基础研究的支持。减少直接财政补贴等生产侧产业政策的使用,多采用直接补贴消费者或政府购买等消费侧产业政策,避免严重的寻租和腐败行为、产能过剩、抑制行业竞争活力等问题,促进企业的竞争和创新研发。

四是健全完善产业政策治理机制。建立产业政策评估制度,组建利益相关者和第三方机构参与的专家委员会,对支持战略性产业的产业政策进行评审。建立产业政策的退出机制,制定日落条款,明确政策支持退出的具体参考指标和时间节点,给予企业稳定的预期。强化产业政策相关管理部门与支持产业企业和行业协会的沟通联系,建立制度化的合作伙伴关系,根据所掌握的最新产业发展情况制定出更有效的产业政策。提高产业政策的透明度,推进产业政策向公众和企业公开,禁止实行各种"灰色"政策。向行业协会让渡"准产业政策"职能,赋予行业协会应有的职能,如制定一般性产业的质量、技术标准,并负责实施和监管,以及发布一般的产业发展趋势、常规性的产业信息等。

第二章　澄清认识，加快构建"卡脖子"技术攻关长效机制

近年来，随着技术进步和结构升级，中国高技术产业和先进制造业发展开始触碰发达国家的核心利益，与发达国家正面竞争的领域增多。为保持领先地位，美国等国家通过实施严格的技术出口管控、关键核心零部件限售、阻碍中国企业并购美国科技公司、"长臂管辖"等方式，切断对中国的高技术供应。特别是，2020年5月15日，美国再次升级针对华为的打压和限制，不仅禁止华为使用美系EDA软件来设计半导体，也禁止华为通过半导体代工厂使用美国的半导体设备来生产半导体。这在极端情况下将会使华为半导体产品面临断供风险，极大影响企业的生存发展和整个行业的稳定运行。此外，美国还限制对我国高技术产品出口。与2017年相比，2019年美国对中国高技术产品出口下降超过10%。[①] 中国"卡脖子"技术安全风险增加，亟须引起重视，出台有针对性的措施，加快"卡脖子"技术攻关。但当前中国对"卡脖子"技术认识存在误区，必须予以澄清，统一认识，构建长效机制，才能有效应对。

---

① 数据来源：商务部。

第一节　澄清对"卡脖子"技术的三个认识误区

误区一：所有"卡脖子"技术都要尽快攻克

中国依赖发达国家的技术大致可以分为两类，一类是必须使用国外技术，没有备胎，可称之为"卡脑脖子"技术，由于没有备胎和替代，短时间内不可能研发攻克。技术断供会导致依赖这类技术的企业停产，关键零部件的缺失又会带来产业链断裂，进而导致产业链上下游企业全部停产。另一类是国外技术可以提升企业产品的性能，没有国外技术，也能找到性能相对较差的备胎替代，但最后集成的产品性能会大打折扣，可称之为"卡脚脖子"技术。美国等发达国家若实施技术断供，中国制造业毋庸置疑会受到很大打击，因此需要加快攻关依赖国外，特别是依赖国外的"卡脑脖子"技术，但这并不意味着中国需要加快攻克包括"卡脚脖子"技术在内的所有"卡脖子"技术。

一是"卡脚脖子"技术断供带来的损失相对较少，在短期资源有限的情况下，需要集中力量攻关损失风险更大的"卡脑脖子"技术。对于"卡脚脖子"的技术，有备胎的企业能迅速扶正备胎，在经历前期艰辛磨合后，也会变得越来越好。比如，华为不能使用安卓，第一时间启动鸿蒙，可能开始阶段确实不好用，但至少比没有强，经过一段时间磨合，鸿蒙会越来越好，很多基于安卓的 App 开发者也会开发鸿蒙版 App，逐渐形成鸿蒙生态。但对于先进制程的芯片，国内没有备胎，若美国对华为等企业实施技术断供制裁，则有可能导致高端智能手机产业链因为缺芯而停滞。二是中国大量使用依赖国外"卡脚脖子"技术，是中国制造业发挥比较优势、充分利用国际创新资源的体现，有利于中国提升集成产品的先进性和竞争力。华为在通信设备和智能手机的先进性，是华为技术先进性的体现，更是其全球供应商先进性的体现。若中国撇开这些先进技术不用，反过来极端地推动国产化，会大大降低中国头部企业产品的先进性和竞争力，还可能带来中国科技产业与国外的脱钩，不利于中国与国外先进技术交流合作，过度的"科技自立"可能会带来技术"闭关锁国"的风险。

特别需要注意的是，对于当前发展阶段的中国而言，尽管所有"卡脖子"技术并不需要短期攻关解决，但"卡脖子"技术较多却是中国制造业全球价值链地位不高的体现，逐步攻关"卡脖子"技术是未来提升全球价值链位势的重要路径和手段。以华为为代表的国内企业覆盖产业链的多个生产环节，但企业利润率不足10%，而主要提供芯片等关键零部件的英特尔等美国企业利润率却高达两位数，美国半导体巨头美光的企业利润率更是高达46.51%（见表2-1）。

表2-1　2018年中美两国主要电子信息企业利润率比较　　单位:%

中国企业	利润率	美国企业	利润率
鸿海精密	2.44	高通	18.11
小米	7.75	美光	46.51
华为	8.21	英特尔	29.72

资料来源：世界五百强企业数据。

误区二：要像造原子弹一样攻关"卡脖子"技术

很多人产生疑问：我们原子弹都能造，为什么还会被这些技术"卡脖子"？为什么不举全国之力来干这件事？对于原子弹这种国防工业的重大技术突破，举国体制较为有效，但对于大国工业而言，传统举国体制也会带来较大风险。一是造原子弹是解决有和无的问题，只要造出来，成本高一点儿、性能稍微差一点儿关系不大。但对于工业制成品而言，成本高一点儿、性能差一点儿很可能就带来消费者的不认可，不能被市场使用，企业就不能通过市场回收成本赚取利润，就难以促进产品持续研发、改进产品性能，也就无法创新迭代、可持续地推动技术进步。二是造原子弹是方向明确的事情，可以举全国之力，但对于工业制造而言，现在的"卡脖子"技术可能在未来一段时间被市场淘汰，举全国之力的风险极大。如日本在20世纪实施产业政策，集中全国力量，研发攻关超大型计算机，但几年之内，随着个人电脑的兴起，超大型计算机就被历史淘汰，日本的努力付诸东流。

"卡脖子"技术攻关的难点和制约主要有：一是发达国家的核心技术是几十年甚至上百年工业发展积累的产物，后发国家很难在短时间超越它们。因此，在过去的一段时间，对于这类核心技术和关键零部件，是"造不如买，买不如租"。二是即使中国在这类核心技术和关键零部件有了新的突破，产品也可能卖不出去，因为没人敢第一个用这个产品；如果产品不被人用，就无法通过工业实践"试错改错"来提升产品性能，没有足够多的企业使用，产品的生产和研发就无法达到规模经济，产品成本就会居高不下，形成恶性循环。三是行业生态已经形成，很难切入进去。消费者习惯使用安卓系统，App开发者基于安卓系统做开发，鸿蒙用的人少、App开发者也少，消费者体验不会很好，很难得到推广。中美产生贸易摩擦后，很多国内企业都开始将供应链本土化，提前寻找备胎。但只要还有国际贸易和合作，"卡脖子"技术短期内很难超过发达国家，就一定还会依赖国外进口，就一定存在"卡脖子"技术问题。

总而言之，"卡脖子"技术的攻关难点是全球市场竞争的结果，举国体制攻关"卡脖子"技术不仅事倍功半，可能还会降低中国企业的市场活力和全球竞争力。不过当前中国企业"卡脖子"技术安全风险剧增，将会强化本土企业加大国产化替代和加大力度攻关"卡脖子"技术，政府则可配合企业，加大产业政策对"卡脖子"技术攻关的支持力度。

误区三：攻关"卡脖子"技术是一劳永逸之工程

改革开放以来，中国充分发挥后发优势，不断承接欧美发达国家的产业转移，逐步发展成为世界制造业规模最大的国家，但同时也遇到了技术"卡脖子"问题。部分人士认为，"卡脖子"技术问题是当前中国制造业发展面临的一个短期问题，但在长期，只要这些"卡脖子"技术问题攻关取得较大突破、得到有效解决，就不怕欧美国家对中国实施技术断供制裁了。

以上这一说法具有片面性。事实上，中国制造业技术"卡脖子"问题的形成是中国制造业在过去40多年发展模式下的产物。改革开放以来，全球化加速中间产品贸易发展，中国凭借劳动力成本等优势，在新的全球贸易模式下深度融入全球产业链，在欧美发达国家制造业产业链不断向上延伸、向下转出的趋势下，加快承接加工组装等制造业下游环节，并逐步向上延伸，快速做大做强制造业。在这一发展模式下，欧美发达国家提供上游技术和源头技术，这些国家技术断供必然带来诸多"卡脖子"技术风险问题。换言之，中国面临的"卡脖子"技术问题实质是全球产业链、创新链割裂背景下中国制造业的长期发展模式难以为继的短期表现，在长期则表现为失去创新的源头活水。因此"卡脖子"技术问题的攻克并非一劳永逸之工程，欧美发达国家的技术断供可能还会给中国带来创新源头活水截流风险，中国亟须强化基础教育、基础研究和前沿技术开发在中国经济发展中的地位，提升自主创新能力，夯实产业基础能力。

第二节 中国支持"卡脖子"技术政策措施的现状及不足：以集成电路为例

近些年来，中国出台了一系列政策措施支持"卡脖子"技术的研发攻关，特别是2018年中美产生贸易摩擦以来，"卡脖子"技术攻关的紧迫性加大，政策措施力度更大，也更为密集。2019年，中国集成电路进口金额3055亿美元（见图2-1），是中国最大进口商

(亿美元)

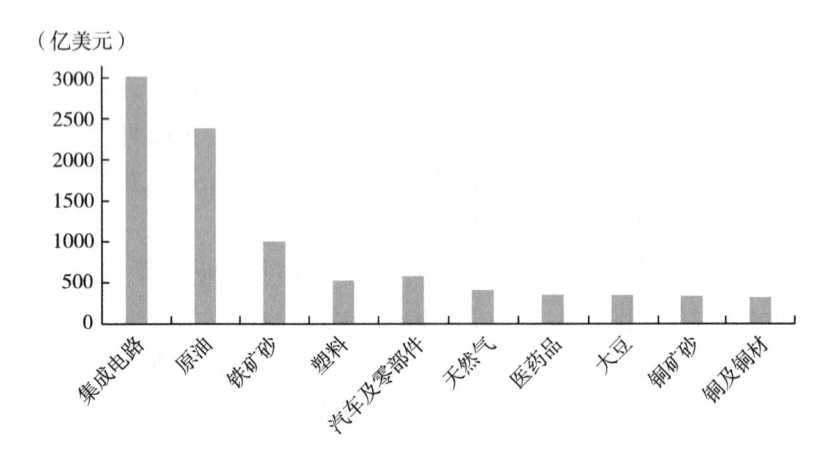

图 2-1　2019 年全国前十大进口商品金额

资料来源：《中国贸易外经统计年鉴 2020》。

品，对国外依赖最大，也是"卡脖子"技术攻关的重点行业领域（见表 2-2）。[①] 近些年来，中国出台了一系列政策，逐步加大对集成电路产业的支持（见表 2-3）。这些政策主要有：一是平台建设。2018 年，工信部组织建设的集成电路国家级制造业创新中心在上海成立，通过发挥企业主体作用，汇集高等院校、科研院所等创新资源，引导建立企业主体投入、公司化运作、产学研用协同创新攻关新机制，开展关键共性技术研究、促进技术成果转化。二是金融支持。2014 年，工信部、国家开发银行联合牵头发起设立了国家集成电路产业投资基金。2015 年，国家集成电路产业投资基金向紫光集团旗下的芯片业务投资 100 亿元。这是该基金成立以来进行的首个大规模投资。三是税收优惠。如，2019 年，国家税务总局联合财政部发布《关于集成电路设计和软件产业企业所得税政策的公告》，对依法成立且符合条件的集成电路设计企业和软件企业，在 2018 年 12 月 31 日前自获利年度起计算优惠期，第一年至第二年免征企业所

[①] 汤志伟、李昱璇、张龙鹏：《中美贸易摩擦背景下"卡脖子"技术识别方法与突破路径——以电子信息产业为例》，《科技进步与对策》2021 年第 1 期。

得税，第三年至第五年按照 25% 的法定税率减半征收企业所得税，并享受至期满为止。

表 2-2　中国集成电路领域部分"卡脖子"技术

技术名称	所属产业链环节	依赖程度	替代方案	技术差距	价值链重要性
大尺度二维光栅研发	上游-基础元器件	完全依赖	无	10 年	解决芯片创造光刻机核心元件关键技术难题
FPGA 芯片设计	上游-基础元器件	完全依赖	无	8—10 年	可编程灵活性高、开发周期短、并行计算效率高，被誉为"万能芯片"
嵌入式 CPU IP 核	上游-基础元器件	大部分依赖	无	10 年	Soc 芯片最核心的知识产权模块，决定 Soc 产品性能最重要的 IP
用于半导体加工的极小尺度的表面图案化技术	上游-基础技术	大部分依赖	无	15 年	得到具有极小特征尺寸的平面纳米图案是芯片加工工艺的关键
5G 射频及毫米波智能集成通信芯片设计技术	上游-基础技术	大部分依赖	无	5—10 年	射频与毫米波 CMOS 全集成通信芯片是 5G 通信下一步的重点研究内容
脑机接口芯片	上游-基础元器件	完全依赖	无	较大差距	脑机接口技术被称作是人脑与外界沟通交流的"信息高速公路"，是公认的新一代人机交互和人机混合智能的关键核心技术
第三代超导体高性能器件及通信芯片研制技术	上游-基础技术	绝大部分依赖	有	10 年	在新一代 5G 移动通信、新能源汽车电子等领域拥有广阔的应用前景，是支撑信息、能源、交通、国防等产业发展的重点新材料

资料来源：汤志伟、李昱璇、张龙鹏：《中美贸易摩擦背景下"卡脖子"技术识别方法与突破路径——以电子信息产业为例》，《科技进步与对策》2021 年第 1 期。

表 2-3　近些年来国家和部分地区出台的支持集成电路发展主要政策及内容

颁布时间	颁布单位	政策名称	主要内容
2020年7月	国务院	《关于印发新时期促进集成电路产业和软件产业高质量发展若干政策的通知》	国家鼓励的集成电路线宽小于28纳米（含），且经营期在15年以上的集成电路生产企业或项目，第一年至第十年免征企业所得税
2019年5月	财政部、国家税务总局	《关于集成电路设计和软件产业企业所得税政策的公告》	对依法成立且符合条件的集成电路设计企业和软件企业，在2018年12月31日前自获利年度起计算优惠期，第一年至第二年免征企业所得税，第三年至第五年按照25%的法定税率减半征收企业所得税，并享受至期满为止
2018年3月	财政部、税务总局、国家发改委、工信部	《关于集成电路生产企业有关企业所得税政策问题的通知》	2018年1月1日后投资新设的集成电路线宽小于130纳米，且经营期在10年以上的集成电路生产企业或项目，第一年至第二年免征企业所得税，第三年至第五年按照25%的法定税率减半征收企业所得税，并享受至期满为止
2014年6月	国务院	《国家集成电路产业发展推进纲要》	明确了设立国家产业投资基金、加大金融支持力度、推动落实税收支持政策、加强安全可靠软硬件的应用、强化企业创新能力建设、加强人才培养和引进力度、继续扩大对外开放等主要任务
2017年4月	上海市政府	《关于本市进一步鼓励软件产业和集成电路产业发展的若干政策》	鼓励投资新建12英寸及以上先进技术集成电路芯片生产线项目、集成电路重大装备研发和产业化项目，对符合条件的项目，由市、区两级财政根据相关规定，给予一定支持
2017年12月	浙江省	《浙江省人民政府办公厅关于加快集成电路产业发展的实施意见》	2018-2020年，省工业和信息化发展财政专项资金每年统筹安排1亿元，重点支持"芯火"双创基地（平台）等公共技术服务平台、省级集成电路创新产业基地及集成电路重大项目建设

注：笔者根据公开信息整理。

此外，地方政府也出台了一些政策支持本地集成电路产业的发展，但与国家相比，政策力度相对有限。如浙江省的《浙江省人民政府办公厅关于加快集成电路产业发展的实施意见》指出，将对软件和集成电路企业核心团队实施专项奖励，对经核定的营业收入首次达到 10 亿元、50 亿元、100 亿元、200 亿元的企业，分别奖励其核心团队累计不超过 500 万元、1000 万元、2000 万元、3000 万元。具体到核心团队成员，该文件明确指出个人奖励金额最高不超过 50 万元。

尽管国家和地方政府都采取了很多政策措施支持集成电路产业的发展，但与发达国家相比，中国集成电路企业的投入仍处于较低水平。从企业资本支出情况来看，根据 Gartner 最新统计数据，2018 年全球集成电路企业资本支出为 1032 亿美元，资本支出额前五大集成电路企业为三星、SK 海力士、英特尔、台积电和美光，合计资本支出达到 723 亿美元，占比达到 70%，而中国大陆集成电路行业整体资本支出投入约为 110 亿美元，仅为全球集成电路资本支出的 10% 左右。从企业研发投入情况来看，2019 年全球集成电路企业研发支出有 20 家超过 10 亿美元，合计达到 563 亿美元，前十大集成电路企业合计 428 亿美元，前十大企业有 5 家美国企业，2 家韩国企业、2 家中国台湾企业，中国大陆仅有海思半导体 1 家。美国前 5 家集成电路企业研发费用合计 287.27 亿美元，占全球前 10 大集成电路企业研发费用的 67%，中国与美国集成电路行业的研发投入存在较大差距（见表 2-4）。

表 2-4　　　　2019 年集成电路企业研发支出前十大排名

单位：亿美元，%

排名	总部	公司	研发支出	营业收入	研发比重
1	美国	英特尔	133.62	719.65	19
2	美国	高通	53.98	242.73	22

续表

排名	总部	公司	研发支出	营业收入	研发比重
3	美国	博通	46.96	225.97	21
4	韩国	三星半导体	41	561.89	7
5	中国台湾	台积电	29.59	162.91	18
6	美国	英伟达	28.29	117.16	24
7	韩国	SK海力士	24.73	233.56	11
8	美国	美光	24.42	234.06	10
9	中国	海思半导体	24.39	115.50	21
10	中国台湾	联发科	20.64	80.66	26
合计	—	—	427.62	2694.09	16

资料来源：笔者根据公开数据整理。

要解决集成电路产业高度依赖国外的局面，必须加大对集成电路的投入，仅仅依靠有限的政府投入是不够的，必须发挥市场的力量。政策的发力点需要瞄准解决制约中国集成电路企业投入不足的主要原因。当前中国对集成电路行业投入不足的主要原因在于本土企业在后发追赶中的高风险和长周期属性，更为重要的是在发达国家头部企业的激烈竞争下未来收益预期不足，本土企业投资望而却步。主要表现为：一是后发追赶的本土企业使用需求预期不足。发达国家头部企业凭借先发技术优势，基本占领包括中国在内的全球集成电路的中高端市场，已经形成了极强的用户黏性，使得中国处于后发追赶阶段、技术成熟度不高的本土集成电路企业很难获得早期用户和实验性用户，造成技术追赶的鸿沟，难以迈入集成电路的中高端市场。[1][2] 以存储芯片为例，当后发者研制出16M的产品，先

---

[1] 吕铁、贺俊：《政府干预何以有效：对中国高铁技术赶超的调查研究》，《管理世界》2019年第9期。

[2] 贺俊、吕铁、黄阳华、江鸿：《技术赶超的激励结构与能力积累：中国高铁经验及其政策启示》，《管理世界》2018年第10期。

发者已经研制出 32M 甚至 64M 的存储芯片，此时先发者会以很低的价格卖 16M 的产品，这使得后发者研制出的 16M 存储芯片，难以在市场上得到回报，也就难以继续进行高端研发。久而久之，后发者被锁定在先发者不愿意做的低端芯片上，先发者则能通过持续创新，不断推出更高端的芯片。① 这种"机制"使得中国几十年来芯片产业一直处于中低端产业链，高端的存储芯片却长期依赖进口。二是后发追赶的单个本土企业难以嵌入发达国家主导的产业链。一方面，发达国家领先的集成电路设计企业与代工制造商和光刻机等关键设备制造商之间形成了复杂的产业链上下游合作关系，后发企业很难切入其产业链。② 另一方面，集成电路产业的源头技术目前掌握在英特尔、AMD 和 ARM 手中，其中英特尔和 AMD 在个人电脑领域居于统治地位，ARM 则几乎垄断了移动端芯片的底层技术。源头技术架构决定了芯片产业的通用技术标准，既有标准已经与芯片相关的硬件、软件和操作系统形成稳定的生态系统，单一企业想通过技术创新打破这一生态系统几乎不可能。

第三节　构建七大长效机制促进"卡脖子"技术攻关

中国正处于"卡脖子"技术的攻关期，必须认识到攻克"卡脖子"技术非一日之功，技术的积累和突破具有长期性和曲折性，要尊重产业发展的客观规律，重点围绕解决使用需求预期不足和难以嵌入发达国家主导的产业链等主要制约，加大政策支持，建立长效机制，支持和鼓励企业加大对"卡脖子"技术攻关的投入，特别是

---

① 肖广岭：《以颠覆性技术和"卡脖子"技术驱动创新发展》，《人民论坛·学术前沿》2019 年第 13 期。

② 贺俊、吕铁、黄阳华、江鸿：《技术赶超的激励结构与能力积累：中国高铁经验及其政策启示》，《管理世界》2018 年第 10 期。

要促进本土企业协同攻关、系统突破,打破发达国家产业链的封锁,推动打造以我为主的产业链。

一是建立"卡脖子"技术攻关动态评估机制。动态跟踪和梳理重大"卡脖子"技术,建立重大瓶颈技术数据库,按照断供风险、影响大小、技术难度、技术差距等指标,动态构建和调整重大瓶颈技术指标体系。根据国际形势变化和中国产业发展情况,动态跟踪当前对中国产业发展制约较大、影响较大的"卡脖子"技术,纳入重大技术攻关白名单。建立直达各行业领域下游龙头企业的联系机制,定期搜集下游龙头企业供应链运行情况,全面了解最新国际形势变化对主要龙头企业供应链的影响。引入第三方机构对"卡脖子"技术攻关实施效果进行独立评估,根据评估结果进行动态调整,提高技术攻关的效率。加快构建行之有效的督查机制,推行国家重点支持工程的奖励和问责机制,对"卡脖子"技术攻关实施过程中的问题进行评估分析,找准问题出现的原因,加快政策调整,确保"卡脖子"技术攻关有效实施和推进。把握技术攻关的发展变化,适时对国家支持政策进行调整,择机退出。[1]

二是探索"卡脖子"技术分类攻关突破机制。分类支持重大瓶颈技术攻关,梳理出当前对中国产业发展具有较大影响的"卡脖子"共性技术、底层技术、基础技术,特别是那些与发达国家差距较大又躲不过绕不开买不来的核心技术,按照轻重缓急、分类支持等原则,在这些发展越来越清晰的产业和领域,对适合集中创新的研发和创新活动,国家可以依托国有企业和重点科研院所组织成立重大瓶颈技术攻关小组,做好专项资金保障,集中各方力量研发和创新。[2] 在具有激进式创新、市场需求不确定性大、具有边缘市场和领先用户、行业进入壁垒不高等特征的行业领域,对适合社会分散创

---

[1] 黄汉权等:《新时期中国产业政策转型:理论与实践》,中国社会科学出版社2017年版。

[2] 路风:《冲破迷雾——揭开中国高铁技术进步之源》,《管理世界》2019年第9期。

新的研发、重大技术突破，按照"卡哪补哪，卡谁谁参与"的原则，以企业为主导推动技术攻关，政府则主要通过产业政策辅助科研单位和企业进行研发和攻关。①② 特别是促进政府科研成果和基础设施向技术攻关主体开放，通过出台类似《拜杜法案》的政策文件，赋予高校、科研院所等研究机构对于国家财政资助的发明创造享有专利申请权和专利权，鼓励高校开展学术研究并积极转移专利技术，支持政府科研基础设施向重点企业开放共享，促进公共科研平台科研成果向重点企业转移转让，支持企业技术攻关。

三是健全产业政策长效支持机制。推动产业政策向支持技术攻关企业转型，改变过去"抓大放小"的选择性政策支持方式，以培育专精特新中小企业、隐形冠军和独角兽等为重点，加快推动产业政策向支持中小企业的普惠性政策转型，提升产业政策对"卡脖子"技术攻关主体的支持力度。③④ 政府对企业技术创新的支持定位于产业前竞争开发阶段，加大幅度削减对产业竞争和产能扩张环节的政府科技资金投入，更好发挥企业和社会资本主导作用。调整政府补贴方法，补贴环节前移，直接对产业基础领域的创新型产品实施补贴，改变政府过去主要补贴下游企业、上游基础产业"喝汤"的状况。此外，还要加大对技术攻关企业需求侧支持力度。加快制定"卡脖子"技术应用支持政策，完善风险补偿机制，重点选取相关领

---

① 2020年9月16日，中国科学院院长白春礼在国新办发布会上强调将把"卡脖子"的技术清单变成中国科学院的科研任务清单，这体现了"卡哪补哪"的技术攻关原则。

② 任继球：《政府主导产业发展模式的边界条件——高铁与通信设备行业比较启示》，《开放导报》2020年第5期。

③ 国际经验表明，"卡脖子"技术大多掌握在专精特新中小企业手中。德国拥有1300多个单项冠军企业，而中国只有260家左右。中小企业自身实力有限，在寻租能力方面不及大企业，会导致很多政府资源流向大企业，不利于中小企业做精做优。而若采取中小企业选择性产业政策，则会引致部分中小企业增加寻租动力，但中小企业资源有限，寻租会导致企业不能集中有限资源攻关，影响中小企业集中有限资源攻关核心技术和关键零部件。

④ 黄汉权、任继球：《新时期中国产业政策转型的依据与方向》，《经济纵横》2017年第2期。

域国产化关键零部件和工业软件,对用户因使用国产零部件和工业软件而发生重大损失的,由国家对用户的损失给予一定比例的补偿,弥补用户对国产零部件和工业软件的使用风险,针对早期用户和实验性用户提供补贴,为企业创造通过"用中学"不断提升技术能力的机会。①

四是优化产学研一体化攻关机制。提高企业"学研"参与度和话语权,吸纳更多企业和专家参加创新规划、科研项目、平台谋划和成果评审,提高企业和专家在成果评审等科技创新评估中的评价权重。建立常态化的对话咨询制度,发挥企业家参与其所在行业领域国家科技创新重大项目的积极性和主动性。国家科研对"卡脖子"技术攻关投入应重点针对企业需求,国家重大科研专项立项评估要充分参考所在领域龙头企业的意见,促进科研院所、高校与相关龙头企业合作解决实际问题。对于国家重大科技专项等技术攻关项目,重视科技成果转移转化的结果导向,以重大技术成果的社会应用为评价国家重大科技专项的主要指标。对于部分共性关键核心技术攻关,可以试点采取由政府和部分龙头企业联合出资的 PPP 模式,技术攻关成果优先供出资龙头企业使用,更大力度发挥龙头企业在技术攻关立项、过程指导和评估中的积极作用,促进关键核心技术攻关更好瞄准企业需求,解决企业在发展中遇到的重大共性技术瓶颈问题。同时要创新产学研合作方式,采取"揭榜挂帅"、众包众筹等方式,② 充分发挥技术研究团队的能力和主动性,放松对技术团队技术攻关的限制和事中考核,采取前期保障基本研究经费和事后补助及奖励的方式,提升资金的使用效率。建立"揭榜挂帅"企业信用体系,发布负面和正面两个清单,以信用管理取代对技术攻关团队的事中限制和考核。

五是建立整机部件企业协同攻关机制。鼓励龙头企业在部分

---

① 任继球:《推动装备制造业高质量发展》,《宏观经济管理》2019 年第 5 期。
② 李万:《加强核心技术攻关的关键所在》,《学习时报》2019 年 5 月 29 日。

"卡脖子"技术领域与民营中小企业组建合作型供应链,对高度离散、缺乏规模的产业链资源进行有效整合,加强上下游企业的交流,支持中小企业与龙头企业建立配套关系,形成长期合作生产关系,为中小企业加大"卡脖子"技术攻关提供需求保障。[1] 积极推动龙头企业在其行业领域组建中介平台、行业协会、产业联盟等行业联合体和组织的建设,增强行业发展中各主体的黏性,有效促进上下游企业开展长期战略合作,引导集成厂商打造合作型供应链管理模式。鼓励整机企业与零部件企业联合开展前置研究,鼓励上游中小企业在下游企业重大产品开发前期介入研究,发挥中小企业专业性特长,促进中小企业更好了解下游企业重大产品对关键零部件和软件等的个性化需求,打造重大技术联合攻关命运共同体,为培育专精特新隐形冠军提供更多稳定的研发实践场景。[2]

六是推动国企形成支撑"卡脖子"技术攻关机制。加大国有企业对首台(套)产品和软件的采购力度,制定国有企业对国产化首台(套)产品和软件的采购计划,保证每年采购量不低于一定比例。提高国有企业采购的公开透明度,增加国有企业对国产化首台(套)产品和软件采购的解释权,科学地减少国有企业采购使用首台(套)产品和软件带来的领导追责风险。制定工作时间表,逐步减少战略性领域国有企业对国外产品和软件的依赖,加快推动国有企业关键零部件和软件的国产化。同时,促进国有企业提供技术创新行业公共品,推动国有企业赋能中小企业,加大仪器设备等资源共享,促进国有企业技术人才采取借调、租借等柔性方式支援中小企业创新,减少中小企业在技术人才培育、仪器设备购买等方面的固定投入,降低中小企业创新成本和风险,充分释放中小企业的创新积极

---

[1] 郭年顺、李君然:《本土半导体企业打破"后进者困境"的路径和机制——以华为海思为例》,《企业经济》2019年第6期。
[2] 黄阳华、吕铁:《深化体制改革中的产业创新体系演进——以中国高铁技术赶超为例》,《中国社会科学》2020年第5期。

性。强化国有企业在基础公共服务能力方面的作用，为民营企业技术攻关提供基础支撑。

七是完善技术攻关人才活力激发机制。其一是建立技术攻关人才激励机制，保障全社会制造业技术攻关从业人员的合理回报，加大对违规投机行为和违法所得的惩罚力度，引导全社会行业收入分配机制向有利于"卡脖子"技术攻关的方向调整。深入推进市场化改革，加快各类资本向高技术制造业集聚，提升"卡脖子"技术攻关主体的收益，进而提高相关技术人才的工资水平，吸引更多高水平人才扎根"卡脖子"技术攻关。其二是探索产学研人才双向流动机制，促进体制内外科研人员自由流动，建立公共研发平台和重点企业的人才双向流动机制。允许体制内科研人员停薪留职创新创业和前往大企业任职，建立促进体制内高校、科研院所、创新中心等研发机构人员流动的体制机制。大力推广聘用制，鼓励体制内高校和公共研发平台聘用大企业研发人员。支持高校等体制内研究部门成立咨询委员会，广泛吸收企业研究带头人等进入咨询委员会。其三是合理推动科研机构去"行政化"。降低体制内科研机构的行政属性，强化科研机构的科研属性，形成适应现代科学创新规律的科研机构管理和评价机制，建立"懂科学者管科学"的政府科技管理人员培养使用的科学化机制，从科研人员中选任优秀的科技管理人员，推动教授治校、科学家治所（院）。以不断解放和激发人才的创造力为导向，塑造学术自由、宽松和谐、静心致研的学术研究环境和科研评价机制。①

---

① 李政刚：《从政府主导走向院所治理：公益类科研机构"去行政化"改革研究》，《科技进步与对策》2015 年第 1 期。

第三章　探寻政府主导产业发展模式的边界条件

——基于高铁和通信设备的行业比较研究启示

第一节　引言

2018年以来，中美贸易摩擦愈演愈烈，美国对中国的技术封锁也不断加强，部分行业的短板对中国产业高质量发展和制造强国建设的影响愈发突出。认识到这一不足，很多学者和政策研究者提出要加大政府支持力度，促进核心技术和关键零部件攻关，发挥举国体制作用攻克"卡脖子"技术的讨论也在增多，在这一背景下研究政府主导产业发展模式（以下简称政府主导模式）的边界条件就显得尤为重要。

高铁装备在过去十几年的后发追赶中取得了较大突破，政府主导推动高铁发展的模式引起了学术界的讨论，政府主导模式有效性却引起了较大争议。有的学者认为高铁装备后发追赶取得的成就证明了政府主导模式的有效性。如，路风[①]强调中国现有体制下政府在资源配置中的重要作用，国家对铁路（系统）市场的集中

---

① 路风：《冲破迷雾——揭开中国高铁技术进步之源》，《管理世界》2019年第9期。

控制保证了高铁装备的技术学习过程,中央决策层主导的大规模高铁建设,为高铁装备企业提供了世界上独一无二的应用机会,有效促进高铁装备的技术进步。高柏、李国武、甄志宏等认为中国高铁装备取得的成就与政府的动员和协调分不开,特别强调政府在严格控制市场准入、促进形成寡占型市场结构、防止国内企业在引进技术中的过度竞争等方面的作用。[1] 有的学者则认为政府主导推动高铁发展的模式存在特殊性,不能简单复制到其他工业领域。如,吕铁和贺俊[2]解释了为何高铁部门高强度政府行政干预、长期的行政垄断和普遍的国有企业产权安排仍具有有效的激励机制,政府干预并没有抑制本土高铁装备企业的竞争和自主创新动力,这是因为在市场需求和技术机会的驱动下,作为供给方的高铁装备企业的企业家精神和管理层的实际控制权一定程度上弥补了国有产权本身的缺陷,而这些企业在体制内的治理结构和激励机制的改革和调适,弥补了所有制本身的效率损失,促进高强度的技术学习活动。更进一步,吕铁和贺俊[3]认为中国高铁的技术赶超是在非常特殊的制度、经济和文化背景下发生的多因素交互作用的复杂过程,政府干预的有效性具有很强的特定性和本地性,对其他产业的借鉴意义有限。

这些文献都是基于高铁这一特定行业分析政府主导模式的作用,并提出了对其他行业的借鉴意义,但不同行业的技术、市场特征和本土企业发展阶段存在很大差异,特定行业的经验启示可能并不适用于其他行业。基于特定行业分析所得出的结论很容易犯两种经验性错误:一是忽略行业的特殊性,简单地将政府在特

---

[1] 高柏、李国武、甄志宏等:《中国高铁创新体系研究》,社会科学文献出版社2016年版。

[2] 吕铁、贺俊:《如何理解中国高铁技术赶超与主流经济学基本命题的"反差"》,《学术月刊》2017年第11期。

[3] 吕铁、贺俊:《政府干预何以有效:对中国高铁技术赶超的调查研究》,《管理世界》2019年第9期。

定背景下特定行业中的有效作用照搬到其他工业；二是过分强调行业的特殊性，很容易得出政府在特定行业中的有效作用对其他产业借鉴意义有限的结论。为避免这两个错误，必须通过行业的比较研究，将行业的具体特征抽象化，归纳总结出一般化的规律和启示。

基于此，本章选择通信设备与高铁装备进行行业比较研究，对政府主导模式的边界条件进行较为深入的探讨，探寻哪些行业适用类似于高铁的政府主导模式。换言之，政府主导推动高铁发展的模式嫁接到通信设备等行业是否会成功，这一发展模式取决于产业的哪些特征。之所以选择通信设备，主要是因为通信设备具备两个明显的特质，且业内对此基本形成了统一认识。一是与高铁一样，通信设备在过去几十年的发展中也取得了较大突破，以华为为代表的本土企业跃居世界前列；二是与高铁不同，通信设备是市场主导的发展模式，政府作用相对较小。这两个行业在过去几十年的发展中都取得了较大突破，意味着过去的发展模式是大概率适合这两个行业的，而发展模式的不同则对应着不同的行业技术和市场特征，通过比较这两个行业的技术和市场特征的不同点，即可分离出政府主导模式适用的边界条件。若选择失败或不太成功的行业，则无法将该行业的技术和市场特点与其发展模式建立正确的映射关系，因为失败很可能是发展模式不适应行业技术和市场特点造成的；若选择与高铁一样政府主导推动发展的行业，则说明高铁和该行业的技术和市场特点都适于政府主导模式，两者技术和市场特点的差异只能说明政府主导模式的适用范围较大，依然无法分离出政府主导模式的边界条件。

第二节　政府作用不同：政府主导推动 vs 政府辅助市场

高铁和通信设备的追赶主体的所有制结构不同，政府在这两个产业发展中的作用模式完全不同。相比通信设备市场驱动的发展模式，高铁采取了政府主导模式，主要表现为：

一是进行高铁动车组技术攻关的企业全部是国有企业，整个行业具有行政垄断和寡头垄断的特征。在中国南车和中国北车合并之前，全国的机车厂也屈指可数，仅有长春机车、唐山机车、青岛四方机车和株洲南车等机车厂。而在通信设备行业则涌现出了华为等民营企业，经过几十年市场竞争的洗礼，才出现来了现在的寡头竞争局面。二是原铁道部既是本土高铁动车组企业的行业主管部门，还是高铁机车的唯一政府采购部门，以株洲机车厂等为代表的高铁动车组企业也基本都是原铁道部的部属企业。2004年大规模技术引进时期，铁道部收回了各铁路局采购机车车辆的权力，只有获得铁道部高速动车组制造许可的企业才可以参与投标，对高铁动车组订单实施严格管控。而早期通信设备领域市场却是极度分散的，每个城市和城镇都能分散决策采购符合本地需求的通信设备。三是原铁道部主导高铁技术引进，以青岛四方机车厂为代表的本土机车厂处于从属地位，而在通信设备领域，以华为为代表的企业的技术学习主要依靠企业自身市场行为创造国际技术交流机会。

通信设备的发展模式却是典型的市场主导发展模式。以华为为代表的民营企业在通信设备的发展中通过市场的竞争逐渐成长为全球通信设备巨头，政府对其干预的强度远不如高铁装备。不过需要强调的是，在中国本土通信设备企业的发展过程中，尽管政府干预不多，但在发展初期，政府辅助市场仍发挥了重要作用，市场主导的通信设备行业所取得的成绩并不能否定政府辅助市场、弥补市场失灵的作用。一是在通信设备产业发展初期,政府主动作为实施了技术引进,推动上海贝尔等合资企业的建立和经营,为本土企业建立了产业链配套,促进了国内相关技术人才的培育,为之后本土企业进入通信设备制造领域奠定了一定的基础条件[1][2][3]。二是在通信设备产业成长期,政府对本土企业实施市场保护[4]。如,1996年11月,邮电部组织召开国内通信设备制造厂商和运营企业参加的用户协调会,引导和鼓励运营企业积极采购国产设备。1997年和1998年又连续召开用户协调会,有力地促进了民族通信设备制造业的发展。在第二次协调会议上,华为获得了650.5万线订单,占1997年和1998年总订单的40%。在中国人民银行的鼓励下,中国建设银行为华为提供了38.5亿元人民币买方信贷资金,占1998年银行买方信贷总额的45%。

---

[1] 杨志刚:《复杂技术学习和追赶——以中国通信设备制造业为例》,知识产权出版社2008年版。

[2] Mu, Q., & Lee, K., "Knowledge Diffusion, Market Segmentation and Technological Catch-up: The Case of the Telecommunication Industry in China", *Research Policy*, 2005, 34 (6): 759-783.

[3] 20世纪80年代,中央政府决定采取"以市场换技术"的方式引进生产程控交换机。当时很多通信设备跨国公司都希望直接出口到中国,对在中国合资建厂兴趣不大。比利时的BTM看中了中国的潜在市场,愿意与中国合作。中国要求合资必须满足三个条件:其一是中方股权要超过50%(上海贝尔中方占股60%);其二是外方必须转移核心技术;其三是通信设备的核心零部件大型集成电路必须在中国生产制造。由于受到国际政治关系的影响,S1240专用大规模集成电路(CLSI)制造技术的转移没有与印刷电路板的技术转移同步进行。因为CLSI制造技术被巴黎统筹委员会(COCOM)列为限制转移的高技术,该技术向中国转移受到了来自COCOM的阻力。中国政府加强与比利时和美国政府沟通协商,比利时政府也不断游说美国政府放开向中国转移技术的限制。1985年,美国政府批准了BTM向中国转移S1240CLSI制造技术。1987年3月,向上海贝尔转移技术最终得到了美国和相关国家政府的批准。

[4] Mu, Q., & Lee, K., "Knowledge Diffusion, Market Segmentation and Technological Catch-up: The Case of the Telecommunication Industry in China", *Research Policy*, 2005, 34 (6): 759-783.

第三节　技术创新范式不同：渐进式创新 vs 激进式创新

从后发追赶中的技术创新范式来看，中国高铁动车组企业的创新属于渐进式创新，而以华为为代表的本土通信设备企业的创新则属于激进式创新。

轨道交通技术可以分为轮轨技术和磁悬浮技术。从动力来源来看，轮轨式机车又可以分为蒸汽机车、内燃机车和电力机车，电力机车又可以分为动力集中型和动力分散型。中国高铁选择的是动力分散型电力机车技术，这一技术范式由来已久，技术演进相对较慢，在近半个世纪并没有发生重大变化。从速度上来看，当前中国高铁实际运营时速大多在 300 公里，而早在 1981 年法国高铁就已经达到 270 公里/小时，近 40 年并没有发生大的变化。在 2004 年，中国大规模引进国外高铁技术时，世界各国实践磁悬浮列车的成功案例相对较少，大部分高铁技术强国都采用电力机车，既有动力集中型列车，也有动力分散型列车。虽然轨道交通技术范式是多元的，但其发展相对较慢，到目前为止，磁悬浮列车仍没有得到广泛采用。也正是由于磁悬浮列车成功实践案例较少和技术的不成熟性，为了避免技术的不确定性和减少政府集中资源办大事的使用风险，中国高铁技术聚焦瞄准电力分散型机车。

2004 年大规模引进高铁技术以来，中国动车组企业的技术创新是建立在技术引进平台基础上的渐进式创新。本土企业对高铁装备的技术突破主要发生在 2004 年技术引进之后。2004—2008 年，本土企业主要是对引进产品的适应性改进和演进车型设计，不断消化吸收国外产品的技术，并在引进的产品平台上开始局部的自主创新。其中，适应性改进有一些是根据中国旅客的乘坐习惯和特点，对车辆的内部装饰和服务设施进行改进，还有一些是对原型车设计缺陷的改进，但更多的是基于弓网关系、轮轨关系的耦合而对轮对的踏面形状轮对内侧距离、弓网受流、转向架等作出的改进。演进车型的开发主要是本土企业基于引进车型，设计出卧铺车和两列重联机组。如，2006—2008 年为京津线开发了时速 300 公里动车组 CRH2C，其主要改进是在引进车组的基础上将原来的 4 节动车数量增加到 6 节，其他变化包括对速度提升的安全性评估和舒适度评估，中间车体以及内装的适应性改进。

在 2009 年至今的正向设计阶段，本土动车组的创新主要体现在推动高铁动车组的自主化、系列化和标准化。自主化是指在技术引进平台上自主集成创新，提高高铁动车组的国产化率。例如，CRH380A 是在 CRH2C 的基础上发展而来的，头型、转向架、断面、牵引、制动都是新设计的，原属于川崎重工的零部件基本实现国产替代。系列化是指基于同一技术平台开发谱系化的系列产品，表现为在速度等级上，研制 200 公里以下、200—250 公里、250—300 公里、300 公里以上等不同时速等级的动车组，在功能定位上，除了长距离运输的动车组之外，又专门开发了适合于短距离大流量运输的城际动车组和耐高寒抗风沙的高寒动车组。标准化是指统一动车组的产品设计和部件的技术参数，最大限度实现产品之间的兼容性和连通性，表现为在 4 个国家引进的 4 种不同产品平台基础上构建出统一的技术标准体系，研制出中国标准动车组，实现动车组在服务功能、运用维护上的统一[1]。由此可见，尽管中国高铁动车组在引进国外技术后进行了一系列创新，但这些创新都是建立在引进技术平台的基础上，整个高铁动车组构建的技术基础原则在过去很长一段时间并没有发生变化，中国高铁

---

[1] 高柏、李国武、甄志宏等：《中国高铁创新体系研究》，社会科学文献出版社 2016 年版。

动车组的创新属于渐进式创新①,具有跟进式创新、技术改进路线相对确定等特点。

相反,与高铁相比,中国通信设备厂商的技术创新则属于激进式创新。在过去的几十年里,通信技术快速迭代,依次经历了 1G、2G、3G 和 4G 等几次大的变革。第一代通信技术(1G)是指最初的模拟数字通信,仅限语音的蜂窝电话标准,制定于 20 世纪 80 年代,是基于机械电子的技术路径。2G 以后进入数字通信时代,2G 在 1G 的基础上引入数据业务,但依然属于窄带技术。3G 服务能够同时发送声音(通话)及信息(电子邮件、即时通信等),其代表特征是提供高速数据业务。与 2G 网络相比,3G 的下载速度、访问速度和支持的应用程序数量都有很大程度的提升。2G 网络中的数据传输速度低于 64kbps,而 3G 高达 2Mbps。在功能上,2G 技术的主要功能是通过语音信号传输信息,而 3G 是通过视频会议、多媒体短信等进行数据传输。特别是从 3G 后,基站连接开始从铜缆切向光缆,从基于微电子技术的技术范式向基于光电子技术的技术范式迭代演变,技术路线出现了较大转变。② 华为等本土企业正是在这个"光进铜退"技术轨道转换过程中实现了技术赶超和崛起。4G 核心技术是正交多任务分频技术(OFDM),4G 相比于 2G、3G 能极大地增加系统容量、提高通信质量和数据传输

---

① 路风认为中国的高铁是激进式创新,是因为从系统层次上看,中国是世界第一个把高速铁路作为解决铁路运输问题主要手段的国家,这代表着轨道交通方式的"范式变化"(路风:《冲破迷雾——揭开中国高铁技术进步之源》,《管理世界》2019 年第 9 期)。本章只讨论高铁装备,将本土企业对高铁装备发展归为渐进式创新,并不涉及高速铁路,与路风一文并无冲突。

② 微电子技术是 20 世纪下半叶才发展起来的,是指设计制造和使用微小型电子元器件和电路、实现电子系统功能的新型技术,现代信息科技的基础主要包括半导体技术、集成电路技术,核心和代表是集成电路技术。光电子技术是继微电子技术之后,近十几年来迅速发展的新兴高技术,它集中了固体物理、导波光学、材料科学、微细加工和半导体科学技术的科研成就,成为电子技术与光子技术自然结合与扩展、具有强烈应用背景的新兴交叉学科。

速率，实现全球范围内的无线漫游，并处理图像、音乐、视频流等多种媒体形式，可达到第三代手机传输速度的 50 倍。[1] 通信设备领域的激进式创新消解了传统通信设备厂商的部分优势，快速推动通信设备厂商排名更迭，以华为和中兴为代表的本土企业也在这一拨激进式创新中逐渐崛起，并逐渐进入无人区，未来技术发展充满了不确定性。

第四节 行业进入壁垒不同：技术复杂性、技术差距和边缘市场

本土高铁动车组基本都是国有企业所有，在改革开放之前就已进入高铁动车行业，由于技术复杂度和市场等原因，行业进入门槛高，鲜有民营企业进入。而通信设备在改革开放初期就吸引了合资企业和民营企业的进入，进入门槛相对较低。行业进入壁垒既与行政垄断有关，也与行业的技术和市场特征有关，而行政垄断既有历史的原因，也与行业的技术密集型和资本密集型属性有关，本章只讨论行业的技术和市场特征带来的行业进入壁垒问题。与通信设备相比，高铁装备的高准入门槛主要源于两个方面：一是在改革开放初期，高铁动车组的技术复杂性要远大于通信设备技术，中国在高铁领域与国际领先水平的差距要比通信设备的差距大。1982 年，中国首次引入日本的万门程控交换机，同时国内本土企业开始了自主创新和技术追赶。仅在 4 年之后，即 1986 年，解放军信息工程学院与 537 厂就成功研制出 1000 线的 HJD03 用户交换机和 HJD15 小型（局用）程控交换机，并通过不断改进和完善，在 1991 年成功研发出具有划时代意义的 HJD04 机，在此之前，解放军信息工程学院没有涉足通信设备行业的经验。从 1993 年 9 月获得入网许可证到

---

[1] 参见马军和吴彤《信息革命全球燎原，通信设备商砥砺前行——通信设备商进化史》，方正证券研究所证券研究报告，2018 年 8 月 28 日。

1995 年年中，HJD04 机累计销售近 300 万线，总销售额达到 20 亿元，使国产局用大型数字程控交换机在国内市场上的占有率从 0 上升到 17%。这表明，当时中国通信设备与国外领先水平的差距并没有那么大。而在高铁领域，由于技术复杂性和与领先水平的技术差距，以株洲机车厂等为代表的本土企业在改革开放初期就开始了电力机车的研制，但发展较为缓慢。1999 年，株洲机车厂等本土企业联合研制出 3 动 3 拖 6 编组的动力分散性动车组，最高运行速度仅为 120 公里/小时。而日本在 1964 年就已建成最高运行速度达到 210 公里/小时的新干线，法国在 1981 年成功开通最高运行速度达到 270 公里/小时的高速铁路。中国高铁动车组技术远远落后于日本和法国等发达国家。1998 年，中国广深铁路公司，从瑞典 ADtranz 公司引入了 X2000 列车，为 1 动 6 拖 7 辆编组，最高运营时速为 200 公里。X2000 列车对中国研发动力集中型动车组和摆式动车组起到了一定的借鉴意义，但由于技术差距太大，到 2004 年为止，中国客运机车车辆平均处于 160 公里的时速等级，200 公里及以上时速的高速动车组仍在研制试验阶段。由于对一些关键技术环节尚未掌握，材料和工艺水平仍有待提高，列车在实际运行中稳定性差、故障多，难以实现批量化生产。这从侧面反映了高铁动车组的技术复杂性要远远高于通信设备，本土企业很难在短时间自主研发推动高铁动车组跨越式发展。

二是通信设备行业具有比较大的边缘市场，为新进入的企业在市场应用中推动技术升级提供广阔的缓冲地带，而高铁的边缘市场几乎不存在。一方面，由于中国对通信设备的巨大需求以及分割的市场结构，华为等新进入的本土企业能够通过进入低层次交换机市场促进企业技术创新成果市场应用，在技术能力不断积累成熟后逐渐切入较高层次的通信设备市场。本土企业在发展早期，当跨国公司和合资企业争夺大城市的市场时，将市场重点放在了 C4 级及更低层次的交换局上。这个层次的交换局虽然单局容量较小，但市场空间很大。由于网络条件参差不齐，这些市场都是跨国公司和合资企业不愿或很难进入的，① 成为本土企业早期发展的主要生存空间。早期分割市场的存在对技术相对落后的本土企业起到了一定程度的市场保护作用。② 另一方面，20 世纪通信设备系统具有开放的标准，这意味着后进入者可以将自己的产品连接到在位者已经建立的产品系统里，后进入者有机会让开发的产品实现市场应用。如果没有这个前提，先行的系统设备供应商将通过对原有设备的升级和扩容将运营商（用户）"绑住"（或锁定），其产品的内部接口和内部协议将给后来者带来巨大的进入障碍。在 20 世纪 90 年代，在跨国公司对中国主要系统设备垄断的背景下，本土企业仍能够在接入网、移动智能网等产品中占据一席之地，拥有自身造血功能，为后来更大规模的技术研发孕育了条件。而反观高铁，除了行政垄断的原因以外，高铁动车组是一个系统集成的产品，由动车组企业集成产品，对安全性要求较高，整体试验合格后才能被原铁道部或铁总统一采购，具有买方垄断的特点，高铁动车组的边缘市场几乎不存在，后发企业很难切入这一市场。

第五节　政府主导模式的适用条件

从事后结果来看，政府在高铁动车组后发追赶中的主导作用，促进了中国高铁动车组的发展。对于高铁而言，政府的主导模式发

---

① 主要是因为：一是中国城市通信设备市场足够大，跨国企业和合资企业进入农村市场的积极性不高。二是由于跨国企业和合资企业的人力资源成本偏高，其同性能的交换局价格远远高于本土企业，导致其在农村市场的竞争力不高。三是跨国企业和合资企业的所有产品都是根据大城市设计的，中国农村对交换机的需求很不一样。如，中国农村由于受过教育的人比较少，英文不识，很少有人能操作带有英文界面的交换机，而本土企业就很好地解决了这一点。

② 在低端市场，产品的技术性能和稳定性并不是最关键的竞争因素，本土企业采取了服务增强的方式，即通过完备的售后服务支持网络解决稳定性问题，并在此过程中不断改进技术。

挥了积极的作用，但并不意味着这种主导模式能够在通信设备等其他领域发挥积极作用。也就是说，政府主导模式契合了高铁的行业技术和市场特点，政府主导模式满足了高铁的"特殊"发展需求，若在通信设备等其他工业领域采取政府主导的模式并不一定能取得高铁式的成功。基于高铁装备和通信设备的比较，可以发现政府主导模式的一些适用条件。一是适用于技术路线比较确定的行业，政府集中力量办大事的风险相对较小。一方面，高铁动车组的创新属于渐进式创新，近几十年来，高铁动车组的技术路线并没有发生重大变化，本土企业通过引进技术，实现跟进式创新。在技术改进方向明确的前提下，可以通过促进形成"有控制的竞争"市场结构，利用公共资源引导企业开展创新。另一方面，在确定性的技术创新方向，政府也易于观察到本土企业技术能力的提升，这有利于发挥政府在企业创新竞争中的裁判作用，提升政府通过公共资源引导企业创新的效率。以高寒动车组为例，为开发兰新高铁，解决新疆区段的高温、高寒、高海拔以及风沙气候带来的对高铁动车组的恶劣影响，政府可以明确设置耐高温、耐高寒、抗风沙等技术指标来引导本土动车组企业进行创新。而在通信设备等其他装备领域，市场不确定性较大，各个行业领域的技术路线也充满了不确定性，政府可以集中力量，但却难以找到正确的"大事"。

二是适用于技术复杂性高和边缘市场小的高进入门槛行业。政府主导模式能快速集聚资源，有效解决因与发达国家领先技术差距过大和边缘市场较小带来的进入壁垒问题。相比通信设备等装备行业，高铁动车组的技术复杂性更大，中国与世界前沿技术也存在较大差距。由于巨大的技术差距，本土企业进入高铁领域的研发成本是巨大的，本土企业对未来的预期收益较低，研发风险较大，投入巨大资金从事研发的动力和能力不足，单独依靠市场难以有效推动重大技术攻关。在发达国家领先的高铁技术面前，中国本土企业处于弱势地位，而高铁动车组缺乏边缘市场，若没有政府主导的强市场保护，中国本土市场将被跨国公司迅速占领，本土企业很难在跨国公司的夹缝中谋求生存的一席之地，本土企业的持续创新投入很难维持。而在强市场保护下，本土企业对未来的市场应用是可以预期的，在不断增长的市场需求面前，本土企业之间的竞争促进了企业对创新研发的投入，推动了高铁技术的进步。

第六节 结论与政策启示

高铁是政府主导型的追赶模式，高铁技术取得重大突破引发了政府集中力量办大事的光环效应，但不要过度高估政府在行业发展中的作用。若不考虑行业的具体特征，简单地将在高铁上得到验证的政府主导模式照搬到其他工业领域会带来刻舟求剑式的错误。本章对高铁和通信设备进行了行业比较分析，从技术创新范式、技术差距、边缘市场等维度分析了高铁的特殊性，由于高铁属于长生命周期的渐进式创新，中国高铁技术的复杂性以及中国高铁技术与国外领先水平的较大差距，单独或主要依靠市场很难激励社会资本进入高铁领域，难以维持持续的技术创新投入，无法在短时间取得重大技术突破。因此，在类似于高铁的行业领域，在方向明确的前提下，可以发挥政府集中力量、协调等方面的优势，促进创新资源、市场订单等向本土企业倾斜，通过组织安排提升本土企业在国际技术引进和交流中的谈判地位，有效促进行业的后发追赶。

研究分析高铁和通信设备的不同，可以简单勾勒出政府主导模式的大致适用场景，如适用的行业大致具有渐进式创新、跟进式创新、行业需求演变方向较为明确、与国外领先技术差距较大、行业本身技术复杂性高、自然垄断、民营资本行业进入壁垒高等特点。当然这只是判断一个行业是否适用政府主导模式的必要条件，两者并不能直接画等号。套用这一结论还需要警惕的是，行业的发展是动态变化的，部分行业在发展的某一阶段可能具有渐进式创新、与国外领先技术差距较大等特点，但随着行业的发展演进，这些特点可能会发生根本性变化，政府主导模式的适应性会降低。仍以高铁为例，在21世纪的前20年内，中国高铁的发展阶段基本满足这些特点，但当前中国高铁技术逐渐走向全球技术前沿、核心技术和关键零部件攻关不断取得突破，同时第四次工业革命对轨道交通技术产生深刻影响，本土企业迈入全球市场，需要警惕政府主导模式对轨道交通装备的反噬性。

近些年来，美国的技术打压力度加大，中国电子信息等领域企业技术断供风险加大，发挥政府作用攻关"卡脖子"技术的重要性不断提升，但这并不意味着政府在攻关"卡脖子"技术中要发挥主导作用，要慎用举国体制模式支持集成电路等领域的技术研发和攻关。一是尽管中国集成电路产业仍处于落后状态，但过去几十年里，市场主导模式下的集成电路产业发展取得了较大突破，以华为海思等为代表的集成电路设计企业已经跃居世界前列，以中芯国际为代表的集成电路制造企业与世界领先企业的技术差距不断缩小，终端产品全球市场份额的提升带来本土集成电路企业的市场需求空间扩大，并不存在技术差距过大、边缘市场小等进入壁垒高的问题。特别是美国制裁华为禁令会强化本土终端企业的国产化意识，以往本土企业面临的用户黏性带来的难以切入行业生态问题会得到一定程度的缓解。二是近半个世纪以来，摩尔定律左右集成电路产业发展，集成电路产业创新迭代加速，技术变化和市场需求变化较快，政府集中力量办大事的风险较高，政府主导模式无法适应集成电路这类技术创新快速迭代的行业，政府主导模式难以形成可持续的创新迭代能力。未来这类"卡脖子"技术的攻关还应以企业为主，政府则发挥辅助作用，在营造良好国际环境、加快国内5G基站建设和5G商用、强化基础研究和共性技术研发等方面助力本土企业攻关"卡脖子"技术。

第四章 提升产业政策对国际新兴产业的适配性

——基于光伏与新能源汽车产业政策的研究启示

第一节 问题的提出及文献综述

改革开放以来,产业政策一直是中国培育和壮大支柱产业的重要手段,产业政策有效促进了很多产业的规模扩张和技术进步。当前,中国产业比较优势和国际环境发生复杂深刻变化,部分产业还处于后发追赶阶段,而在新能源、人工智能等为代表的国际新兴产业领域,[①] 中国与

[①] Mao 等根据某一产业是否属于国际前沿技术,将产业分为第Ⅰ类产业(国内成熟产业)、第Ⅱ类产业(国际新兴产业)和第Ⅲ类产业(国内赶超产业)。参见 Mao, J., Tang, S., Xiao, Z., & Zhi, Q., "Industrial Policy Intensity, Technological Change, and Productivity Growth: Evidence from China." *Research Policy*, 2021, 50 (7), 104287。其中,国际新兴产业是指如光伏和新能源汽车等产业,在全球范围内均处于产业生命周期的孕育孵化阶段,由于技术成熟度低,当前阶段产业市场应用规模较小,产业处于萌芽期,产业技术路线发展的不确定性较大,同时产业技术的进步空间也较大,通过技术进步降低生产成本和使用成本潜力巨大,中国与发达国家相比技术差距不太大,中国并不处于绝对落后状态,基本处于并跑竞争阶段,没有可供借鉴的经验,也无法通过技术引进等方式促进产业快速成长。特别需要说明的是,本章采用的国际新兴产业概念,与国家提出的战略性新兴产业是有区别的。2010 年 10 月发布《国务院关于加快培育和发展战略性新兴产业的决定》,提出培育发展节能环保、新一代信息技术、生物、高端装备制造、新能源、新材料、新能源汽车七大重点领域。其中,新一代信息技术产业、生物产业和高端装备制造产业等尽管有部分涉及前沿技术探索,但仍存在不少技术在发达国家较为成熟,中国与发达国家差距较大,处于跟跑追赶阶段。

发达国家开始展开激烈的并跑竞争，中国产业的发展重心从后发追赶向先发布局过渡和转变，对产业政策提出新的要求。加快推动产业政策转型，提升产业政策支持国际新兴产业发展的有效性，成为新发展阶段中国产业政策研究的重要课题。

以往的产业政策大致可以概括为"选赢家"，不仅对具体产业进行选择和扶持，还选择产业内特定技术、产品和工艺进行扶持，通过财政补贴、审批等方式支持"赢家"企业发展[1][2][3]。很多学者对"选赢家"的政策支持方式提出了不同看法，特别是"选赢家"能否适应国际新兴产业的发展要求，引起了很多学者的诟病，可以归纳为这几个方面：一是产业政策动员的政府资源和资金会产生机会成本。小宫隆太郎等[4]表示即使产业政策成功地促进某一特定产业的发展，产业政策也未必对一国经济发展具有正面作用，因为这种对特定产业支持的政策会产生成本，由国民经济其他部门承担。这里所说的成本，即与产业政策资金相关的机会成本。产业政策的实施会带来收益，但很可能不足以弥补机会成本。政府对某个特定产业提供保护和补贴，还会相应提高其他产业部门所需经济资源的价格，增加这些产业部门的成本，这一损失很可能超过政府扶持特定产业部门带来的收益[5]。选择特定的技术路线也会带来严重的机会成本，特别是中国部分企业、部分行业和发达国家站在同一起跑线上，颠覆性技术的出现会让选特定技术和特定企业的机会成本大幅增加，

---

[1] 任继球：《从外循环到双循环：我国产业政策转型的基本逻辑与方向》，《经济学家》2022年第1期。

[2] 江飞涛、李晓萍：《当前中国产业政策转型的基本逻辑》，《南京大学学报（哲学·人文科学·社会科学）》2015年第3期。

[3] 顾昕、张建君：《挑选赢家还是提供服务？——产业政策的制度基础与施政选择》，《经济社会体制比较》2014年第1期。

[4] ［日］小宫隆太郎、奥野正宽、铃村兴太郎编：《日本的产业政策》，黄晓勇等译，国际文化出版公司1988年版。

[5] 张鹏飞、徐朝阳：《干预抑或不干预？——围绕政府产业政策有效性的争论》，《经济社会体制比较》2007年第4期。

"选赢家技术"可能还会误伤具有市场需求或技术发展前景的其他技术路线产品[1][2]。

二是产业政策扭曲市场会带来竞争抑制成本。很多学者[3][4][5]指出产业政策通过土地、资源、能源等要素对部分企业进行倾斜性支持，严重破坏公平竞争的市场秩序，压制和限制市场竞争，阻碍优胜劣汰，同时使得企业热衷于寻求政府政策支持，而在研发、创新方面缺乏足够动力和压力，抑制企业创新活力，而市场竞争能够有效释放企业创新活力，促进资源从低效率部门向高效率部门转移，从而提高国民经济的整体效率。

三是产业政策对少数企业的保护和扶持会带来寻租成本。部分学者对产业政策的相关批评主要集中在产业政策破坏市场机制带来严重的寻租成本[6]。"选赢家企业"带来严重的寻租和腐败行为，降低企业从事技术创新的积极性，会导致某些特定产业市场集中度过高，抑制行业竞争活力[7][8][9][10]。卢锋[11]也认为，产业政策不利于政府职能转变，还会鼓励寻租行为，甚至导致严重的权力腐败。张鹏飞

---

[1] 张杰：《基于产业政策视角的中国产能过剩形成与化解研究》，《经济问题探索》2015年第2期。

[2] 江飞涛、李晓萍：《当前中国产业政策转型的基本逻辑》，《南京大学学报》（哲学·人文科学·社会科学）2015年第3期。

[3] 卢锋：《繁复的产业政策不利经济结构调整》，《中国产经》2013年第7期。

[4] 吴敬琏：《产业政策面临的问题：不是存废，而是转型》，《兰州大学学报》（社会科学版）2017年第6期。

[5] 江飞涛、李晓萍：《当前中国产业政策转型的基本逻辑》，《南京大学学报》（哲学·人文科学·社会科学）2015年第3期。

[6] 江飞涛等：《理解中国产业政策》，中信出版集团2021年版。

[7] 夏骋翔：《产业政策的经济学分析》，《经济问题探索》2007年第3期。

[8] 江飞涛、李晓萍：《直接干预市场与限制竞争：中国产业政策的取向与根本缺陷》，《中国工业经济》2010年第9期。

[9] 江飞涛、李晓萍：《当前中国产业政策转型的基本逻辑》，《南京大学学报》（哲学·人文科学·社会科学）2015年第3期。

[10] 张杰：《基于产业政策视角的中国产能过剩形成与化解研究》，《经济问题探索》2015年第2期。

[11] 卢锋：《繁复的产业政策不利经济结构调整》，《中国产经》2013年第7期。

和徐朝阳[1]指出,战略性贸易政策是产业政策的一种形式,这种产业政策通过保护本国市场来促进特定产业的发展,但也很可能会出现保护过度的情况,不利于本国市场本土企业的充分竞争,垄断导致的总成本会高于排斥外国企业带来的利润转移,导致产业政策沦为既得利益集团的寻租工具。

基于这些考虑,很多学者建议构建适应国际新兴产业发展需求的产业政策体系,推动产业政策从选择性向功能性转变,[2] 更多发挥竞争政策的基础性作用,培育公平竞争环境,让市场机制更多发挥配置资源的基础性作用[3][4][5][6]。这些观点在宏观层面上对中国产业政策转型具有重要指导意义,但并没有深入到微观层面,对中国产业政策实践指导性和可操作性还有待进一步深入。一是这些文献认为,选择性产业政策对国际新兴产业的支持要减少,但他们并没有解答国际新兴产业是否还需要选择性产业政策,或是哪类国际新兴产业仍然需要选择性产业政策。二是,若是有国际新兴产业需要选择性产业政策,这类国际新兴产业对选择性产业政策的作用方式是否会

---

[1] 张鹏飞、徐朝阳:《干预抑或不干预?——围绕政府产业政策有效性的争论》,《经济社会体制比较》2007年第4期。

[2] 选择性产业政策是指源于日本的产业政策,指政府为改变产业间资源分配和各种产业中私营企业的某种经营活动而采取的政策([日]小宫隆太郎、奥野正宽、铃村兴太郎编:《日本的产业政策》,黄晓勇等译,国际文化出版公司1988年版)。而功能性产业政策是指通过完善市场制度、改善营商环境、维护公平竞争,构建系统有效的公共服务体系支持产业技术的创新与扩散,帮助劳动者提升技能,进而促进产业创新发展、结构演进与竞争力提升(江飞涛、李晓萍:《改革开放四十年中国产业政策演进与发展——兼论中国产业政策体系的转型》,《管理世界》2018年第10期)。两者的最核心的区别在于选择性产业政策有特定产业指向,而功能性产业政策强调普惠性支持,没有特定产业指向。

[3] 顾昕:《产业政策治理模式创新的政治经济学》,《中共浙江省委党校学报》2017年第1期。

[4] 江飞涛、李晓萍:《改革开放四十年中国产业政策演进与发展——兼论中国产业政策体系的转型》,《管理世界》2018年第10期。

[5] 江小涓、孟丽君:《内循环为主、外循环赋能与更高水平双循环——国际经验与中国实践》,《管理世界》2021年第1期。

[6] 江飞涛等:《理解中国产业政策》,中信出版集团2021年版。

有新的要求，或者说传统"选赢家"的产业政策支持方式对这类国际新兴产业是否仍然有效。

近10多年来，中国对光伏及新能源汽车产业进行了大规模的选择性产业政策支持，从事后结果来看，这两个产业发展也取得了长足的进步。① 光伏产业和新能源汽车产业均是国际新兴产业，中国与发达国家基本处于同一起跑线，没有可供借鉴的经验，也无法通过技术引进等方式促进产业快速成长。② 在光伏及新能源汽车产业政策实践中，尽管政策不尽完美，但也无法否认产业政策对光伏及新能源汽车产业发展的贡献。本章拟通过研究分析光伏及新能源汽车的产业政策实践，面向国际新兴产业，探索中国产业政策的转型方向。

第二节 产业发展历程与发展成效：兼论产业政策的作用

一 光伏产业

2000年，德国颁布《可再生能源法》，标志着全球光伏产业进入大规模市场化阶段。2004年，德国修订该法案，出台具体的度电补贴政策，全球光伏产业发展进入快车道。中国光伏产业孕育发展始于2001年无锡尚德的成立。此后，国内很多地区光伏企业如雨后春笋般涌现出来。2005—2007年，受国外特别是欧洲补贴的拉动，

---

① 特别需要强调的是，光伏和新能源汽车产业政策在实施过程中也出现了一些问题，如2016年爆发的"新能源汽车骗补"事件等，但由于本章主要分析光伏和新能源汽车产业政策与以往产业政策的不同点，特别是这些不同点提升了产业政策的有效性，所以本章对光伏和新能源汽车产业政策存在的问题涉及较少。

② 从光伏产业来看，2000年以来全球进入光伏大规模产业化阶段，而从2001年无锡尚德成立开始，中国大量企业进入光伏产业。在光伏产业发展初期，欧美发达国家掌握了先进的工业硅提纯技术，中国与欧美发达国家有差距，但并不大。从新能源汽车来看，发达国家的产业化要从特斯拉在2003年成立开始，特斯拉在2008年推出第一款电动汽车，而当年中国企业比亚迪也推出了全球首款双模电动车，中国与发达国家基本处于同一起跑线。

中国光伏产业产能大规模扩张，产能增长率连续多年超过100%，国际市场份额快速扩张。2008年，中国光伏产能首次超过德国，位居世界第一，占全球光伏产能总量的比重接近50%。[①]

但产能第一的背后是中国光伏产业隐藏的深层次问题，中国产能主要集中在产业链的中低端生产环节，上游晶体硅材料和下游发电市场基本在国外，中国光伏产业"大而不强"和"两头在外"问题突出，产业发展对国外依赖较大。一方面，中国大部分光伏产品依赖国外市场，需出口到国外特别是欧洲市场。中国虽然是光伏制造大国，但国内光伏应用市场却基本处于空白，与行业发展规模极不对称。2004年以来中国光伏产业对外贸易依存度均超过95%。2009年和2010年，中国光伏年度新增装机量占全球新增装机总量的比重分别仅为2.2%和3.1%，[②] 国内应用市场对光伏产能的消化能力严重不足。另一方面，中国光伏企业主要从事的是产业链中附加值较低的电池和组件生产等中下游环节，竞争较为激烈，资金和技术门槛相对较低，产业链上游的高纯多晶硅提炼环节对技术要求较高，中国企业基本没有涉足。

中国光伏产业的这一隐忧，随着2008年国际金融危机的爆发，给行业发展带来了致命的打击。受危机影响，欧美国家纷纷大幅削减光伏应用补贴，并在2011—2013年对中国光伏产业连续实施反倾销、反补贴调查，给中国"两头在外"的光伏产业带来严重打击。有数据显示，国际金融危机期间，中国有超过300余家光伏组件企业倒闭，一度剩下只有50家左右。2011年11月，美国贸易仲裁委员会公布对中国光伏产品实行"双反"，国内多晶硅首当其冲，价格从当年年初的230元/公斤，下降到12月初的110元/公斤。2012

[①] 王辉、张月友：《战略性新兴产业存在产能过剩吗？——以中国光伏产业为例》，《产业经济研究》2015年第1期。

[②] 王辉、张月友：《战略性新兴产业存在产能过剩吗？——以中国光伏产业为例》，《产业经济研究》2015年第1期。

年，国内多晶硅价格继续暴跌，当年国内破产和停产的光伏企业超过 350 家，企业全线亏损，11 家在美上市公司负债总额近 1500 亿元，半数以上企业停产或半停产。2013 年，无锡尚德破产重整，中国光伏产业进入至暗时刻。

为此，2013 年，国务院出台《关于促进光伏产业健康发展的若干意见》，从国家战略的层面加大了对光伏产业的支持力度，提出通过完善大力支持用户侧光伏应用、完善电价和补贴政策及改进补贴资金管理等来促进光伏应用。在此之后，国家大幅提升了对光伏电站的补贴力度。2013 年开始，中国太阳能光伏发电新增装机容量快速增加。2017 年，中国太阳能光伏发电新增装机容量从 2013 年的 1095 万千瓦迅速上升至 5306 万千瓦（见图 4-1）。

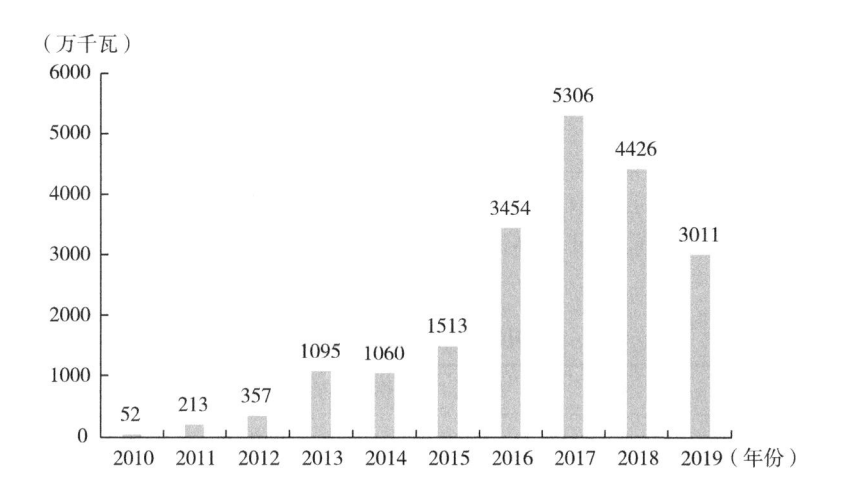

图 4-1　2010—2019 年中国太阳能光伏发电新增装机容量

资料来源：《2019—2020 年中国光伏产业年度报告》。

经过近些年产业政策的助力，中国光伏产业发展取得了明显成效。一是"两头在外"的突出问题得到有效缓解。2019 年，中国大陆企业在光伏产业链各环节占全球产能比重均处于高位，特别是在光伏设备和多晶硅等上游技术含量较高的环节，产能份额达到 70% 左右，光伏发电占全球比重也达到 35.3%（见表 4-1）。二是太阳能发电成本不断下降，基本实现平价上网发电。2019 年，中国太阳能发电成本降至 40 美元/MWH，接近 2009 年的 10% 左右，远低于燃煤发电成本（见表 4-2）。三是中国光伏企业不断发展壮大，引领全球光伏产业发展。"2021 年全球光伏 20 强排行榜"显示，前 20 强全球光伏企业有 17 家来自中国，且营业收入前 7 均是中国企业（见表 4-3）。若没有国家对光伏产业大规模的市场应用支持，光伏产业很难从行业整体滑坡、企业破产倒闭的萎缩时期走向健康发展之路。

表 4-1 2019 年中国大陆企业在光伏产业链各环节占全球产能比重

单位：%

光伏设备	多晶硅	硅片	电池片	组件	光伏发电
71.4	67.3	93.7	77.8	68.8	35.3

注：光伏设备占比基于营业收入指标，其他环节占比基于产能。
资料来源：CPIA、Wind、华泰证券研究所。

表 4-2　　　　　　中国各种能源发电成本　　　　单位：美元/MWH

年份	太阳能	风能	燃气轮机	燃煤	核能
2009	359	135	83	111	123
2010	248	124	96	111	96
2011	157	71	95	111	95
2012	125	72	75	102	96
2013	98	70	74	105	104
2014	79	59	74	109	112
2015	64	55	65	108	117

续表

年份	太阳能	风能	燃气轮机	燃煤	核能
2016	55	47	63	102	117
2017	50	45	60	102	148
2018	43	43	58	102	151
2019	40	41	56	109	155

资料来源：SOLAR POWER EUROPE，兴业证券。

表 4-3　　　　　　　2021 年全球光伏企业 20 强　　　单位：百万美元

	企业名称	所属国家	营业收入	企业性质
1	隆基绿能科技股份	中国	8365	民营
2	协鑫控股	中国	5523	民营
3	晶科能源	中国	5380	民营
4	天合光能	中国	4455	民营
5	晶澳太阳能	中国	3961	民营
6	阿特斯阳光电力	中国	3476	民营
7	通威股份	中国	3448	民营
8	Hanwha Q CELLS	韩国	3218	—
9	First Solar，INC	美国	2711	—
10	天津中环半导体	中国	2660	国有控股
11	东方日升新能源	中国	2462	民营
12	阳光电源	中国	2456	民营
13	浙江正泰新能源	中国	2166	民营
14	信息产业电子第十一设计研究院科技工程股份有限公司	中国	2090	国有
15	特变电工股份	中国	1867	民营
16	尚德新能源投资控股	中国	1686	民营
17	上海爱旭新能源	中国	1480	民营

续表

	企业名称	所属国家	营业收入	企业性质
18	中电科电子装备集团	中国	1299	国有
19	杭州福斯特应用材料	中国	1248	民营
20	SunPower Corp	美国	1124	—

资料来源：365光伏等发布的"2021全球光伏20强排行榜"。

二 新能源汽车产业

21世纪之初，西方发达国家逐渐开始布局新能源汽车产业。2003年，美国硅谷工程师艾伯哈德和塔本宁创立电动汽车制造公司特斯拉，并于2006年7月推出首款电动汽车——Roadster跑车。从2008年2月正式交付第一辆到2012年停产，Roadster全球销量不足2500辆。特斯拉第一款真正意义上的量产车型是2012年6月交付的Model S。2013年和2014年Model S全球交付量分别达到2.3万辆和4.6万辆，这也标志着全球新能源汽车产业化提速加快。[1]

与西方发达国家一样，中国于2000年左右也开始支持新能源汽车产业的发展，但主要在研发、示范应用等方面。2001年，中国制定和出台新能源汽车科技规划，"863"计划电动汽车重大专项投入将近9亿元经费支持新能源汽车研发。在技术路线的选择上，采用了多管齐下的电动汽车"三纵三横"矩阵式研发布局，对各种可行的技术都予以一定的支持。同时，为了推动电动汽车示范应用，科技部先后将北京、武汉、天津、株洲、威海、杭州6个城市确定为电动汽车示范运营城市，而后几年，国家逐步出台一些政策促进新能源汽车的市场推广和应用[2]。但从总体来看，党的十八大以前，中国新能源汽车基本处于示范应用阶段，市场销量极其有限，各大新

---

[1] 于栋：《特斯拉发展之路：引领时代，砥砺前行》，广证恒生研究报告，2019年4月15日。

[2] 黄艺苗：《2001年—2015年我国新能源汽车产业政策综述》，《汽车工业研究》2017年第7期。

能源汽车厂商难以通过规模经济降低生产成本，市场应用严重不足也制约了新能源汽车厂商在"干中学"中促进技术进步。

党的十八大以后，特别是国务院办公厅发布《关于加快新能源汽车推广应用的指导意见》以来，中国进入对新能源汽车大规模推广补贴阶段，新能源汽车销量猛增，有效促进了产业规模扩张和产业技术进步。数据显示，2015 年及以前年度国家对新能源汽车补贴额度达到 1.27 亿元，在此之后补贴力度开始加大，2016 年快速增加到 68.20 亿元，2018 年为 9.81 亿元，2020 年为 28.29 亿元，合计发放新能源汽车补贴达到 107.67 亿元。① 此外，还提出要求各地区加大政府采购对新能源汽车的支持力度，扩大公共服务领域新能源汽车的应用规模，推进党政机关和公共机构、企事业单位使用新能源汽车。在消费补贴等政策的刺激下，2015 年和 2016 年中国新能源汽车销量分别达到 33.5 万辆和 50.7 万辆，与上年相比分别同比增长 3.3 倍和 51.34%。② 在此之后，中国新能源汽车销量持续攀升，产能也快速扩张。若没有国家对新能源汽车产业强有力的消费补贴支持，新能源汽车很难从整车成本过高、购买者寥寥的产业化初期迈入快速成长期。

经过近些年来产业政策强有力的支持，中国新能源汽车产业发展取得重要突破。一是新能源汽车产销量连续 6 年蝉联世界第一。2020 年，中国新能源汽车产量达到 136.6 万辆，占全球比重超过 50%。中国内资企业新能源汽车市场份额达到 75% 以上，③ 以比亚迪为代表的新能源汽车整车企业技术取得较大突破，与以特斯拉为代表的全球领先企业差距不断缩小。二是电机、电控、电池等新能源汽车关键零部件取得了实质性突破，基本实现国产化。2020 年，宁

---

① 财政部发布《关于下达 2020 年节能减排补助资金预算的通知》，部分年度数据有缺失。
② 数据来源：中国汽车工业协会。
③ 中汽协数据显示，2020 年，比亚迪等传统自主品牌国内市场份额达到 62%，蔚来、小鹏、理想等自主新势力的国内市场份额达到 13%。

德时代、比亚迪、中航锂电和国轩高科等动力电池企业占据全国动力电池装机量份额的76%左右（见图4-2），特别是宁德时代和比亚迪等动力电池企业占据全球动力电池装机量的1/3左右（见图4-3）。2019年，国内电控和驱动电机装机量国产化率均处于较高水平（见表4-4和表4-5）。

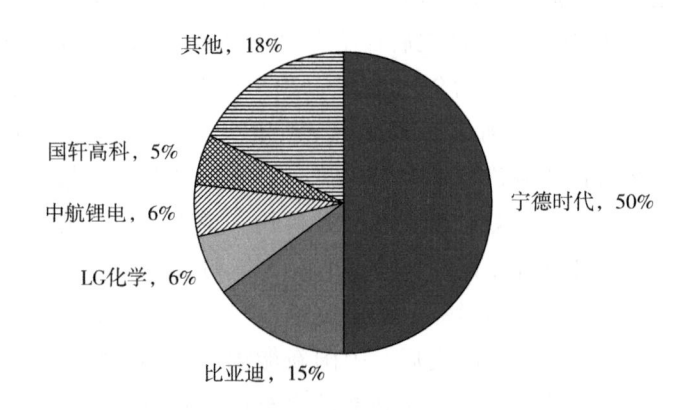

图4-2　2020年国内动力电池装机格局

资料来源：动力电池产业创新联盟。

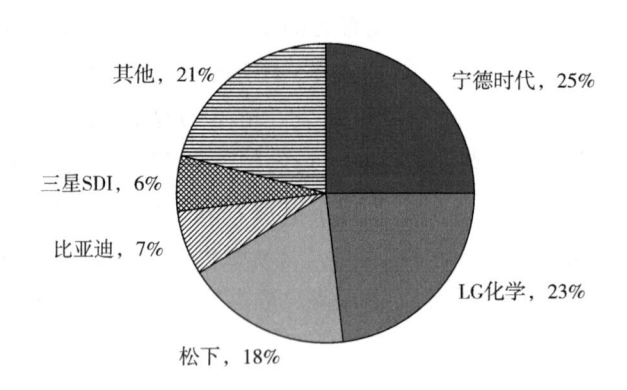

图4-3　2020年全球动力电池装机格局

资料来源：SNE Research。

表 4-4　　　　　　　2019 年国内电控装机量份额　　　　单位：%

	企业名称	国家	份额
1	弗迪动力（比亚迪）	中国	20.2
2	联合电子	中德合资	17.2
3	麦格米特	中国	9.4
4	奇瑞新能源	中国	4.2
5	上海电驱动	中国	4.2
6	英搏尔	中国	3.7
7	蔚然动力	中国	3.5
8	日本电产	日本	2.6
9	长安新能源	中国	2.6

资料来源：NE 时代。

表 4-5　　　　　　2019 年国内驱动电机装机量份额　　　　单位：%

	企业名称	国家	份额
1	弗迪动力（比亚迪）	中国	20.2
2	大洋电机	中国	9.4
3	精进电动	中国	7.8
4	方正电机	中国	5.8
5	华域电动	中国	5.7
6	奇瑞新能源	中国	4.2
7	大众变速器	德国	4.0
8	上海电驱动	中国	3.9
9	蔚然动力	中国	3.7
10	日本电产	日本	3.5

资料来源：NE 时代。

第三节　产业政策何以有效：光伏与新能源汽车产业政策主要特征及有效性

与传统产业政策通过财政补贴、审批等方式支持"赢家"企业发展的方式不同，光伏与新能源汽车产业政策具有自身的特征，归纳起来可以概括为"选赛道"，即选择方向确定性产业，通过下游应用端支持、行业基础设施及公共服务平台建设等方式，实施产业内普惠性支持政策，放弃对特定技术路线和具体企业的选择，放弃以往的行政干预手段，更多采用市场化的手段和工具，推动市场应用支持政策随着产业的成熟而退出。"机会成本—竞争抑制成本—寻租成本"的分析框架，基本涵盖了产业政策实施成本和效率损失维度。[①] 本章将基于这一分析框架分析光伏与新能源汽车产业政策"选赛道"有效的具体原因。

一　机会成本

（1）光伏产业和新能源汽车产业发展方向具有确定性，降低了产业政策对具体产业选择的机会成本。光伏产业和新能源汽车产业的发展方向确定性主要表现为：第一，中国原油对外依存度超过70%，发展光伏等可再生能源产业培育替代化石能源的重要性与日俱增，新能源汽车的发展也成为减少石油进口依赖和确保能源安全的必然选择。第二，化石燃料带来的污染和碳排放，对生态环境的负面影响逐渐加大，减少碳排放量逐渐成为世界主要国家的共识，欧美发达国家在21世纪之初就逐渐加大对可再生能源发展的支持力度，多个国家已通过禁售燃油车法案，减少对化石能源的依赖和使用。如，荷兰、挪威宣布2025年禁售燃油车，

---

① 见前文文献综述对以往产业政策弊病的分析。

印度、德国将于2030年全面禁售燃油车，法国和英国宣布2040年全面禁售燃油车。此外，与传统燃油车相比，新能源汽车产业采用的技术路线发生根本性改变，为中国汽车产业实现换道超车与跨越式发展提供了机遇。在发展之初，尽管对后来发展路径和发展技术路线存在较大不确定性和争议，但发展光伏产业和新能源汽车产业的方向是确定的，产业选择不会出现大的方向错误，产业政策对光伏产业和新能源汽车产业的选择性支持不会带来严重资源浪费。

（2）产业政策对光伏产业和新能源汽车产业内各种技术路线的支持是普惠的，不存在具体技术路线选择的机会成本。国家对光伏产业和新能源汽车产业的支持是下游需求侧的支持，对各种技术路线产品是没有偏向性的。从大的原则来看，只要当前技术路线的产品在现阶段具备竞争力，能够得到下游用户或消费者的认可和购买，都能通过产业链传导享受到国家补贴的支持，通过市场竞争跑出技术路线"赢家"。在光伏产业领域，硅太阳能电池是发展最成熟的，在应用中居主导地位，但又可以分为单晶硅太阳能电池、多晶硅薄膜太阳能电池和非晶硅薄膜太阳能电池三种，早期由于单晶硅成本价格高，大幅度降低其成本很困难，多晶硅薄膜太阳能电池应用广泛，但随着隆基股份在单晶硅切片技术取得突破，单晶硅太阳能电池生产成本大幅降低，单晶硅太阳能电池技术路线得到了广泛的生产应用。在新能源汽车产业领域，国家产业政策对新能源汽车的支持就涵盖纯电动汽车、插电式（含增程式）混合动力汽车和燃料电池汽车等技术路线。以2018年发布的新能源汽车推广补贴方案为例，该方案提出根据纯电动乘用车续驶里程设置了不同的补贴标准，根据燃料电池系统的额定功率与驱动电机的额定功率比值给予不同补贴（见表4-6、表4-7）。

表 4-6　　　　　　　　2018 年新能源汽车补贴标准

车辆类型	纯电动乘用车续驶里程 R（工况法，公里）					插电式（含增程式）
纯电动乘用车	150≤R<200	200≤R<250	250≤R<300	300≤R<400	R≥400	R≥50
	1.5	2.4	3.4	4.5	5	/
插电式混合动力乘用车（含增程式）	/					2.2

注：单车补贴金额=里程补贴标准×电池系统能量密度调整系数×车辆能耗调整系数。单位电池电量补贴上限不超过 1200 元/千瓦时。

资料来源：《2018 年新能源汽车推广补贴方案及产品技术要求》。

表 4-7　　　　　　　　2018 年燃料电池汽车补贴标准

车辆类型	补贴标准（元/千瓦）	补贴上限（万元/辆）
乘用车	6000	20
轻型客车、货车	—	30
大中型客车、中重型货车	—	50

资料来源：《2018 年新能源汽车推广补贴方案及产品技术要求》。

二　竞争抑制成本

光伏和新能源汽车产业政策采取普惠性的赛道支持政策，并在后期逐步退出对产业的支持和引入竞争，有效降低了竞争抑制成本。一是从应用端补贴下游用户并没抑制行业企业竞争，相反企业只有提升产品竞争力才能获得下游用户订单。国家对光伏产业的补贴作用于下游光伏电站，下游光伏电站建设者仍有较大激励选取价格更便宜、发电效率更高、维护成本更低的光伏太阳能电池，且国家还通过招标等方式发现光伏上网标杆价格和补贴标准，促进了下游光伏电站降低成本和提升发电效率。如，2019 年光伏项目建设要求除光伏扶贫、户用光伏外，其余需要国家补贴的光伏发电项目原则上须按照竞争配置方式，通过项目业主申报、竞争排序方式确定国家补贴项目及电价。国家对新能源汽车厂商的补贴是在消费者购买后，换言之，新能源汽车厂商产品的性能和价格只有得到消费者认可后才能得到国家的补贴，这促进了新能源汽车厂商的竞争和技术创新。二是逐步降低产业补贴，引导企业加强技术创新，提升光伏发电效率和降低新能源汽车生产成本。从光伏产业来看，光伏上网标杆电价是逐年下降的，2011 年，宁夏等地区的光伏上网标杆电价为 1.15 元/千瓦时，而在 2018 年已经降到了 0.5 元/千瓦时左右（见表 4-8），特别是 2019 年开始国家规模化推进光伏无补贴平价项目建设，集中光伏电站逐渐进入平价时代，国家补贴逐步退出。从新能源汽车产业来看，2019 年在 2018 年的基础上对纯电动车和插电式汽车的里程补贴标准进行大幅下调（见表 4-9）。2020 年发布的《财政部 工业和信息化部 科技部 发展改革委关于进一步完善新能源汽车推广应用财政补贴政策的通知》要求，2021 年，新能源汽车补贴标准在 2020 年的基础上退坡 20%。三是光伏和新能源汽车产业政策还强化了赛道公共品建设，对所有企业都是普惠的。国家采取了强化行业基础设施和公共服务平台建设等手段支持行业发展，光伏产业政策强调光伏标准化体系和检测认证体系建设，以及促进配套电网建设等，新能源汽车产业政策支持充电设施建设，强化设立新能源汽车技术支撑平台。此外，在新能源汽车推广应用后期，在前期充分保护本国市场和本土企业拥有一定程度竞争力的前提下，通过引入特斯拉，促进行业优胜劣汰来推动本土企业加快技术创新进程。

表 4-8　　中国历年光伏上网标杆电价：以宁夏为例

适用价格（含税）（元/千瓦时）	适用时间及范围	文件	文件号
1.15	2011 年 7 月 1 日以前核准建设，2011 年 12 月 31 日建成投产、国家发展改革委尚未核定价格的太阳能光伏发电项目	《关于完善太阳能光伏发电上网电价政策的通知》	发改价格〔2011〕1594 号

续表

适用价格（含税）（元/千瓦时）	适用时间及范围	文件	文件号
1	2011年7月1日以后核准建设，以及2011年7月1日之前核准，但截至2011年12月31日仍未建成投产的太阳能光伏发电项目	《关于完善太阳能光伏发电上网电价政策的通知》	发改价格〔2011〕1594号
0.9	2013年9月1日后备案（核准），以及2013年9月1日前备案（核准）但于2014年1月1日及以后投运的光伏电站项目	《关于发挥价格杠杠作用促进光伏产业健康发展的通知》	发改价格〔2013〕1638号
0.8	2016年1月1日后备案并纳入年度规模管理的光伏发电项目。2016年以前并纳入年度规模管理的光伏发电项目但于2016年6月30日以前仍未全部投运的光伏电站项目	《关于完善陆上风电光伏发电上网标杆电价政策的通知》	发改价格〔2015〕3044号
0.55	2018年以前纳入年度规模管理的光伏发电项目但于2018年6月30日以前仍未全部投运的光伏电站项目	《关于2018年光伏发电项目价格政策的通知》	发改价格规〔2017〕2196号
0.50	2018年5月31日以后投运的光伏电站	《关于2018年光伏发电有关事项的通知》	发改能源〔2018〕823号

资料来源：笔者根据公开资料整理。

表4-9　　2018年和2019年新能源汽车补贴标准对比

年份	纯电动汽车续驶里程R（工况法，公里）					插电式（含增程式）
	150≤R<200	200≤R<250	250≤R<300	300≤R<400	R≥400	R≥50
2018	1.5	2.4	3.4	4.5	5	2.2
2019	0	0	1.8	1.8	2.5	1

注：单车补贴金额=里程补贴标准×电池系统能量密度调整系数×车辆能耗调整系数。单位电池电量补贴上限不超过1200元/千瓦时。

资料来源：《2018年新能源汽车推广补贴方案及产品技术要求》和《2019年新能源汽车推广补贴方案及产品技术要求》。

三 寻租成本

产业政策对光伏产业和新能源汽车产业的支持没有像以往一样选择重点企业支持,产业应用端支持对产业内企业的支持是普惠的,企业寻租成本相对较小。光伏产业方面,国家对光伏产业下游应用端的支持有效解决了光伏产业发展国内市场需求不足的问题,国家对下游应用端的支持通过产业链传导到上游多晶硅、硅片、电池片、组件、设备等产业链环节企业。产业内所有企业公平参与下游光伏电站项目招标,很多民营企业都通过涓滴效应享受到国家的补贴支持。从事后结果来看,在这种普惠式产业政策的支持下,一批民营企业迅速崛起。2020年全球营业收入前20强中,有17家是中国企业,其中有14家是民营企业。新能源汽车产业方面,凡是进入工信部新能源补贴车型目录的新能源汽车在购买后都能得到一定程度的补贴。以2019年第一批新能源补贴车型目录为例,共有49家企业的106个新能源补贴车型进入目录,表明新能源汽车产业政策支持是没有特定企业偏向的,只要满足一定产品标准均可进入补贴清单。

第四节 总结与启示:推动产业政策从"选赢家"向"选赛道"转型

光伏和新能源汽车产业政策能够取得初步成效的一个最大前提条件是这两个产业发展方向的确定性,在一定程度上大幅度规避了产业选择的机会成本。从产业政策的具体内容来看,区别于以往产业政策的"选赢家",光伏和新能源汽车产业政策模式是"选赛道",即选择方向确定性产业,通过下游应用端支持、行业基础设施和公共服务平台建设等方式,实施产业内普惠性支持政策,放弃对特定技术路线和具体企业的选择,放弃以往的行政干预手段,更多采用市场化的手段和工具,推动市场应用支持政策随着产业的成熟而退出。虽然均是选择性产业政策，但光伏和新能源汽车产业政策的选择性有所弱化，既对所选赛道进行了普惠性支持，又充分发挥市场竞争的作用，让赛道内所有的"车辆"自由竞争，交由市场决出胜负，避免了以往产业政策经常为人所诟病的机会成本、竞争抑制成本和寻租成本。面向国际新兴产业，要借鉴光伏和新能源汽车产业政策的经验，推动产业政策从"选赢家"向"选赛道"转型。

一是聚焦支持方向明确的国际新兴产业，但要减少对方向不确定的国际新兴产业的支持。很多学者呼吁推动产业政策从选择性向功能性和普惠性转型，要抛弃选择性政策。整体来看，选择性产业政策应减少和收缩，但从光伏和新能源汽车产业政策的实践来看，对于部分发展方向确定的新赛道新产业，产业政策支持不会犯大的风险错误，同时也有利于促进占领国际竞争战略制高点。也就是说在新发展阶段，仍需保留一部分选择性产业政策，以支持部分方向确定性产业发展。但对于很多前沿技术和颠覆性技术引领的新兴产业和未来产业，由于未来发展具有极大的不确定性，产业政策支持容易犯方向性的错误，产业选择的机会成本巨大，要减少对这些产业的倾向性支持。

二是强化支持政策对特定国际新兴产业内各种企业和技术路线的普惠性，促进中小企业对前沿技术和颠覆性技术的探索和试错。中国技术创新和产业发展的重点开始逐渐从后发追赶中的培育和壮大主导产业转向自主创新和未知领域的探索，需要越来越多的中小企业来进行技术路线广泛试错，选择特定技术路线和具体企业的不确定性和风险大大增加，在大多数领域必须放弃对技术路线和具体企业的选择。这就要求在产业政策选择的特定国际新兴产业内部，产业政策要处理好与竞争政策的关系，严格审查产业政策支持导致的企业不公平竞争行为，促进产业内企业的公平竞争。

三是更多采用市场化、普惠性的手段和工具，减少行政干预手段。行政干预手段妨碍公平竞争、抑制竞争、扭曲市场，不利于企业技术创新，需要最大限度减少不当行政干预，更多地依靠市场化、法律化手段来引导产业发展，少用倾斜性补贴等不公平措施。如，采用产业引导基金、税收优惠、政府购买、消费补贴、示范推广应用等财税手段对特定产业领域进行普惠性支持。又如，建设制造业创新中心、产业共性技术平台、产业联盟、行业平台企业、虚拟仿真和测试验证平台等专用型行业平台解决特定产业领域的外部性问题和协调性问题。再如，加大行业偏向性的基础设施和公共服务体系建设。[①]

四是要建立产业政策退出机制，政策制定引入日落条款。每一项政策都有适用条件，发展环境变化会导致政策适用条件不再存在，因此在政策出台之前就应考虑退出机制。特别是在产业政策刺激下产业产能大规模扩张后，要逐步压减产业支持政策，给企业以支持政策退出稳定预期，加快产业竞争和优胜劣汰，防范产业低水平产能过剩，推动企业强化技术创新，促进产业技术进步和质量提升。

[①] 如，在新能源汽车产业领域，加快充换电、加氢、智能路网等方面的基础设施建设，提高新能源汽车产业领域的技术转移、信息服务、人才培训、项目融资、国际交流等公共服务支撑能力。

第二篇

行业发展篇

第五章　推动战略性新兴产业集群化发展：理论内涵、面临问题与推进策略

党的二十大报告指出，要"推动战略性新兴产业融合集群发展，构建新一代信息技术、人工智能、生物技术、新能源、新材料、高端装备、绿色环保等一批新的擎"[①]。促进战略性新兴产业集群化发展有利于国内战略性新兴产业企业合力共建创新平台、共同攻坚"卡脖子"技术，共保产业链供应链安全，有效应对各种不确定条件下的供应链冲击。与此同时，战略性新兴产业的集群化发展还有利于充分发挥范围经济和规模经济效应，提升战略性新兴产业发展效能，加快培育和发展新质生产力，壮大经济发展新动能，助力现代化产业体系建设和推动经济高质量发展。因此，本章将在深入理解和研究战略性新兴产业集群化发展的内涵特征与作用机理基础上，梳理当前中国战略性新兴产业集群化发展面临的问题与不足，明确发展思路和主攻方向，进而有针对性地提出促进中国战略性新兴产业集群化发展的改革措施和推进策略。

---

① 习近平：《高举中国特色社会主义伟大旗帜　为全面建设社会主义现代化国家而团结奋斗——在中国共产党第二十次全国代表大会上的报告》，人民出版社2022年版，第30页。

第一节 战略性新兴产业集群化发展的内涵特征与作用机理

一 战略性新兴产业集群化发展的内涵特征

战略性新兴产业是一个政策术语，2010 年出台的《国务院关于加快培育和发展战略性新兴产业的决定》提出，"战略性新兴产业是以重大技术突破和重大发展需求为基础，对经济社会全局和长远发展具有重大引领带动作用，知识技术密集、物质资源消耗少、成长潜力大、综合效益好的产业"。此后很多学者对战略性新兴产业概念进行了阐释，他们的观点主要有：一是战略性新兴产业代表科技创新的前沿方向，对科技创新相关平台、资源和人才尤其依赖[1][2]。二是战略性新兴产业发展空间巨大，还会不断裂变和演变出新的发展形态和模式，释放出新的发展空间[3]。三是战略性新兴产业当前处于发展的初期阶段，需要持续的资金、人才和应用场景等方面的支持来滋养和培育壮大[4]。

关于集群化发展，阿尔弗雷德·马歇尔于 1890 年在其《经济学原理》一书中，首次提出了产业集聚的概念。他认为企业、机构和基础设施在某一空间或区域内的联系能够带来规模经济和范围经济，促进区域内供应者和消费者之间增加相互作用、共享基础设施以及其他区域正外部性，由此使得同一产业倾向于在一个空间集聚。此

---

[1] 李晓华、吕铁：《战略性新兴产业的特征与政策导向研究》，《宏观经济研究》2010 年第 9 期。
[2] 贺正楚、吴艳：《战略性新兴产业的评价与选择》，《科学学研究》2011 年第 5 期。
[3] 林学军：《战略性新兴产业的发展与形成模式研究》，《中国软科学》2012 年第 2 期。
[4] 李晓华、吕铁：《战略性新兴产业的特征与政策导向研究》，《宏观经济研究》2010 年第 9 期。

后，国内外很多学者对产业集聚和集群化等相关概念进行了讨论。如，热贝罗蒂[1]描述了集群的以下特征：企业的空间集聚，经济主体之间有社会文化联系，物品、服务、信息和人员基于市场和非市场交换的垂直和水平联系，有支持企业创新发展的公共和私营机构网络。迈克·E. 波特[2]在构建国家竞争优势模型时，高度重视某一特定产业领域中相互联系的企业和研究机构在地理上的集聚，他认为，同一类型企业在空间上的集聚能通过外部经济等途径给企业带来竞争力。王缉慈等[3]对产业集群的特征条件进行了拓展，认为集群不仅仅是企业的集聚，还包括与产业相关的主体，如创新机构、公共服务平台等主体在空间上的集聚，并强调产业间与产业各环节之间的密切联系以及行为主体间的频繁互动。基于这些学者的观点，本章认为集群化发展可以理解为特定产业核心企业集中布局，产业集聚发展，企业之间互动合作较多，支持企业发展的相关机构和组织之间在一定区域内集聚并联动发展，促进产业效能提升的过程。

目前学者对集群化的讨论还较少聚焦特定产业，对战略性新兴产业集群化发展的讨论相对不多。结合战略性新兴产业和产业集群的内涵和特征，本章认为战略性新兴产业集群化发展是指在新一轮科技革命和产业变革背景下，在"双碳"目标和产业安全等国家战略导向下，以新一代信息技术、人工智能、生物技术等为代表的战略性新兴产业在某一地理区域呈现出产业链上下游环节各企业不断集聚，区域内与产业相关的创新平台、科研院所、公共服务平台等对产业的支撑和辐射作用不断增强，产业链和产业发展生态不断完善，产业内部各环节企业因共性或互补性良性互动，产业链与创新链、人才链、资金链等多链深入合作，从而形成生产制造和创新水

---

[1] Rabellotti R., "Is There an 'Industrial District Model'? Footwear Districts in Italy and Mexico Compared", *World Development*, 1995, 23 (4): 529-566.

[2] Porter M. E., *The Competitive Advantage of Nations*. Macmillan, London, 1990.

[3] 王缉慈等：《超越集群：中国产业集群的理论探索》，科学出版社2010年版。

平不断提升的有机整体。

战略性新兴产业集群化发展既有一般产业集群化发展的共同特征，更有战略性新兴产业的特征。一是集群化要求地理集中，战略性新兴产业集群化发展尤其强调产业链和创新链在地理空间上的集中或相邻。集群化首先是一个地理概念，推动战略性新兴产业集群化发展，就是要推动产业链主要环节企业在同一区域内集聚发展，与一般产业相比，战略性新兴产业的发展尤其依赖创新平台的作用，因此战略性新兴产业的集群化发展要求与产业密切相关的创新平台、公共服务平台等外部机构也同时集聚在同一区域，以有利于企业与创新机构和组织的互动和联系。二是集群化要求链条完整，战略性新兴产业集群化发展尤其强调战略性新兴产业的核心关键环节不能存在短板。战略性新兴产业是技术密集型产业，部分核心关键环节在战略性新兴产业发展中具有重要地位，既买不来也换不来，这些环节的缺失或不足会对其他产业链环节造成不利影响，因此必须完善核心关键环节，即与战略性新兴产业发展紧密相关的创新链、资金链、人才链、政策链等主要链条在区域内不能存在短板。三是集群化要求企业互动，战略性新兴产业集群化发展尤其强调企业在创新研发上的合作。即指战略性新兴产业链条上各环节的企业因共性或互补性合作和互动，中小企业与骨干企业建立配套关系，有研发、销售等同类型需求的企业以产业联盟、行业协会等产业组织方式开展战略合作，特别是产业链上下游企业联合推动重大技术创新和"卡脖子"技术攻关。四是集群化要求多链融合，战略性新兴产业集群化发展尤其强调产业链与创新链、资金链、人才链、政策链的深度融合。战略性新兴产业链需与相关创新链、资金链、人才链、政策链深度融合，才能不断集聚科技创新资源、现代金融和人力资源，通过体制机制改革等方式支持前沿技术攻关和产业化，不断满足重大需求，促进产业快速发展壮大。五是集群化要求特色化专业化，战略性新兴产业集群化发展尤其强调对裂变出来、具有较大发展空间的细分赛道的专业化治理能力。产业发展是一个分工不断细化的过程，相比其他产业，战略性新兴产业发展是一个不断特色化、专业化的过程，从初期比较粗的赛道不断裂变为具体细分赛道，相应要求具体细分赛道的企业和专业化的机构不断聚集，在此过程中也会遇到一些与当前监管不相适应的新问题，要求动态提升专业化的产业治理能力。如，从生物医药产业裂变出的基因细胞治疗等细分产业涉及伦理和安全等问题，对政府治理能力的要求也在不断提升。

二 集群化发展对提升战略性新兴产业发展效能的作用机理

集群化发展能有效推动有限资源集聚，通过提升规模效应等方式，以最小的成本提升战略性新兴产业的创新效率，促进战略性新兴产业释放广阔的市场空间。集群化发展对提升战略性新兴产业发展效能的作用机理可概括为：一是提升创新水平。一方面，企业能较为容易地从产业集群中获得专业化的供应商等知识信息、公共服务和具有特定技能和工作经验的人才，产生较好的创新溢出效应，促进集群内企业更好地创新和发展；另一方面，尚未实现产业化的知识和技术是非标准的默会信息，难以通过文字等信息扩散，但集群内部企业通过面对面的沟通学习和产业链上下游衔接能够较为便利地获得这些知识，上下游不同企业之间研发人员面对面的沟通也有利于擦出创新火花，促进早期创新成果扩散，这对于技术创新驱动的战略性新兴产业发展尤其重要。二是实现规模经济。同一产业在某一区域集聚，产业对供应链企业、中间产品和特定要素的市场需求规模将扩大，这能够有效降低产业集群内部企业的供应链整合成本，也能降低特定要素的单位成本。三是促进专业分工。产业集群化发展会带来产业规模在同一区域的集中，由此使得供应链企业、劳动力以及创新人才和各种机构随之集聚，这有利于促进各类分工的细化，进而提高生产率。四是降低交易成本。空间邻近有助于降低单次交易费用,同时共同的产业文化和价值观有利于企业间建立以合作与信任为基础的社会网络,使双方更容易达成交易和履行合约。此外,企业的空间集聚还能够节省搜集市场信息的时间和费用,进而降低交易成本①。

第二节　中国战略性新兴产业集群化发展的初步成效

近年来,中国战略性新兴产业集群建设步伐加快,总体上实现量质齐升,集群规模不断提升,产业链配套持续完善,平台载体加快支撑,政策环境逐步优化,日益成为中国经济高质量发展的重要支撑。

一　产业集群规模不断提升

近年来,中国战略性新兴产业持续快速发展,2017—2021年产业增加值平均增速高达14%,高于经济总体增速。2021年,中国战略性新兴产业增加值占全国GDP的比重突破13%,比2017年提高2.23个百分点(见图5-1)。从主要区域看,中国战略性新兴产业已初步形成以京津冀、长三角、珠三角为三大产业集聚区的发展格局。2021年,三个主要区域战略性新兴产业增加值占全国的比重高达55%,且近年来战略性新兴产业增加值占地区生产总值的比重呈上升态势(见表5-1)。从三大产业集聚区的主要城市看,北京、上海、广州三大中心城市的战略性新兴产业增加值占地区生产总值的比重分别从2017年的15.2%、15.0%、17.3%增加到2021年的24.3%、20.1%、30.5%,均实现了较大幅度增长。

---

① 魏守华、石碧华:《论企业集群的竞争优势》,《中国工业经济》2002年第1期。

第五章 推动战略性新兴产业集群化发展：理论内涵、面临问题与推进策略 | 81

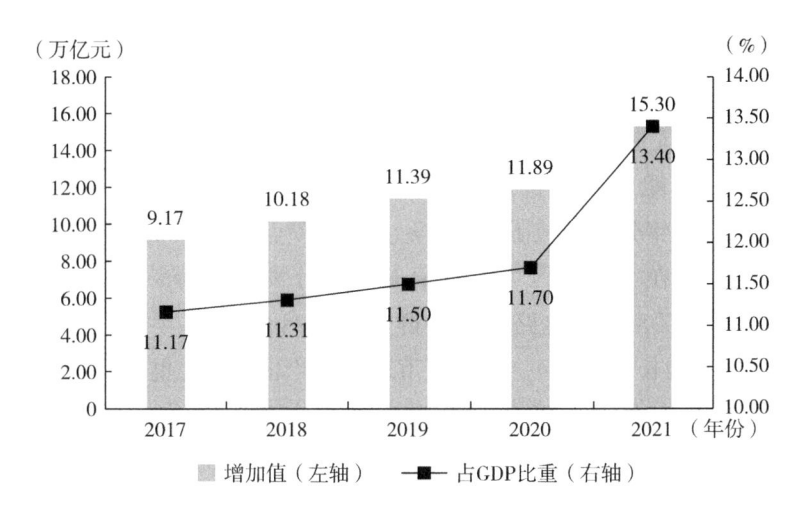

图 5-1 2017—2021 年全国战略性新兴产业增加值及占 GDP 的比重

资料来源：各年全国统计公报。

表 5-1   2017—2021 年主要区域及城市战略性新兴
产业增加值占 GDP 的比重   单位:%

区域	2017 年	2018 年	2019 年	2020 年	2021 年
京津冀	18.1	17.9	21.8	22.6	22.5
长三角	9.7	9.8	12.2	11.5	12.6
珠三角	20.7	20.9	20.9	21.9	22.3
北京	15.2	14.8	23.7	24.3	24.3
上海	15.0	15.2	16.1	18.8	20.1
广州	17.3	17.9	28.8	30.4	30.5

资料来源：主要数据根据各省市国民经济与社会发展统计公报相关数据整理得到，各地区口径并不一致，部分数据根据战略性新兴产业增加值占全部工业增加值的比重或较上年增长比例测算得到。珠三角地区战略性新兴产业增加值没有官方发布，由于 2021 年珠三角 GDP 占广东省 GDP 的比重为 80.86%，在此我们使用广东省相关数据予以替代。

从单个产业集群的发展来看，广州市智能制造产业集群、合肥市集成电路产业集群、上海市徐汇区人工智能产业集群、武汉市集成电路产业集群是首批国家级战略性新兴产业集群的典型代表,其中广州市智能制造产业集群、合肥市集成电路产业集群、上海市徐汇区人工智能产业集群增加值均呈明显增长态势(见图5-2),2019—2021年分别增长了25.73%、55.64%、93.49%,2021年集群增加值占所在城市地区生产总值的比重分别为5.83%、3.5%以及1.31%;武汉市集成电路产业集群产值虽然在2020年出现了下降,但2021年增长了7.8%,占武汉市地区生产总值的比重为2.26%。

(亿元)

年份	广州市智能制造产业集群	合肥市集成电路产业集群	武汉市集成电路产业集群	上海市徐汇区人工智能产业集群
2019	1310	257	417	292
2020	1400	302	371	453
2021	1647	400	400	565

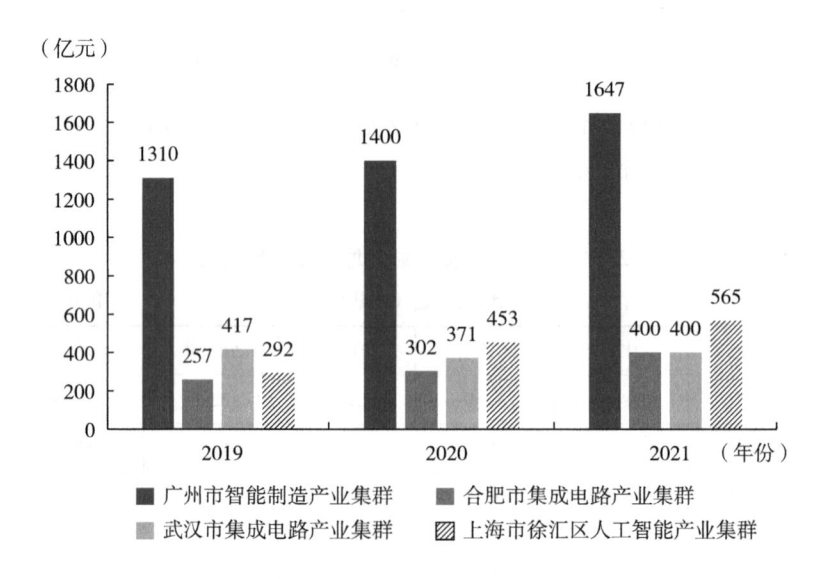

图5-2 2019—2021年四个首批国家级战略性新兴产业集群增加值比较

资料来源:根据各产业集群所在省市人民政府或工业和信息化局官方网站公布数据整理得到。

二 产业链上下游配套不断完善

从产业链大中小企业的融通发展看,中国战略性新兴产业集群中的龙头企业的规模不断提升,有效发挥了对重点产业领域的示范引领作用；优质中小企业尤其是专精特新企业队伍快速发展壮大，大幅度增强了产业链韧性、产业集群创新活力和产业链关键环节专业化配套能力。从表5-2可以看出，中国战略性新兴产业的企业主体同样也形成了以京津冀、长三角、珠三角等为代表的集聚发展态势。截至2023年5月，三大区域战略性新兴产业的龙头企业、战略性新兴产业龙头企业相关企业、国家级专精特新"小巨人"企业数量在全国占比分别高达67.95%、73.91%、49.99%。

表5-2　　　　　2023年主要区域及城市战略性新兴产业
企业主体数量占全国比重　　　　　单位：%

		战略性新兴产业	战略性新兴产业龙头企业	战略性新兴产业龙头企业相关企业	国家级专精特新"小巨人"企业
主要区域	京津冀	14.29	16.13	19.11	12.42
	长三角	22.90	33.91	34.43	27.93
	珠三角	18.19	17.91	20.37	9.64
主要城市	北京	6.51	12.91	16.94	6.54
	上海	5.75	8.26	7.64	5.64
	广州	5.63	3.13	3.07	1.37

注：数据为2023年5月统计数据。
资料来源：战略性新兴产业龙头企业采用中证指数有限公司和上海证券交易所发布的中国战略性新兴产业综合指数和成分指数所包括的2300家样本企业来表征；战略性新兴产业龙头企业相关企业则由龙头企业在各地的分支机构以及相关投资控股企业数据表征；国家级专精特新"小巨人"企业由工信部公示的第1—4批名单整理得到。

从战略性新兴产业链上下游的配套产业看，主要包括研发设计、金融、软件服务、现代物流以及租赁与商务服务等产业，近些年来，这些产业均得到了大力发展，形成了产业间有机协作、相互推动的良好局面。从表5-3可以看出，在京津冀、长三角以及珠三角等主要区域及其中心城市,战略性新兴产业的相关配套产业也已形成明显的集聚态势,其中,三大区域科学研究和技术服务业人员数量全国占比达52.28%,金融业增加值占比达54.08%,租赁和商务服务业人员占比达59.78%,交通运输、仓储和邮政业增加值占比达40.55%。

表5-3　　2021年主要区域与城市战略性新兴产业配套产业相关数据占全国比重　　单位:%

	主要区域			主要城市		
	京津冀	长三角	珠三角	北京	上海	广州
科学研究和技术服务业人员	19.64	21.20	11.44	13.60	7.95	4.16
企业办研发机构人员	7.41	33.00	30.83	3.66	2.52	—
技术市场成交额	25.06	24.46	11.40	19.48	7.08	6.71
金融业就业人员	13.88	17.69	10.23	7.46	3.96	2.77
金融业增加值	13.75	28.34	11.99	8.42	8.80	2.58
信息传输、软件和信息技术服务业人员	23.44	24.67	15.52	19.49	9.77	4.79
租赁和商务服务业人员	14.13	28.13	17.52	10.07	12.08	7.90
物流园区数量	5.64	16.96	6.23	0.71	0.63	—
交通运输、仓储和邮政业增加值	10.50	21.43	8.62	1.91	4.18	3.24
城市物流仓储用地面积	9.82	16.85	6.83	3.21	3.30	1.33

资料来源:企业办研发机构人员占比根据2021年《企业研发活动情况统计年鉴》整理得到;物流园区数量占比根据中国物流与采购联合会、中国物流学会于2022年组织开展的第六次全国物流园区(基地)调查数据整理得到;城市物流仓储用地面积占比根据2021年《中国城市建设统计年鉴》整理得到;其他数据是根据2021年《中国统计年鉴》整理得到。

三　创新平台支撑力增强

近年来,为推进战略性新兴产业集群的创新发展,地方政府不断加强重大创新平台招引和建设,打造了一批高端创新研发平台,技术服务水平明显提高。从表5-4可以看出,战略性新兴产业集聚发展的主要区域或城市同样是国家级创新平台的集聚地。京津冀、长三角、珠三角三大区域的国家企业技术中心、国家工程技术研究中心、国家重点实验室、普通高等院校、国家级科技企业孵化器、国家级双创示范基地、国家级产业技术基础公共服务平台数量占全国比重分别为50.47%、50.87%、56.25%、32.41%、51.51%、33.01%、58.72%。主要城市中,北京的国家重点实验室、国家级产业技术基础公共服务平台以及国家工程技术研究中心占全国比重分别高达30.06%、25.96%以及19.36%,是京津冀地区乃至全国战略性新兴产业集群的重要创新来源。

表5-4　　　　2022年主要区域与城市创新平台与
公共服务平台占全国比重　　　　　单位:%

	主要区域			主要城市		
	京津冀	长三角	珠三角	北京	上海	广州
国家企业技术中心	12.89	30.05	7.53	5.54	5.19	2.04
国家工程技术研究中心	23.41	21.10	6.36	19.36	6.07	5.20
国家重点实验室	32.14	19.94	4.17	30.06	8.33	3.57
普通高等院校	9.86	16.75	5.80	3.33	2.32	3.01
国家级科技企业孵化器	13.38	20.40	17.73	4.35	1.34	
国家级双创示范基地	12.26	14.15	6.60	8.96	3.30	1.89
国家级产业技术基础公共服务平台	32.34	15.74	10.64	25.96	6.81	6.81

资料来源:根据工信部、教育部、科技部等公布名单整理得到。

四　政策环境持续优化

2019年,国家发展改革委下发了《关于加快推进战略性新兴产业集群建设有关工作的通知》,强调要在12个重点领域打造66个国家级战略性新兴产业集群,并从分类指导、打造创新平台、创新金融产品等方面给予重点扶持。在顶层制度设计的大力鼓励下,多个地方政府纷纷制定出台推动战略性新兴产业集群发展的意见或方案(见表5-5),不仅将政策聚焦到产业集群培育上,甚至精准到"一群一策"。如广东省推出了"1+20"政策体系,即1个实施意见和20个战略性产业集群的行动计划。与此同时,地方政府还对战略性新兴产业的集群化发展给予有力的财政支持。如2016—2020年,广州市发展改革委、科技局、工业和信息化局3部门累计投入近60亿元财政资金支持战略性新兴产业发展①;江苏省2022年下达专项资金9.04亿元,以支持优势产业链和战略性新兴产业集群重点项目等②。

表5-5 地方政府关于战略性新兴产业集群的政策文件

序号	政策名称	年份
1	《广东省人民政府关于培育发展战略性支柱产业集群和战略性新兴产业集群的意见》	2020
2	《山东省战略性新兴产业集群发展工程实施方案(2020—2021年)》	2020
3	《贵州省"十四五"战略性新兴产业集群发展规划》	2021
4	《深圳市人民政府关于发展壮大战略性新兴产业集群和培育发展未来产业的意见》	2022
5	江苏省发改委《关于推动战略性新兴产业融合集群发展的实施方案》	2023

资料来源:笔者根据公开资料整理。

---

① 广州日报:《广州投60亿元支持战略性新兴产业》,2021年11月25日,https://sqzc.gd.gov.cn/rdzt/cyjq/。
② 江苏省财政厅:《省财政下达专项资金9.04亿元 助力全省战略性新兴产业发展》,2022年8月22日,http://czt.jiangsu.gov.cn/art/2022/8/22/art_8064_10583357.html。

第三节 中国战略性新兴产业集群化发展面临的问题

一 产业布局仍有优化空间

一是中西部地区战略性新兴产业区域布局仍有待优化。中西部地区发展战略性新兴产业的意愿强烈，但由于资金、人才、技术等要素缺乏，产业高端环节招引难度较大，盲目引入低端过剩环节，导致战略性新兴产业发展呈现出"少、小、散、弱"的特点。以工业机器人为例，部分地区仍集中在二次开发、组装等环节，靠政府补贴生存，走规模组装的老路，导致"高端产业低端化"发展。二是国家相关政策向战略性新兴产业集聚区域倾斜力度仍可适当提高。如珠三角地区国家级战略性新兴产业集群、中小企业特色产业集群数量占全国的比重仅为9.09%、5.00%，与其战略性新兴产业增加值占全国18.19%的比重差距较大；上海市认定国家级科技企业孵化器的数量占全国的比重仅为1.34%，与北京的4.35%相比差距较大；北京、上海作为中国两大创新高地，国家技术转移示范机构均为0家，具有国家级资质的产品检验检测机构在全国的比重也仅为0.74%、2.21%（见表5-6）。

表5-6 主要区域与城市国家级战略性新兴产业集群及相关组织或机构占全国比重   单位:%

	主要区域			主要城市		
	京津冀	长三角	珠三角	北京	上海	广州
战略性新兴产业增加值	14.29	22.9	18.19	6.51	5.75	5.63
国家级战略性新兴产业集群	10.61	21.21	9.09	6.06	6.06	3.03
中小企业特色产业集群	10.00	19.00	5.00	2.00	5.00	2.00
国家级科技企业孵化器	13.38	20.40	17.73	4.35	1.34	—

续表

	主要区域			主要城市		
	京津冀	长三角	珠三角	北京	上海	广州
国家技术转移示范机构	5.66	17.92	15.09	0.00	0.00	—
具有国家级资质的产品检验检测机构	4.41	27.94	16.18	0.74	2.21	—
产业联盟组织数	10.29	16.36	5.28	3.43	3.69	—

资料来源：国家级战略性新兴产业集群根据国家发展改革委公布名单整理得到；中小企业特色产业集群根据工信部公布的《2022 年度中小企业特色产业集群名单》整理得到；其他数据根据《中国火炬统计年鉴 2021》整理得到。

二 区域之间联动协作不足

当前很多城市群内部在战略性新兴产业发展上存在"集而不群"问题，即产业仅是地理集中，并无紧密合作联系，更没有产生融合集聚效应。造成这种现象的原因，主要在于区域间合作意愿不强、协调机制不完善。目前，各地出台的推动战略性新兴产业集群发展的意见或方案中，均未涉及区域联动相关内容。即使是最早实施区域经济一体化协同发展的长三角地区，仍然缺乏有效推动区域间协同发展的引导和激励机制。此外，要素流动机制不顺畅、利益分配机制不完善、产业标准体系不健全等问题也直接或间接阻碍了区域间战略性新兴产业的联动发展。

三 创新平台辐射能力有限

作为集聚创新要素、促进创新成果转移转化、推动产业创新升级的有效载体，创新平台在提升战略性新兴产业集群创新能力和竞争力上有着不可替代的作用。但是，目前创新平台对战略性新兴产业集群的辐射带动能力仍然有限。一方面，重大创新平台辐射范围有限。由于地方壁垒、共享机制缺乏等原因，重大创新平台为其他地区战略性新兴产业提供创新资源与智力支撑的渠道仍然不够畅通。如，长三角内其他地区战略性新兴产业的企业在与上海重大创新平台开展产业化合作时依然缺乏制度保障和行动指导，实现创新资源有序流动的市场机制依然不够完善。另一方面，创新平台辐射功能有限。现有政府创新平台运行机制不够灵活、资源整合度不高，在为企业开展供需对接、创业创新服务、解决共性难题等方面的作用还不够突出。

四　配套服务支撑能力较弱

一是上下游企业联系不够紧密。部分地区战略性新兴产业的龙头企业与中小企业之间联系松散，企业各自为政、单打独斗，集群效应尚未充分发挥。二是内部产业间联动较弱。产业内部企业互补性和关联性不足，企业间互相配套、协作生产的能力较差，产业链短，甚至存在断链现象，范围经济和规模经济等集群化效应不明显，限制了战略性新兴产业的有序发展和壮大。三是数字化程度不高。根据工信部抽样调查显示，目前中国89%的中小企业处于数字化转型探索阶段，8%的中小企业处于数字化转型践行阶段，仅有3%的中小企业处于数字化转型深度应用阶段[1]，与美国的61%、欧盟的49%相差甚远[2]。四是生产性服务业配套支撑能力不强。目前为战略性新兴产业提供中间服务的信息、金融、物流、批发、租赁等各类生产性服务业总体实力仍然较弱，制约了战略性新兴产业的整体竞争力的提升，主要表现在欠发达地区生产性服务业规模不足、发达地区生产性服务业"量大而质不优"。

五　产业链、创新链、人才链、资金链融通发展滞后

从产业链与创新链融合来看，一方面，产业链和创新链存在断裂现象，尤其是创新链中核心技术和关键共性技术供给严重不足；另一方面，创新链与产业链相互脱离，科技成果转化率低。从产业

---

[1]　《为更多中小企业插上数字化翅膀》，《人民日报》2023年1月4日。
[2]　欧洲投资银行：《欧洲投资银行投融资调查报告2021》（EIBIS）。

链与人才链融合来看，目前中国人才结构严重失衡，高水平、跨行业复合型人才稀缺，高端创新型人才不足已经成为制约战略性新兴产业发展的"瓶颈"。人力资源和社会保障部发布的《2022年第四季度全国招聘大于求职"最缺工"的100个职业排行》显示[1]，与战略性新兴产业相关的职业多达52个，与数字化相关的职业多达13个。有数据显示，战略性新兴产业各个细分行业均处于人才相对紧缺的状态，其中人才最紧缺的是智能制造，人才紧缺指数（TSI）高达6.35[2]。从产业链与资金链融合来看，由于战略性新兴产业发展周期长、风险性高等特点，加之多元化多层次的投融资机制尚不健全，战略性新兴产业融资难问题较为突出。如，根据相关调查数据，在数字化转型上，仅有12%的中小企业、25%的大型企业获得了银行贷款[3]。

六 特色化专业化水平有待提升

近年来，部分地区不顾自身资源要素条件和产业基础，竞相提出自建战略性新兴产业领域的世界级先进制造业集群，盲目吸引战略性新兴产业领域的投资落地，导致战略性新兴产业区域同质化布局较为严重，资源分散、重复建设等问题突出。据不完全统计，中国除西藏外的30个省级地区在"十四五"规划中提出的战略性新兴产业发展领域重合度较高，其中提出要发展生物医药的有25个，发展新一代信息技术、高端装备、新材料、节能环保、新能源汽车、数字产业和新能源领域也分别达到23个、23个、21个、18个、18个、17个和15个。

---

[1] http://www.mohrss.gov.cn/SYrlzyhshbzb/dongtaixinwen/buneiyaowen/rsxw/202301/t20230118_493691.html.

[2] 猎聘大数据研究院：《从两会看机会：2023战略性新兴产业就业数据报告》。

[3] 中国电子技术标准化研究院等：《中小企业数字化转型分析报告（2020）》。

第四节 中国战略性新兴产业集群化发展的推进策略

一 推进战略性新兴产业集群发展的主要思路

为加快促进中国战略性新兴产业集群化发展，应以"集中布局、集聚发展，补足短板、优化生态，区域协同、主体联动"为发展思路扎实推进，具体来看：（1）集中布局，主要指重点推动战略性新兴产业前沿技术研发和产业化集中布局。战略性新兴产业集群化发展的主要目的是降低学习成本和交易成本，提升创新能力，实现规模经济。前沿技术研发和技术成果产业化，是驱动战略性新兴产业发展的引擎，但也存在发展初期关键创新要素投入不足的问题，因此尤其需要引导与前沿技术相关的重大生产力和重大科学装置集中布局，以发挥更大规模效应。（2）集聚发展，即引导战略性新兴产业相关企业、相关机构和组织实现空间集聚，在全国形成经济圈之间错位和经济圈内部关联的产业分工格局。根据产业基础、创新资源、市场需求等维度特点，在京津冀、长三角、珠三角、成渝等经济圈和城市群，引导布局不同知识本底的战略性新兴产业错位发展，发展各具特色的战略性新兴产业集群。在经济圈和城市群内部不同城市之间，引导布局知识本底相关但各具特色的战略性新兴产业，形成多样化但相关的产业分工格局，重点防范经济圈和城市群内部各城市之间产业雷同布局和重复建设。（3）补足短板，即补足战略性新兴产业集群产业链环节、创新平台、公共服务、人才资源等方面的短板。引导重点战略性新兴产业集聚区加快补齐产业链短板，着力固链强链延链补链，提升本地产业链配套能力。对中西部地区和二、三线城市布局的战略性新兴产业制造基地，要重点促进制造环节的创新平台、公共服务、人才资源的布局，提升对制造基地的支撑能力。（4）优化生态，即指优化产业生态，重点是增强政策协调性系统性创新性，优化政策引导新环境，提升产业培育和治理能力。产业生态是由生产要素、企业组织、政策措施等组成，以各种要素与产业发展的关系作用为核心，能够形成特定的产业结构与功能的复杂系统。其中，政策措施是促进各种要素与产业融合发展的重要一环。特别是战略性新兴产业进入前沿发展领域，需要当前的制度、政策等与之协调发展。（5）区域协同，即促进区域间特别是经济圈和城市群内部产业创新合作，形成错位分工、协同合作的格局。重点发挥头部城市创新平台、高校院所、公共服务等优质资源优势，提升对周边中小城市的辐射和支撑能力，加快形成研发在头部城市、制造在周边中小城市的产业链分工格局，强化区域间产业创新、应用场景和市场拓展等方面的合作。（6）主体联动，即指促进产业集聚区内部多主体的联动发展。推动产业链上下游大中小企业融通发展，强化集成厂商与核心零部件企业合作，促进产业链同一环节企业在创新、市场拓展等方面加强合作，着力推动创新平台、公共服务平台、高校、科研院所、培训机构等平台和主体与产业以及内部企业互动。

二 推动战略性新兴产业集群发展的策略选择

（一）优化布局：加快推动战略性新兴产业集中集聚发展

首先，以重大生产力、大科学装置的合理布局牵引战略性新兴产业优化布局。面向全球产业发展趋势，把握全球科技进步方向，瞄准世界科技前沿领域和顶尖水平，合理布局一批与各地区产业基础和科技创新优势相关联的重大生产力和重大科学装置。其次，引导产业创新资源和要素向优势区域集聚。以重点优势地区为核心，依托区位交通、人才集聚等优势，加大对国家战略性新兴产业集群的支持力度，在审评审批制度建立、创新平台建设等方面给予重点支持，引导社会创新资源、人才、资本、企业、土地、能耗指标向优势地区集聚，更好释放规模经济效应。最后，促进形成龙头带动、链式发展的产业集群。依托战略性新兴产业领域"链主"和生态主导型企业，引导产业链供应链不同环节企业在优势区域合理布局和转移，形成战略性新兴产业在空间上的动态科学布局。实行资源互补和企业领先策略，加强对龙头企业及关键配套企业的布局引导，支持企业跨区域、跨行业兼并重组，推动优势企业规模化发展、集团化经营、集中式布局。

（二）创新提升：提升区域内产业创新发展水平和创新平台支撑辐射能力

第一，补齐产业链关键核心环节和区域创新平台短板。梳理区域内战略性新兴产业发展的短板环节，特别是对国外重点国家依赖较大的关键零部件，支持和鼓励重点企业技术攻关，加大对重点技术领域企业的倾斜性扶持力度，着力实施补链工程，有目标有步骤地补齐产业关键核心环节短板和不足，健全和完善战略性新兴产业链条环节。针对重点战略性新兴产业基地相关创新平台不足的问题，聚焦产业创新发展重大需求，整合上下游、产学研创新资源，加快组建一批协同创新中心、产业研究院和新型研发机构，推动重大科技基础设施、前沿交叉研究平台、中试验证平台、产业创新平台协同布局、有序衔接，搭建科技创新与新兴产业发展的桥梁，增强产业链关键环节创新引领力。

第二，促进科技创新与产业联动发展。加强需求导向的科技创新，引导科技创新平台聚焦区域战略性新兴产业重点发展领域，支持重点前沿技术产业关键技术、产业共性技术的基础理论研究攻关。支持开展多元主体参与的新研发，针对颠覆性以及前沿技术创新，鼓励推广科学家、企业家、创业投资者共同参与的研发模式。推动高校、科研院所与企业共同建立概念验证、孵化育成等面向基础研究成果转化的服务平台。鼓励科研人员面向企业开展技术开发、技术咨询、技术服务、技术培训等，促进科技创新与产业深度融合。

第三，提升重大创新平台服务和辐射能力。支持重点区域共同建立"大型科学仪器协作共用网""科技文献资源共享服务平台"等创新资源共享平台，创新利益分配机制与资源调配机制，推动重大创新平台向区域企业开放。健全科技资源开放共享机制，促进重大科研基地和重大科研基础设施央地协同、军民融合，有条件地推动科技创新资源向集群企业开放，降低企业科研固定成本。

（三）增强黏性：提高产业链上下游各环节企业合作水平

一方面，促进产业链大中小企业融通发展。支持大型企业联合相关中小企业开展通用技术的合作研发，推动行业共性技术在集群内部共享。鼓励行业龙头企业提供在线测试平台、行业标准等行业公共品，支持行业龙头企业新建或参与建设科技孵化器、科技企业加速器等创新创业服务机构，降低本地中小企业创新成本，推动大中小企业资源共享、产能对接、创新协同、产业链供应链互通。鼓励大型企业内部人才创新创业，支持小微企业创业基地建设，促进各类企业人才交流。充分利用大数据、云计算、机器人、人工智能、工业互联网等先进技术，搭建产业信息共享和技术协作平台，通过智能制造、网络协同等手段促进产业集群融合发展。

另一方面，强化集成厂商与核心零部件企业合作。支持中小企业与区域骨干企业建立上下游配套关系，发挥专业化生产优势，向辅机配件专业生产厂商转型，有效促进上下游企业开展长期战略合作，引导集成厂商打造合作型供应链管理模式，形成一批社会化分工、专业化生产、产供销一体化的产业集群。以"链主"企业为主导，联合各种配套企业的力量，推动建设产业联盟，发布"链主"企业供应商白名单，鼓励"链主"企业向专精特新中小企业开放市场和数据等要素资源。

（四）区域协作：推动相近区域相关产业集群进行产业创新合作

一方面，鼓励优势区域间产业创新合作。推动区域间成立产业合作平台，促进两地相关园区和重点企业在科技服务、检验检测、认证认定、咨询、会展、工业设计、供应链金融等领域，合建为产业发展服务的专业性服务平台。吸引两地相关园区、企业、金融机构等主体，设立和用好区域间产业合作基金，联合推动两地产业集群发展。加强跨区域行业组织建设，强化两地产业相关的中介平台、行业协会、产业联盟等行业组织的建设，增强行业发展中企业、科研院所等主体的黏性，有效促进上下游企业开展长期战略合作。鼓励毗邻地区实施创新平台结对子工程，支持高水平科技机构常态化联系机制，为创新资源落后地区积极对接高水平的科研院所、重点实验室、产业创新中心等创造条件。

另一方面，推动联合拓展应用场景和市场。支持各地发挥本地比较优势，参与联合编制场景行动方案，共同研究制定场景支持政策，推动毗邻地区共同打造先进企业应用场景。支持跨区域同类型企业联合申报参与重大科学计划和科学工程，带动前沿技术的工程化、产品化，创造机会将前沿技术转化产品纳入政府采购清单，为前沿技术产业转化提供早期市场，加快前沿技术的产业化应用迭代。鼓励成立区域间第三方市场合作促进中心，协同推进第三方市场合作机制对接、政策对接、平台对接和项目对接，为企业开拓市场空间创造条件。鼓励两地产业链上下游企业抱团出海，充分发挥各地优势，携手开拓国内外市场，共同为市场客户提供整体解决方案。

（五）服务配套：加强以数字经济为代表的现代服务业对战略性新兴产业的支撑

首先，促进数字经济与战略性新兴产业融合发展。支持一批掌握新技术的数字经济优势平台企业推进战略性新兴产业智能改造服务，推动这些企业以服务商的身份加快人工智能场景应用，并提供具有针对性的相关服务。强化数字化服务平台企业与集群互动发展，提升企业的数字化管理水平，打造一批数字化车间与智能工厂以及具有行业特色的数字技术应用场景。充分利用数字化技术进行改造升级，逐步推广数字化平台与数字化软件应用，大力推进机器视觉、深度学习、语音识别等人工智能技术在战略性新兴产业领域的创新应用。

其次,提升生产性服务业水平。分产业、分领域、分区域示范和建设一批国家级质检中心、科技服务中心、咨询服务中心等公共服务平台。支持中西部地区和二、三线城市招引和承接一批科技服务业企业,大力发展产品设计、技术转移、知识产权、科技金融、研发外包等全产业链科技服务,强化对科技创新的服务保障。鼓励和支持科技咨询、知识产权代理、会计师事务所等中介机构,依托战略性新兴产业集群布局,为企业提供专业化服务。支持搭建央地协同、军民融合创新公共服务平台,围绕产业技术重点攻关方向和领域,集中开展信息交互、资源共享、需求对接、转移转化等服务。

(六)治理完善:提升专业化产业培育和治理能力

打造一批懂产业懂技术的战略性新兴产业治理人才,提升区域对产业的培育和治理能力。支持有优势有特色的战略性新兴产业集聚区,探索成立专业化、特色化的国际性组织和平台,鼓励重点企业、行业协会和相关组织机构走出去,加快准入标准、监管标准等走出去步伐,推动制定全球范围内的产业治理方面的监管规则。鼓励地区搭建专业化的产业平台,为产业共性技术的研发、扩散和转化应用创造条件。支持地方探索构建新兴技术风险防范机制,引导和规范新技术的应用。

第六章　推动装备制造业高质量发展：特征、困境与建议

装备制造业是制造业的基础和核心，中国与发达国家在实体经济上的差距主要体现在装备制造业。与轻工、冶金等其他行业相比，中国装备制造业的技术短板最甚，是中国建设现代化经济体系和高质量发展的主要"瓶颈"。未来二三十年是中国建设制造强国的攻关期，要在全球制造业竞争日趋激烈的环境中抢占未来经济和科技发展制高点，必须首先促进装备制造业高质量发展。

第一节　装备制造业在国民经济中的重要地位

一　装备制造业是现代化产业体系的脊梁

装备制造业是整个制造业的基础和核心，为国民经济多数行业提供技术和装备支持，具有产业关联性强、技术密集、附加值高、带动作用强等突出特点[1]。从产业关联来看，装备制造业产业链条很长，横跨三大产业，产业内和产业间的关联度均较大，对国民经济发展至关重要。表6-1报告了制造业主要行业感应度系数和影响力系数，结果发现除专用设备和仪器仪表以外其他装备制造业感应度

---

[1] 本书编写组：《中国电机工业发展史——百年回顾与展望》，机械工业出版社2011年版。

系数均大于1,而装备制造业所有细分行业的影响力系数均大于1,且电子装备、电气机械、仪表仪器3个行业影响力系数居于制造业前三位①。从产业规模来看,装备制造在国民经济中占据重要位置。近十多年里装备制造业主营业务收入占工业主营业务收入比重一直保持在30%以上水平,2017年更是高达35.90%(见表6-2)。从技术特性来看,装备制造业是技术密集型产业,具有高投入、高风险和高回报等特点。2016年中国装备制造业研发投入占制造业比重为59.28%,且装备制造业的平均研发投入强度为1.61%,远远高于制造业1.07%的平均水平。高投入也带来了高回报,2017年装备制造业利润总额达到26715亿元,占整个工业利润总额的35.66%。

表6-1　　　　制造业主要行业感应度系数和影响力系数

行业	感应度系数	影响力系数
食品和烟草	1.69	0.94
纺织品	1.21	1.11
纺织服装、鞋帽、皮革、羽绒及其制品	0.60	1.08
木材加工品和家具	0.68	1.12
造纸印刷和文教体育用品	1.01	1.17
石油、炼焦产品和核燃料加工品	1.29	1.03
化学产品	3.56	1.20
非金属矿物制品	0.94	1.19

---

① 影响力系数越大,说明该部门对其他部门的拉动作用越大,大于1表示对其他部门所产生的生产波及影响程度超过社会平均影响力水平。感应度系数大,表示该部门对其他部门单位产出的中间产品投入大,大于1表示对其他部门单位产出的中间产品投入超过社会平均水平。因此,感应度系数和影响力系数可以很好地测量行业与其他行业的产业关联度。

续表

行业	感应度系数	影响力系数
金属冶炼和压延加工品	2.80	1.33
金属制品	1.16	1.30
通用设备	1.31	1.30
专用设备	0.86	1.28
交通运输设备	1.25	1.31
电气机械和器材	1.38	1.39
计算机、通信和其他电子设备	2.14	1.41
仪器仪表	0.70	1.33

资料来源：笔者根据2015年全国投入产出表数据分析得到。

表6-2　　中国装备制造业主营业务收入占工业主营业务收入比重　　单位：%

细分行业	2005年	2010年	2017年
金属制品	2.80	2.82	3.17
通用设备	4.46	4.93	4.03
专用设备	2.57	3.05	3.16
交通运输设备	6.49	7.89	8.96
电气机械及器材	5.33	6.04	6.33
计算机、通信和其他电子设备	10.47	7.91	9.37
仪表仪器	1.09	0.91	0.88
合计	33.21	30.73	35.90

资料来源：相关年份《中国统计年鉴》。

二　装备制造业是促进中国制造业高质量发展的主战场

世界发达国家大多是装备制造业技术强国，这些国家的装备制造业均是国民经济的重要组成部分，更是制造业的核心产业[1][2]。美国是多领域高端装备和技术的掌握者、引领者和控制者，航空发动机、深潜器、机器人、深海钻探船等高端装备制造处于世界顶级水平。2016年美国装备制造业增加值占制造业增加值的比重达到38.82%。德国的装备制造业抢占国际分工体系高端，在精密机械、汽车制造、磁悬浮列车、高端医疗设备方面拥有大量闻名全球的世界级产品。改革开放以来，经过40多年的努力，中国制造业发展与过去相比取得了重大成就，特别是在纺织、金属冶炼、化工等领域成绩突出，但中国装备制造业与美国、日本、德国相比仍有不小的差距。如飞机导航仪器仪表、电子信息的加工设备、百万吨乙烯装置中的大型压缩机、高速列车的刹车系统、高端自动控制系统等几乎由外国企业垄断，在装备制造很多领域中国仅仅从事劳动密集型的低端一体化组装部分。未来二三十年是中国实现制造业强国的关键期，要在全球制造业竞争日趋激烈的环境中抢占未来经济和科技发展制高点，推动中国实现由制造业大国向制造业强国转变，必须首先促进装备制造业转型升级和技术赶超。

第二节 装备制造大而不强是中国制造业的现实缩影

改革开放40多年以来，中国装备制造业融入全球化分工体系，大力承接劳动密集型产业环节，装备制造业规模快速扩张，有力支撑了中国现代化产业体系建设，同时大而不强特征明显，是中国制

---

[1] 陈爱贞：《全球竞争下装备制造业技术创新路径：基于分工网络视角分析》，《南京大学学报》（哲学·人文科学·社会科学版）2013年第3期。

[2] 付保宗：《当前我国装备制造业竞争力现实特征及影响因素》，《中国经贸导刊》2013年第19期。

造业的现实缩影①。

一 产业规模大，产品门类广

2016 年中国装备制造业主营业务收入达到 40.92 万亿元，远高于同期美国装备制造业的 2.25 万亿美元，占制造业所有行业的 39.25%，与美国的 39.42% 基本持平。同时，中国涌现出一批大企业，从规模上看在全世界也处于领先水平。《全球装备制造业企业 500 强》显示，2016 年中国有 95 家装备制造业上榜，同期仅落后于美国和日本，遥遥领先于德国[2][3]（见表 6-3）。作为全世界唯一拥有联合国产业分类中全部工业类的国家，中国装备制造业门类广，涵盖金属制品、通用设备、专用设备、交通运输设备、电气机械、电子设备和仪表仪器等 7 个大类将近 200 个小类。从产品类别来看，汽车、金属切削机床、发电机组、集成电路、程控交换机、矿山专业设备等产品在中国都有较好的产业基础和配套（见表 6-4）。特别是近些年来，中国装备制造业在一些领域正在逐步实现突破。如，中国已经完成 C919 的试飞，商用飞机行业正在逐步发展，京东方经过几年时间的自主研发也已经跻身全球半导体显示行业的领先行列。

表 6-3 2016 年世界装备制造业领先企业在主要国家或地区的分布

国家或地区	企业情况		国家或地区	企业情况	
	总数（家）	占比（%）		总数（家）	占比（%）
美国	138	27.6	瑞士	14	2.8

---

① 李晓琳：《提升我国装备制造业在全球价值链中的地位》，《宏观经济管理》2018 年第 12 期。
② 机械工业经济管理研究院主编：《中国装备制造业发展报告（2017）》，社会科学文献出版社 2017 年版。
③ 杨斌主编、李建明、李东红副主编：《中国高端装备制造业发展报告》，清华大学出版社 2017 年版。

续表

国家或地区	企业情况 总数（家）	占比（%）	国家或地区	企业情况 总数（家）	占比（%）
日本	101	20.2	英国	13	2.6
中国大陆	95	19	韩国	12	2.4
德国	36	7.2	中国台湾	10	2
法国	17	3.4	瑞典	9	1.8

资料来源：《全球装备制造业企业500强》。

表 6-4　　2017 年中国装备制造业主要产品产量

产品名称	产量	产品名称	产量
发动机（万千瓦）	267405.13	发电机组（万千瓦）	11822.93
金属切削机床（万台）	60.85	程控交换机（万线）	1240.81
矿山专用设备（万吨）	812.66	电话单机（万部）	7239.37
炼油、化工生产专用设备（万吨）	150.84	传真机（万部）	230.19
大中型拖拉机（万台）	34.44	移动通信手持机（万台）	188982.37
铁路客车（辆）	330	笔记本计算机（万台）	17243.52
铁路货车（万辆）	5.18	显示器（万台）	17437.32
汽车（万辆）	2901.81	集成电路（亿块）	1564.58
摩托车整车（万辆）	2267.66		

资料来源：2018 年《中国统计年鉴》。

二　出口规模快速提升，对装备进口依赖较大

2017 年，中国装备制造业出口达到 1.16 万亿美元，高于美国的 6912 亿美元，占总出口的比重高达 51.39%，也高于美国的 44.50%。其中，分企业所有制来看，2015 年，外资企业贡献了 40% 以上，内资企业出口潜力较大（见表 6-5）。近些年来，中国装备制造业出口复杂度逐步提升（见表 6-6）。但中国装备制造业出口复杂度与美、日、德等世界发达国家仍存在较大差距，且这一差距并没有缩小，

技术含量仍处于世界较低水平①（见表6-7）。同时，国内制造业发展大量依靠进口国外高端设备，国内装备制造业产业发展也大量依靠进口国外功能零部件。2017年，中国装备制造进口达到8359亿美元，占总进口的45.34%。装备制造业领域中国进口的主要产品有集成电路、汽车、仪器仪表、显示面板、自动数据处理器、飞机和航空器、电子元器件、医疗器械等，其中集成电路进口占装备产品进口的比重将近30%。此外，一些核心零部件，如机器人的高精密减速器、高性能伺服电机和驱动器、高性能控制器、传感器和末端执行器等关键零部件，增材制造的高光束质量激光器及光束整形系统，伺服电机高精度编码器，数控机床所用高效刀具均依赖进口。

表6-5　　2002—2015年中国不同所有制装备制造业大中类企业的出口占产值比重　　单位：%

年份	2002	2004	2008	2010	2012	2013	2014	2015
国有	11.4	11.7	14.7	10.2	10.1	9.3	9.0	8.5
民营	—	—	9.4	7.2	6.5	6.1	6.1	—
外资	46.4	58.7	52.2	45.2	47.6	44.1	42.0	40.2

资料来源：何宁、夏友富、黄海刚：《中国产业迈向全球价值链中高端科技政策研究——以装备制造业为研究对象》，《科技管理研究》2018年第38期。

表6-6　　中国装备制造业分行业主要年份的出口复杂度　　单位：美元

细分行业	2002年	2004年	2008年	2010年	2014年	2016年
金属制品	15116	14932	16253	16926	17402	17612
通用设备	20841	21773	22443	21634	22449	22725
专用设备	22364	21135	22135	22812	22409	22593
交通运输设备	15797	12430	16140	14533	16544	16585

---

① 何宁、夏友富、黄海刚：《中国产业迈向全球价值链中高端科技政策研究——以装备制造业为研究对象》，《科技管理研究》2018年第7期。

续表

细分行业	2002年	2004年	2008年	2010年	2014年	2016年
电气机械和器材	14550	15257	15968	17369	18465	18996
计算机、通信和其他电子设备	18265	19519	18005	17659	18199	18262
仪表仪器	19048	19779	20690	22685	23188	23287

资料来源：何宁、夏友富、黄海刚：《中国产业迈向全球价值链中高端科技政策研究——以装备制造业为研究对象》，《科技管理研究》2018年第7期。

表6-7　　世界主要国家装备制造业出口复杂度均值　　单位：美元

国家	2002年	2004年	2008年	2010年	2013年	2014年	2015年	2016年
中国	17997	17832	18804	18291	19337	19808	20099	20008
美国	18458	18655	20100	19434	20151	20403	20618	20549
德国	18854	19175	19858	19599	20296	20576	20812	21012
日本	18730	19139	20239	20001	20855	21002	21186	21267

资料来源：何宁、夏友富、黄海刚：《中国产业迈向全球价值链中高端科技政策研究——以装备制造业为研究对象》，《科技管理研究》2018年第7期。

三　产业升级加快，逐步向发达国家核心利益领域迈进

2010年，中国装备制造业研发投入仅为2443亿元，到2016年这一数据增长到6593亿元（见表6-8），增长将近2倍，占制造业研发投入总量的59.28%。其中，2016年计算机、通信和其他产业研发投入接近2000亿元，比2010年多约1200亿元。中国部分装备制造企业开始向由发达国家控制的中高端领域迈进，并在载人航天、载人深潜、大型飞机、北斗卫星导航、超级计算机、高铁装备、百万千瓦级发电装备、万米深海石油钻探设备等一批重大技术装备取得突破，自主创新能力显著增强。其中，高铁装备、核电装备等行业在这一过程中迅速崛起，脱颖而出，在大飞机、发电装备等领域自主创新能力不断提升，与发达国家技术差距不断缩小，与发达国家竞争逐渐加强。

表 6-8　　　2010 年和 2016 年中国装备制造业研发投入　　单位：亿元

细分行业	2010 年	2016 年
金属制品	64	332
通用设备	253	696
专用设备	240	588
汽车制造	659	1150
铁路、船舶、航空航天和其他		529
电气机械和器材	449	1139
计算机、通信和其他电子设备	719	1964
仪器仪表	60	194
合计	2443	6593

资料来源：相关年份《中国科技统计年鉴》。

第三节　当前中国装备制造业面临三大困境

在工业化中后期工业发展对装备制造业需求升级的背景下，中国装备制造业低端过剩和高端供给不足的结构性矛盾突出，面临三大困境，陷入技术升级陷阱风险加大，阻碍中国装备制造业高质量发展。

一　守成大国战略打压加大，装备制造业陷入"全球化"困境

装备制造业是以美国为代表的发达国家的头部产业，也是这些国家全球价值链中的核心利益所在。当前，中国不断推动装备制造业结构和技术升级，研发投入不断增加，与发达国家竞争逐渐加强，开始触碰发达国家制造业的核心利益。在这一背景下，为保持领先地位，装备制造业的守成国家加大对中国的战略打压遏制和限制中国装备制造业技术升级。一是会通过阻碍技术合作、高技术企业并购等方式切断对中国的装备制造技术供应，限制领先技术向中国外

溢。特别是，近些年来中国向海外并购高技术企业条件更高，与发达国家的技术合作更加困难。如，2018年4月，美国商务部产业和安全局（BIS）发布公告，7年内禁止美国公司向中兴公司销售电子技术、通信元件等，此事必然对其本身及电子装备产业升级发展带来重大影响①。此外，发达国家切断对中国装备制造业的合作还会破坏这些产业链的完整性，制约这些产业其他产业链环节发展，打压中国装备制造业升级的产业基础。二是会通过需求打压等方式遏制中国装备制造业的国际市场拓展。发达国家为遏制中国装备制造业的崛起，会在国际市场采取各种市场保护措施抵制中国企业出海②③。华为一直想进入美国市场，却多次被美国政府以安全问题为由而拒绝，过去一段时间，华为尝试在多国发展5G技术，也受到日本、英国等发达国家政府的骚扰和阻碍。三是发达国家指责中国产业政策对装备制造业的扶持，威胁对中国采取加征关税等手段，给中国装备制造业发展前景带来不确定性。2018年年初，美国对华"301调查"报告以《中国制造2025》为靶子，指责中国利用不公平的技术转让制度、歧视性许可限制、对外投资政策等措施获取先进技术，并认为《中国制造2025》对装备制造业等产业的支持违背了国际贸易规则等，并威胁要加征关税抑制中国装备制造业的出口④。

二　国内成套设备需求不足，集成厂商陷入"干中学"困境

装备制造业技术创新具有应用互动性，装备制造业的发展内生

---

① 张于喆、杨威：《中兴事件冷思考》，《中国经贸导刊》2018年第21期。
② 任继球：《特朗普经济政策对我国产业发展的影响》，《宏观经济管理》2017年第6期。
③ 任继球、王海成：《中美贸易战实质是制造业之争》，《中国发展观察》2018年第15期。
④ 黄汉权：《美国对华301调查报告对中国产业政策的指责毫无道理》，《中国战略新兴产业》2018年第17期。

于下游行业的需求,许多创新来自用户部门在使用装备过程中问题的发现和解决,很多原创性装备来自用户主导的创新。装备工业企业不能简单地提供标准化的产品,必须根据客户的特定需求对产品的功能和性能进行有针对性的改进。目前,国内装备制造集成厂商需求不足,难以得到在商业应用中"互动"的机会,无法通过"干中学"推动技术升级①。抑制中国装备制造业市场需求的主要原因有:一是中国高端装备处于后发追赶阶段,绝大部分装备产品落后于发达国家。一般而言,成套装备动辄上百万元上千万元,使用寿命长,购买方不会如消费品买方那样经常性地重复购买产品,选择购买时只能参考品牌度和以往业绩,而国产高端装备在这两个方面均处于劣势。二是国内应用商的风险厌恶导致对国产高端装备采购不足。高端装备用户从事的行业一般生产周期长、投入资金大,制造和使用的不确定性因素多,一旦失败,业主蒙受的经济损失不可估量②。而且,对具体负责采购事宜的人来说,如果具有历史业绩的国外装备出现问题,当事人没有责任。但如果没有历史业绩的国产装备出现问题,当事人需承担很大的政治风险。由此,国内高端装备使用者在采购装备时表现出极强的损失厌恶,大多偏向选择进口高端装备。三是下游行业出口引致的国外设备进口挤压了国内装备制造业的发展空间。近些年来,中国下游出口行业发展迅猛,但是更多企业为了取得出口订单,大都倾向于采购国外高端设备,中国高端装备需求锐减。笔者在调研中向多家下游出口企业了解到,若不使用进口国外品牌高端装备,国外采购商很难相信企业高水平的生产能力,为更好获取外国订单,他们更倾向于选择国外品牌。

---

① 贺俊、吕铁、黄阳华、江鸿:《技术赶超的激励结构与能力积累:中国高铁经验及其政策启示》,《管理世界》2018年第10期。

② 任曙明、康潇丹、王洪静:《业主损失厌恶对本土企业进入的阻止——对重大装备制造业产业政策的反思》,《大连理工大学学报》(社会科学版)2012年第2期。

三 产业链上下游各环节割裂，集成商和零部件企业陷入"合作型"困境

装备制造业零部件具有两个显著特征，其一是专一性，即每一个零部件都是为特定的装备产品服务，且即使同类型的装备在产品集成设计中对零部件的需求也不一样，这就决定了每个零部件企业必须与特定的装备集成厂商合作，甚至部分零部件企业必须与特定某个装备集成厂商合作①。其二是"试错""纠错"性，即零部件产品质量和技术的改进和提升是零部件企业与集成厂商不断合作磨合的过程，在装备产品的研制过程中通过发现故障、解决故障来促进零部件企业持续改进，核心零部件企业通过持续纠错促进技术改进和提升。核心零部件专一性和不断"试错""纠错"的技术改进模式决定了核心零部件企业必须与集成厂商建立长期的合作关系，零部件企业才有动力长期进行研发推动产品技术升级，才有可能在长期实践中有效提升核心零部件的发展水平。而中国多数装备制造业的产业组织结构特征是，集成企业大多数采用竞争型供应链管理模式，产业链上下游各环节割裂，集成企业与零部件供应商之间很少建立长期合作关系，集成企业在短期内依据成本和零部件企业产品的质量和性能来决定采购企业，这会导致零部件企业因为惧于未来的不确定性不敢加大对零部件产品的技术开发，也限制了零部件企业在长期合作中通过"试错""纠错"改善产品性能②③。集成商和零部件企业陷入了"合作型"困境，集成厂商抱怨本土企业的零部件产品精度、性能和稳定性差，而核心零部件企业又反过来抱怨集成厂商不采购本土企业开

---

① 贺俊：《中国向世界制造业中心转变过程中装备工业发展的战略选择》，《产业经济研究》2006 年第 3 期。

② 吕铁、贺俊：《政府干预何以有效：对中国高铁技术赶超的调查研究》，《管理世界》2019 年第 9 期。

③ 黄群慧、贺俊：《中国制造业的核心能力、功能定位与发展战略——兼评〈中国制造 2025〉》，《中国工业经济》2015 年第 6 期。

放的零部件，导致国内企业就无法在长期合作实践中通过"试错""纠错"来持续改进产品。

第四节　外部政策支持、内部组织重构，助力中国装备制造业高质量发展

必须认识到中国装备制造业技术水平落后于发达国家是历史原因造成的，产业追赶和升级具有曲折性和长期性，要正确处理政府和市场关系，顺应国际规则，转变产业政策支持方式，优化装备制造业内部组织结构，稳步推进中国装备制造业高质量发展。

一　推动产业政策支持方式转型，集中攻关一批核心技术

加大产业政策对产业的支持力度，直面中国装备制造业的弱点和短板，支持装备制造业企业迎难而上，集中力量攻关一批核心技术和关键设备，解决中国装备制造业技术严重受制于人的问题[1][2]。一是推动中国产业政策支持方式转型，清理和整顿与国际规则相悖的产业政策，推动产业政策作用环节向竞争前环节转变，改变产业政策支持核心技术的方式和方法。二是制定核心技术和关键设备目录清单。将长期制约和限制中国装备制造业企业技术升级的重大技术难题，特别是那些与发达国家差距较大、躲不过绕不开买不来的核心技术列入产业政策重点支持目录清单。三是在装备制造业发展越来越清晰的行业和领域，对适合集中创新的研发和创新活动，国家可以组织专项资金和研发小组进行集中研发和创新。四是对适合社会创新的研发、重大技术突破，国家要通过产业政策激励科研单

---

[1] 黄汉权、任继球：《新时期我国产业政策转型的依据与方向》，《经济纵横》2017年第2期。

[2] 王燕梅、周丹：《中速增长时期的产业政策转型——以中国装备制造业为例》，《当代经济科学》2014年第1期。

位和企业进行研发和创新，打破发达国家对中国的技术封锁，进而占领国际竞争的战略制高点。

二　加强政策引导和支持，发动一场国产装备需求革命

一是尽快建立重大工程、重点项目与装备制造企业沟通联系的机制，适时向企业公布招投标计划，引导企业，特别是民营企业参与研究开发适应市场需求的新产品。鼓励和支持企业通过联合攻关、合作开发等形式，参与国家重点项目、重大工程建设。二是加大政府购买、消费补贴等需求侧产业政策对国产装备的支持力度，持续完善重大装备首台（套）政策，有力发挥首台（套）使用的示范效应，加快完善首台（套）装备的风险补偿机制，重点选取相关领域国产化高端装备，对用户因使用国产首台（套）装备而发生重大损失的，由国家对用户的损失给予一定比例的补偿，降低用户对国产装备的使用风险，针对早期用户和实验性用户提供补贴，为企业创造通过"用中学"不断提升技术能力的机会。三是推动建立领先用户主导的装备制造创新模式。加强设备使用方与装备制造企业的技术交流，通过联合设计、合作开发等方式发挥设备使用方在研发和成果转化中的作用，从根本上消除下游企业损失厌恶心理，解决中国装备制造业自主创新的"首台（套）"商业应用难题，降低了制造商创新的风险。四是鼓励中国装备制造业企业走出去，鼓励企业充分利用共建"一带一路"国家的市场，与发达跨国公司差异化竞争，抓住关键销售时机，以终端市场为驱动力量，打通价值链上渠道、品牌、产品的环节，提升市场赢利能力，再利用品牌和业绩取得国内设备使用方的认可。

三　有效整合产业链资源，增强集成厂商与核心零部件企业组织黏性

一是整合国内资源形成垂直分工紧密协作关系。对高度离散、缺乏规模的产业链资源进行有效整合,加强上下游企业的交流。重点是支持中小企业与骨干企业建立配套关系,形成长期合作生产关系,发挥专业化生产优势,向辅机配件专业生产厂商转型,形成一批社会化分工、专业化生产、产供销一体化的产业集群。二是重点扶持一批装备制造领域的骨干企业,加快各类装备制造企业兼并、联合、重组的步伐,整合产业链的龙头力量,以行业龙头企业为主导,联合各种配套企业的力量,推动建设技术创新联盟,联合专业化的核心零部件企业推动基础零部件和核心技术的开发。三是加大对行业共性技术创新平台、实验体系和企业研发体系建设的资金支持力度,加强装备制造业中介平台、行业协会、产业联盟等行业联合体和组织的建设,增强行业发展中各主体的黏性,有效促进上下游企业开展长期战略合作,引导集成厂商打造合作型供应链管理模式。

四 紧抓产业发展之中的"变",弯道超车追赶发达国家

装备制造业的技术具有高度连续性,一些核心技术躲不开、绕不过、买不来,但在新一轮科技革命和产业变革中,装备制造业的发展仍存在很多"变数",在应对这些"变数"方面,我们与发达国家处于同一起跑线,可充分利用这些"变数"机遇,以"变"带动"不变",促进中国装备制造业转型升级和技术赶超。一是要研判新一轮科技和产业革命对装备制造业的冲击,提前做好战略部署,充分发挥中国比较优势应对挑战。如3D打印技术和人工智能技术都对装备制造业的发展产生了重大冲击,未来装备制造业会朝着小批量生产、智能化等方向发展,要提前布局在这些领域占领战略制高点,进而带动装备制造业发展。二是要主动顺应装备制造业绿色化、个性化、服务化等需求变化趋势,在节能环保、资源循环利用、柔性化生产和个性化定制、线上/线下协同服务等方面积极推动装备制造业企业转型升级。

第七章 "双碳"目标下的钢铁产业：压力挑战、发展要求与政策建议

党的二十大报告明确提出，积极稳妥推进碳达峰碳中和，并指出要推进工业等领域清洁低碳转型。中国钢铁产业具有产值规模大、全球市场份额高、产业竞争力强等特征，是工业领域高耗能高排放产业的典型代表，呈现碳排放总量大和强度大的双重特征。"双碳"目标下，中国钢铁产业减碳压力较大、任务较重，对中国钢铁产业发展提出了新要求，同时也亟须采取有针对性的改革和措施，为钢铁产业实现低碳发展提供政策保障。

第一节 中国钢铁产业发展现状

一 钢铁产量增长进入平台期

2000—2012年，中国制造业增加值占全球比重从8%左右快速提升至22.33%，城镇化率也从36.2%大幅提升至52.57%。中国工业化、城镇化高速推进，钢铁产业需求强劲。

2012年，中国粗钢产量达到7.24亿吨，是2000年的5.6倍，十多年间年均增长15%以上。2012年以来，中国工业化从中期阶段逐步向后期阶段转变，对钢铁产品需求仍在提升，但增速放缓。2020年以来，中国粗钢产量稳定在10亿吨左右。2022年，中国粗钢产量达到

第七章 "双碳"目标下的钢铁产业：压力挑战、发展要求与政策建议 | 113

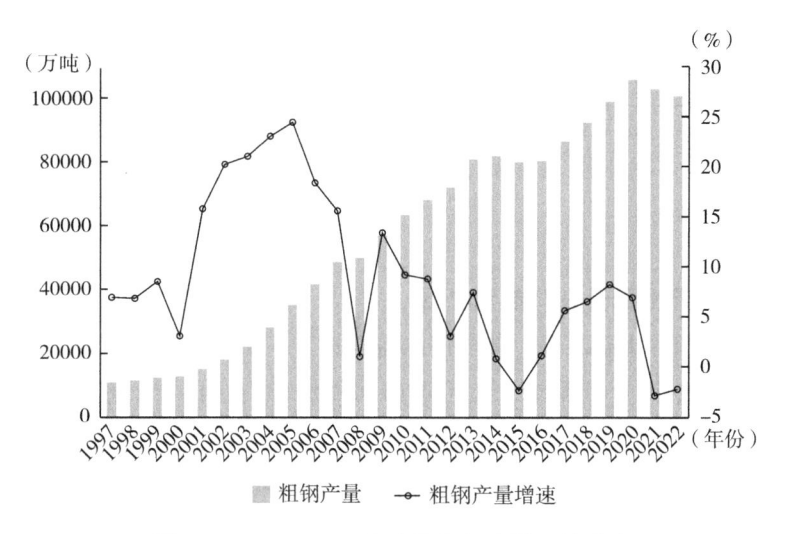

10.13亿吨，与2012年相比，年均增速降至3.42%（见图7-1）。

图 7-1　1997—2022年中国粗钢产量及其增速

资料来源：中经网统计数据库。

2021年，中国进入工业化后期阶段，制造业增加值占全球比重已接近30%，城镇化率已提升至接近65%（见表7-1），服务业比重超过50%，经济增长从高速向高质量发展转变。尤其是当前房地产对经济增长贡献逐渐减弱的背景下，中国对钢铁的需求增速将放缓，钢铁产量增长进入平台期，未来一段时间中国粗钢产量可能将维持在10亿吨左右，这也意味着钢铁产业发展的主要任务将从规模扩张转向提质增效。

表 7-1　2010—2021年中国制造业增加值占全球比重、城镇化率与粗钢产量

年份	中国制造业增加值占全球比重（%）	城镇化率（%）	粗钢产量（亿吨）
2000	8.60[a]	36.2	1.29
2012	22.33	52.57	7.24
2015	26.03	56.1	8.04

续表

年份	中国制造业增加值占全球比重（%）	城镇化率（%）	粗钢产量（亿吨）
2020	28.39	63.89	10.65
2021	29.76	64.7	10.35

注：a 表示 2004 年数据。

资料来源：中经网统计数据库、相关年份中华人民共和国国民经济和社会发展统计公报、WDI 数据库。

二 产业西升东降趋势渐显

进入 21 世纪以来，中国钢铁需求锐升，国内铁矿石已无法有效满足国内钢铁生产需求，大量进口海外铁矿石，再加上东部沿海发达地区经济发展带来强劲市场需求，国内东部沿海地区布局钢铁产业的区位交通优势和市场优势明显，东部地区加快布局钢铁产业。

2016 年，东部地区粗钢产量占全国比重的 57.14%，达到峰值。2016 年之后，东部地区率先进入工业化后期和城镇化下半场。相比东部地区，西部地区经济发展对钢铁产生较大需求，西部地区资源能源禀赋优势加快体现，西部地区钢铁布局也开始加快。2010—2016 年，中国西部地区粗钢产量占全国的比重基本保持不变；2016 年后则快速提升，从 2016 年的 13.53% 升至 2022 年的 17.44%（见表 7-2），提高接近 4 个百分点，广西、重庆、云南和宁夏分别贡献 1.13 个百分点、0.51 个百分点、0.46 个百分点和 0.39 个百分点。同期，东部地区粗钢产量占全国的比重下降超过 6 个百分点。

表 7-2　2010—2022 年中国不同地区粗钢产量占全国比重　　单位：%

年份	东部	中部	西部	东北
2010	54.04	21.64	13.21	11.11
2015	56.31	20.20	14.09	9.40
2016	57.14	20.38	13.53	8.96
2017	55.32	21.01	14.25	9.43

续表

年份	东部	中部	西部	东北
2018	55.18	20.75	14.52	9.54
2019	53.58	21.16	15.60	9.66
2020	52.72	21.34	16.44	9.51
2021	50.85	22.15	17.34	9.66
2022	50.93	21.99	17.44	9.64

资料来源：中经网统计数据库。

三 钢铁企业规模快速提升

随着产业规模的不断提升，中国钢企规模总体呈不断扩张态势。特别是在2015年启动的去产能政策之后，钢铁产业企业规模快速提升。

2021年，中国钢企平均营业收入从2016年的9.5亿元快速提升至18.36亿元，在5年时间里接近实现平均营业收入翻番，平均粗钢产量也从2016年的7.29万吨快速提升至17.14万吨，在5年时间里实现平均粗钢产量增长近10万吨（见图7-2）。

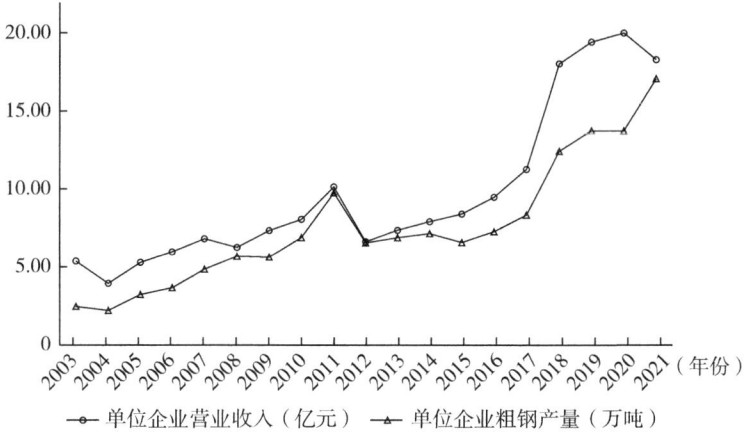

图7-2　2003—2021年中国钢企平均粗钢产量和营业收入

资料来源：中经网统计数据库、相关年份《中国统计年鉴》。

反观 2016 年，相比 2003 年，中国钢企平均营业收入和粗钢产量虽有不同水平的提高，但提升幅度有限，平均营业收入在 13 年的时间里仅增长 76%，平均粗钢产量也仅增长不足 5 万吨。但同时，头部钢铁企业规模快速提升，在世界钢企 50 强中地位更加凸显。2021 年，世界钢企前 50 名中，中国企业占 28 家，其中，宝武粗钢产量突破 1 亿吨，超越安赛乐米塔尔，成为世界第一。

第二节 "双碳"目标下中国钢铁产业面临的严峻减碳压力和挑战

一 碳排放总量大，实现目标时间极为紧迫

中国钢铁产业规模大，产量连续 20 多年保持世界第一。2022 年，中国粗钢产量达到 10.13 亿吨，占全球比重达到 55%，稳居世界第一。在规模全球第一的同时，钢铁产业也是中国典型的高碳排放产业，碳排放量占全球钢铁产业的 60% 以上，约占全国碳排放量的 15%[1]。与欧美发达国家相比，中国钢铁减排压力巨大，钢铁产业实现碳达峰碳中和的时间极为紧迫。

一是欧美等发达国家已进入后工业化阶段，基本完成城镇化（见图 7-3），对钢铁需求大大降低，而中国工业化远未结束[2]，城镇化进入中期向后期的过渡期，[3] 对钢铁需求仍较大[4]，实现碳达峰目

---

[1] 冯祖强、余轶峰：《"双碳"目标下钢铁企业的应对策略探讨》，《广西节能》2021 年第 3 期。

[2] 从工业化来看，2021 年，中国人均国内生产总值 80976 元，折合 12551 美元（现价），三次产业结构比重分别为 7.3%、39.4% 和 53.3%，第一产业就业比重为 23.6%（2020 年数据），城镇化率达到 64.7%，表明当前中国工业化仍处于钱纳里模型中的工业化后期，在很长一段时间内，中国仍将处于工业化后期阶段。

[3] 按照国际经验，人口城镇化进程可以划分为三个发展阶段，在达到 50% 之前是前期阶段，50%—70% 是中期阶段，70%—80% 是后期阶段，城镇化水平达到 80% 即标志着城镇化完成。

[4] 高斌：《浅谈"十四五"及 2035 年我国钢铁原料需求及结构变化》，《冶金管理》2021 年第 10 期。

第七章 "双碳"目标下的钢铁产业：压力挑战、发展要求与政策建议 | 117

标压力较大。

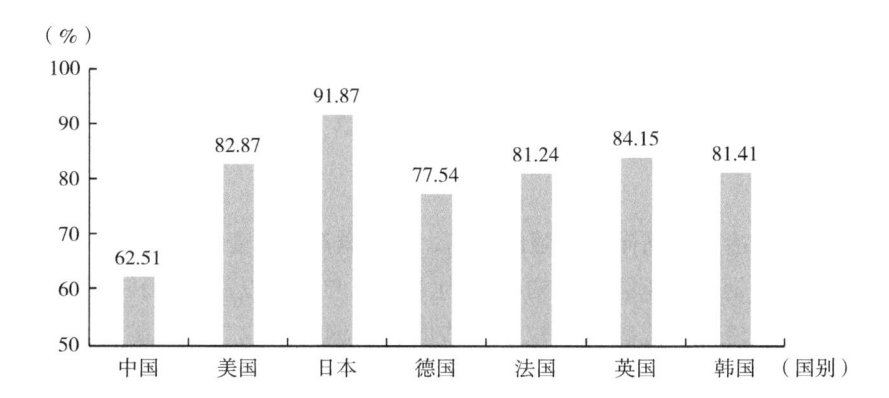

图 7-3 2021年中国与世界其他主要国家城镇化率比较

注：由于数据来源和测算口径不同，此处中国城镇化率与前文有所不同。
资料来源：WDI 数据库。

二是以美国和欧盟等为代表的国家和地区已实现钢铁产业碳达峰，且这些国家钢铁产量远低于当前中国（见表 7-3），与欧美发达国家相比，在碳达峰碳中和背景下，中国钢铁产业将面临减排总量大和时间紧迫的双重压力。

表 7-3 世界主要国家（地区）粗钢产量、碳达峰时间及碳达峰年钢产量

国家（地区）	2022年粗钢产量（百万吨）	碳达峰年份	碳达峰年份钢产量（百万吨）
中国	1013	未达峰	—
欧盟	136.7	1990	191.82
印度	124.7	未达峰	—
日本	89.2	2013	110.6
美国	80.7	2007	98.1
俄罗斯	71.5	1990	154.42

续表

国家（地区）	2022 年粗钢产量（百万吨）	碳达峰年份	碳达峰年份钢产量（百万吨）
韩国	65.9	2018	72.5
土耳其	35.1	未达峰	—

资料来源：世界钢铁协会；田勇、田中明、王念军等：《中国钢铁行业碳排放源头治理分析与策略研究》，《鞍钢技术》2022 年第 5 期。

二 冶炼工艺碳排放强度偏高，向低碳产能转变困难较大

中国钢铁产业能源结构以煤为主，生产模式以高炉—转炉流程为主，短流程等低碳产能较少，造成中国钢铁产业二氧化碳排放强度居高不下。中国生产每吨粗钢排放 1859 千克二氧化碳，远高于美国的 1100 千克、韩国的 1300 千克和日本的 1450 千克[1]。短流程炼钢的碳排放仅为长流程炼钢的三分之一。碳排放主要源于对高价铁的还原过程，所以更多地利用废钢，减少还原反应发生量，是减碳的有力举措。受制于较高的废钢价格，当前中国短流程炼钢产量仅占总产量的 10%左右，而全球电炉钢平均占比为 33%，国内短流程炼钢比重远低于欧美发达国家[2]。2020—2030 年，废钢的消费量预估每年会有 5%以上的增长。但是，中国废钢收集、处理环节尚处于高度分散的状态，废钢的交易模式也未成熟，废钢回收利用产业的不成熟也给中国钢铁碳减排带来了挑战。

三 钢铁厂普遍建设时间较短，产业绿色更新成本高昂

推动中国钢铁产业绿色低碳发展，需要当前中国现存的钢铁厂进行大范围的节能减碳改造升级，还需关停一大批高碳排放的钢铁厂，重建一批低碳排放的钢铁厂。目前，中国很多钢铁厂的厂龄相

---

[1] 邢奕、崔永康、田京雷等：《钢铁行业低碳技术应用现状与展望》，《工程科学学报》2022 年第 4 期。

[2] 田勇、田中明、王念军等：《中国钢铁行业碳排放源头治理分析与策略研究》，《鞍钢技术》2022 年第 5 期。

对较低，关停和折旧成本较高，提高了钢铁产业改造升级难度。统计数据显示，中国钢铁厂平均厂龄约为 15 年，而美国约为 35 年，欧洲大部分地区约为 40 年[1]。一般而言，钢铁行业的排放密集型资产（如高炉）在全球范围内的平均运行年限约为 40 年，欧美国家基本已达到可以退出和关停的时间，折旧成本相对较低。反观中国，钢铁资产寿命低得多，约为 25 年，仍有 10 年多的时间才能到达退役年限，折旧成本远高于欧美等国家。此外，中国的钢铁行业体量庞大，若部分钢铁厂运营周期结束时间与创新技术的就绪时间不同步，将会产生大量的额外成本，显著延迟碳中和进程。

第三节 "双碳"目标下中国钢铁产业发展的新要求

一 产能工艺：电炉炼钢、碳捕集等低碳产能加快布局

随着技术进步加快，相对于现有的传统高炉冶炼工艺，中国以电炉炼钢等为代表的低碳产能投资和生产成本将不断下降，经济性将不断凸显。"双碳"目标也将有效强化碳排放政策约束，要求低碳产能逐步取代传统高炉冶炼产能。随着碳中和的深入，低碳产能将成为钢铁产业的主要产能[2]。

（1）快速提升电炉钢比重。电炉炼钢发展潜力较大，短流程炼钢可显著降低能源消耗。长流程吨钢排碳量 2 吨左右，而短流程吨钢排碳量为 0.6 吨左右，仅为长流程的 1/3 左右。电炉钢占比每提升 10%，相应降低吨钢能耗 50 千克标准煤，减少吨钢二氧化碳排放量 0.14 吨。当前，制约电炉炼钢的重要因素之一是废钢价格过高，受制于废钢价格，短流程炼钢与长流程炼钢相比缺乏经济性。通过加快整合优化提升废钢回收处理产业，废钢的供给会逐步增加，废

---

[1] 国际能源署：《中国能源体系碳中和路线图》，中信出版社 2024 年版。
[2] 张琦、沈佳林、籍杨梅：《典型钢铁制造流程碳排放及碳中和实施路径》，《钢铁》2023 年第 2 期。

钢的采购成本也将随之下降。特别是在碳中和目标下，随着碳约束的加大，短流程的减碳优势将转化为经济优势，短流程炼钢经济性将会凸显。

（2）加快发展钢铁行业碳捕集、封存和利用技术。碳捕集与封存技术能有效降低二氧化碳排放，而基于碳捕集与封存技术收集的废气也可进行二次利用，制造部分化工产品。在条件适合的地区推广钢铁—化工联合生产模式将成为钢铁减碳的有效手段，即将钢铁冶炼排放的二氧化碳与其他化学原料反应加工成可使用的化工产品，推动二氧化碳的再利用[①]。

二 生产运营：原料清洁化和运营智能化

钢铁产业原料清洁化的一种主要方式是推广氢冶金技术，这种方式的减碳潜力巨大。传统的高炉炼铁以焦炭作为还原剂还原高价铁，还原过程中产生的碳排放占总排放量的70%左右，而氢冶金技术是通过使用氢气代替碳（焦炭）在冶金过程中的还原作用，从而大量减少钢铁冶炼中还原过程的碳排放。以应用氢冶金技术的气基直接还原竖炉为例，该产能工艺利用H_2、CO混合气体，将铁矿石直接还原为铁，再将其投入电炉冶炼，减碳幅度可达50%以上，减排潜力较大。

当前，制约氢冶金技术应用的关键因素之一是绿氢的成本问题，这直接影响氢冶金技术应用的经济性和可操作性。短时间内制氢成本会制约氢冶炼工艺的推广，但长期中国绿氢占比有望大幅提升，为氢冶炼工艺带来具有低成本的绿氢。有数据显示，当电价低于0.3元/千瓦时时，绿氢成本有望与灰氢成本持平，受益于可再生能源成本下降以及碳排放约束，预计2020—2030年绿氢比例将从3%

[①] 石春艳、张国帅、李益等：《碳中和背景下的钢化联产发展趋势》，《过程工程学报》2022年第10期。

上升到15%①。

运营智能化是指对钢铁产业进行智能化改造，通过应用数字化、智能化技术，可使得钢铁产业在能源产生（发电）、输送、利用等环节实现数字化智能化控制，建立钢铁生产碳排放的数字化平台，减少能源损耗，提高能源利用效率，进而降低能耗，助力钢铁行业减碳。目前，有很多钢铁企业通过数字化引导，创新能源管理模式，有序构建更高效、更清洁、更经济的能源体系，还有企业建立智能碳管控平台，利用通过数字化的管理算出超低排放标准下的碳排放量，以此为标准指导钢铁生产②。需要强调的是，过去钢铁厂智能化改造的第一要务是降本增效，提升能源利用效率，降低生产成本，未来钢铁产业要大力推动5G、大数据、人工智能、云计算、数字孪生等技术在钢铁工业的应用，建立钢铁一体化智能管控平台，实现铁钢轧一体化、生产管控一体化和企业决策智能化，以减排为目的，利用动态监测的碳排放数据流来指导和优化钢铁企业的生产，这将成为钢铁企业低碳发展的重要方向。

三 产品结构：产品向高端化、精细化、高附加值方向发展

中国钢铁产业产品结构不优，钢铁产品低端产量过剩和高技术含量及高附加值钢材产品产量明显不足，钢筋等普通钢材占据较大份额。这些产品附加值较低，同质化竞争较多，产能过剩风险较大。"双碳"目标下，绿色低碳发展模式构建刻不容缓，钢铁产业将不可避免地大幅提升钢铁产业的生产成本，尤其会冲击生产低端同质化产品的钢铁企业，利润空间严重挤压，势必会大量淘汰以生产低端同质化产品为主的钢铁企业。同时，研发高强度、轻量化、长寿命的生态钢材，可能会增加钢铁工业的碳排放。

---

① 国际能源署：《中国能源体系碳中和路线图》，中信出版社2024年版。
② 刘文仲：《中国钢铁工业互联网发展现状及思考》，《中国冶金》2022年第11期。

从钢铁产品的全生命周期看，通过提高钢材性能，可减少钢材使用量，从而减少碳排放量①。此外，从需求侧看，中国城镇化进入后半场，工业化已进入后期阶段，城镇化和工业化对钢筋等低端同质化的钢铁产品需求将会大幅减少，同时对高端化、精细化、高附加值的钢铁产品需求将增加。从供需两侧看，中国钢铁企业将有强劲动力优化产品结构，不断朝高端化、精细化、高附加值方向发展。

一是建筑用钢告别过去的持续增长态势，进入平稳期。同时，也要求建筑用钢向"低成本、高性能"方向进行品种优化与升级换代。

二是工业用钢瞄准航空航天、船舶与海洋工程装备、清洁能源装备等战略性新兴产业发展需求。加快推动高品质特殊钢、高端装备用特种合金钢、核心基础零部件用钢等关键钢材的研发和生产，不断满足先进制造业发展对钢铁新材料稳定性和高品质的需求。

三是推动钢铁企业加快树立质量品牌意识。不断延伸发展以用户为中心的服务型制造，开展个性化定制、网络化协同制造等新业态，加快提升产品和服务附加值。

四 产业布局：部分产能向西部地区清洁能源基地转移

钢铁产业是典型的高耗能高排放产业，降碳与减能关系较大，但并不能直接画等号。若钢铁企业所耗之能为清洁能源，则钢铁企业的耗能并不意味着碳排放，换言之，促进钢铁产业用能向清洁能源转变，则有利于钢铁产业减碳②。同时，钢铁企业若推动原料清洁化，大量采用绿氢替代焦炭进行钢铁冶炼，以达到减碳的目的，绿氢的生产也需要大量利用清洁能源。当前，中国钢铁产业主要集中

---

① 王海风、平晓东、周继程等：《中国钢铁工业绿色发展回顾及展望》，《钢铁》2023年第2期。

② 党的二十大报告明确提出完善能源消耗总量和强度调控，重点控制化石能源消费，逐步转向碳排放总量和强度"双控"制度。碳排放"双控"制度建立将有利于钢铁产业加大对清洁能源的使用，也将有利于钢铁企业在清洁能源基地布局。

第七章 "双碳"目标下的钢铁产业：压力挑战、发展要求与政策建议 | 123

在东部沿海地区，但这些地区清洁能源资源相对匮乏，从产业布局上看，中国存在钢铁产业集聚区与清洁能源基地地理相背离的问题[①]。全国各地区钢铁产量数据显示，2020年中国前3大钢铁生产大省为河北、江苏和山东，均为东部地区，3省钢铁产量占全国的比重接近43%，但这3省清洁能源发电水平在全国较为落后，合计占全国的比重仅为7%左右（见图7-4）。

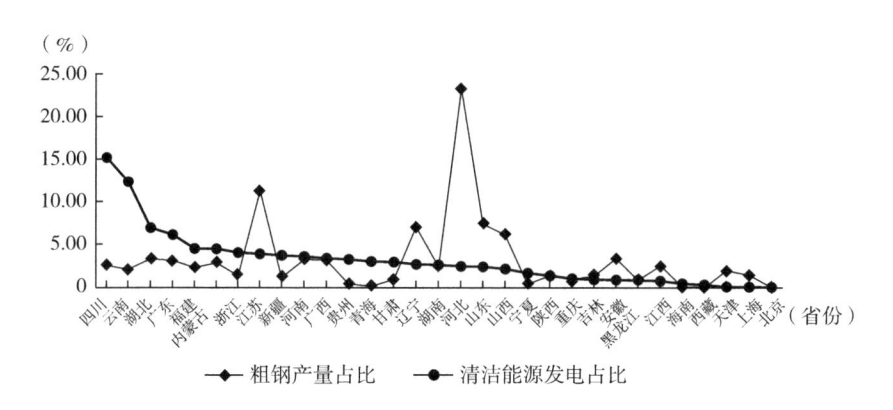

图7-4 2020年分省份粗钢产量占比与清洁能源发电占比

资料来源：《中国统计年鉴（2021）》、2021年各省份发电统计。

当前，中国清洁能源主要以水电为主，占清洁能源发电的比重超过50%。2021年，水电资源比较丰裕的四川、云南和湖北清洁能源发电占全国的比重超过1/3。从清洁能源发展的前景看，中国将加快推进以沙漠、戈壁、荒漠地区为重点的大型风电光伏基地建设，风电和光伏发电开发空间较大。有研究表明，2020—2030年，中国太阳能和风能将分别增长超过2倍和1倍，而水电与风光电相比开

---

① 田勇、田中明、王念军等：《中国钢铁行业碳排放源头治理分析与策略研究》，《鞍钢技术》2022年第5期。

发已接近饱和,在未来 10 年增长空间有限①。以风能和太阳能为主的清洁能源主要分布在西部地区,电力跨区域输送障碍较大、成本也较高。因此,有序推动对海外铁矿石和东中部市场依赖较小的钢铁产能,如电炉炼钢产能,向西部地区清洁能源基地转移,促进清洁能源与钢铁产业的协同发展,实现清洁能源就地消纳,将成为钢铁产业减碳的重要路径②。

五 产业组织:产业集中度进一步提高

碳达峰碳中和也将重塑钢铁产业组织,进一步提升钢铁产业集中度③。"双碳"背景下,钢铁企业一般会有两种选择,一种选择是购买碳排放权,维持生产。随着碳约束压力加大,碳排放权的价格会快速上行,企业成本将快速提升,企业利润空间不断挤压,一些生产同质化低端产品的钢铁企业将会被淘汰。另一种选择是企业实施低碳改造。积极发展低碳冶金技术,无论采用氢冶炼技术,还是电炉炼钢工艺,还是钢化联产模式,均需对现有产能进行置换、改造和重建,这一过程需要耗费较高的成本和投资,势必会淘汰竞争力不够强、资本实力有限的中小企业,使得行业集中度进一步提升。产业集中度提升后,将大大提升钢铁龙头企业对上下游的议价权,有效传导成本压力,提高业绩稳定性。

经过供给侧结构性改革,中国钢铁产业集中度已有较大提高,但与发达国家相比,国内钢铁产业集中度还比较低,上行空间较大④。2021 年,中国钢铁行业规模以上企业数已从 2012 年的 1 万

---

① 国际能源署:《中国能源体系碳中和路线图》,中信出版社 2024 年版。
② 韦福雷:《论"双碳"下高耗能产业向西部地区的转移》,《开放导报》2021 年第 5 期。
③ 郑明月:《钢铁产业发展趋势及碳中和路径研究》,《冶金经济与管理》2022 年第 1 期。
④ 任继球:《供给侧改革中的钢铁行业:发展成效与趋势展望》,《宏观经济管理》2018 年第 7 期。

多户降至5640户（见图7-5）。2021年，中国前四大钢厂产量占全国比重（CR4）为36.93%，前十大钢厂产量占全国比重（CR10）为53.82%，与2015年相比，有明显提升。与发达国家相比，中国钢铁产业CR4远低于美国的70%和日本的80%[①]。大量分散的中小企业无法达到规模经济，无法有效集聚资源，过度竞争带来企业对上下游议价能力低，也无法推动低碳技术创新和产业化，不利于钢铁产业的减碳[②]。因此，为提升钢铁产业的竞争力，促进钢铁企业更好进行绿色低碳改造，中国钢铁产业还需加强兼并重组，通过吨钢碳排放等指标加快淘汰钢铁中小企业，提高钢铁产业集中度。

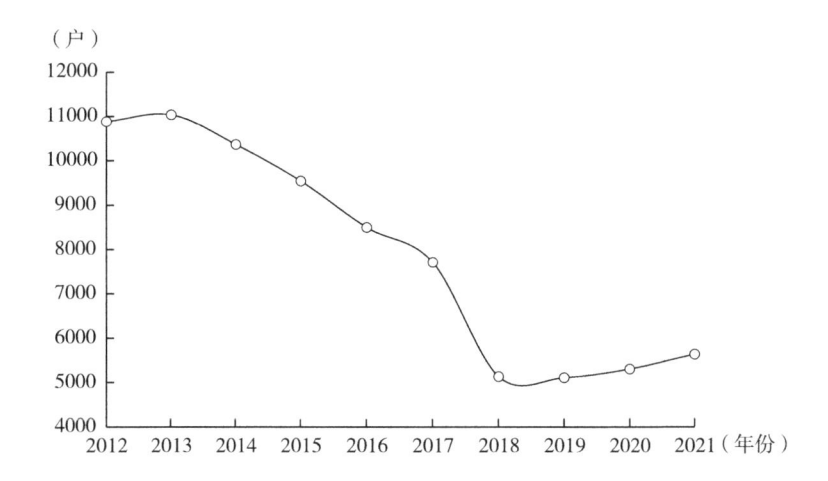

图7-5　2012—2021年中国钢铁行业规模以上企业数

资料来源：历年《中国统计年鉴》。

[①] 李鹏飞、魏雨迪：《钢铁碳中和路径思考与产业变革》，国泰君安研报，2021年6月3日。

[②] 王刚、张怡、李万超等：《基于双碳目标的钢铁行业低碳发展路径探析》，《金融发展评论》2022年第2期。

第四节　政策建议

一　加快推动碳排放标准体系建设和碳监测

产能工艺决定钢铁产业中长期碳排放量的区间，具体生产方式和产量决定钢铁产业的具体碳排放量。因此，产业政策应加大对钢铁企业生产过程的关注，重点做好以下两项基础工作。

（1）建立、完善和用好钢铁行业碳排放标准体系。建立钢铁产业低碳标准体系，加快开展钢铁产业低碳领域标准化工作。建立钢铁企业碳排放标准体系，对不同技术工艺的钢铁企业进行碳排放核算，以吨钢碳排放为主要指标，分类评出高碳企业、低碳企业和近零排放企业，为钢铁行业淘汰高碳企业，鼓励和支持低碳零碳产能置换提供技术标准。在不同发展阶段，推动标准体系动态更新，不断提升优化钢铁碳排放标准体系。

（2）强化对钢铁企业生产过程中的碳监测。建立完善钢铁企业生产过程碳监测体系，促进钢铁企业碳排放的实时监测。鼓励和要求钢铁企业安装碳监测设施，强化碳监测体系的第三方属性。建立碳监测数据共享平台，提高碳监测数据的利用率，发布钢铁产业碳监测数据，为评估钢铁企业减排效果提供参考，并将碳监测数据与差别水价、电价和停限产等政策挂钩。

二　大力促进低碳零碳产能置换和绿色低碳改造转型

必须推动钢铁产业在发展中减碳。短期看，加快推动已有钢铁产能绿色低碳改造，推广绿色节能减碳技术和工艺，促进智能化改造，加大对清洁能源的使用。长期看，大力鼓励低碳钢铁产能替代高碳产能，推动部分钢铁产能向清洁能源基地转移，着力提升电炉炼钢比例，推广氢冶炼工艺，以及促进钢铁行业碳捕集、封存和利用。

（1）严格限制和有序淘汰高碳产能。严格限制新增钢铁产能，对确有必要建设的钢铁冶炼项目需严格执行产能置换办法，允许通过新建低碳产能和近零排放产能减量置换[1]。以吨钢碳排放为标准，科学设置钢铁行业准入门槛，未达到标准要求的企业严禁新建钢铁产能。综合考虑产能折旧时间等因素，设定钢铁产能淘汰的吨钢碳排放标准，随着技术进步和碳排放约束加大，不断提升吨钢碳排放标准，逐渐淘汰钢铁高碳产能。

（2）支持和引导低碳零碳产能置换。逐步调整当前去产能去产量政策对电炉短流程炼钢、氢冶炼工艺、钢化联产模式等低碳零碳产能的约束，将低碳零碳产能列入去产能去产量豁免名单，引导和支持行业加快低碳零碳产能置换。加大对电炉短流程炼钢的支持力度，在提供优惠支持政策的基础上，鼓励钢铁企业延伸发展废钢回收产业链，促进废钢循环再利用，强化短流程钢铁企业的废钢保障[2][3]。加大对钢铁行业氢冶炼工艺，碳捕集、封存和利用的示范应用支持，对地区和企业给予优先审批、绿色通道、财税金融、碳交易配额等方面的优惠政策。

（3）鼓励钢铁企业绿色低碳改造。加强碳减排的政策引导和激励，创新支持和优惠政策，对实行绿色低碳改造的钢铁企业给予相应的收益补偿。实施钢铁企业绿色低碳技术改造工程，建立钢铁企业技术改造白名单。建立钢铁产业绿色低碳技术研发公共服务平台，激励企业开展研发活动，通过政策资源引导社会资源支持钢铁行业减碳技术的研发，提升减碳技术的供给、扩散和应用水平。

---

[1] 薛英岚、张静、刘宇等：《"双碳"目标下钢铁行业控煤降碳路线图》，《环境科学》2022年第10期。

[2] 田勇、田中明、王念军等：《中国钢铁行业碳排放源头治理分析与策略研究》，《鞍钢技术》2022年第5期。

[3] 薛英岚、张静、刘宇等：《"双碳"目标下钢铁行业控煤降碳路线图》，《环境科学》2022年第10期。

三 不断提升钢企碳减排内生动力

钢铁产业政策必须更多采用市场化、法治化手段建立体现钢铁产业碳排放成本的价格形成机制，推动钢企形成碳减排内生动力，引导促进钢铁产业绿色低碳转型。

（1）用好碳交易对钢铁企业的约束引导。推动碳交易体系在经济基础较好、资源环境容量紧张的地区试点突破，再逐步在全国推广，实现强制性减排和配额交易制度，建立全国碳交易统一市场，在早期免费配额发放的基础上，结合钢铁产业发展的阶段性和减排总量目标，逐步收紧碳排放配额，提升钢铁企业的碳排放成本，不断淘汰钢铁产业高碳产能，激励企业加大对减碳技术的研发和应用，提升钢铁低碳工厂经营生产的市场竞争力[1]。

（2）将钢铁企业碳排放纳入全社会各类评估体系。支持钢铁产业下游企业设立碳排放的采购标准，大力推广低碳供应链理念，每年评选出低碳供应链100强企业，加大对低碳供应链的政策支持，鼓励和激励钢铁产业下游大型企业在产品采购流程中，测算采购钢铁企业的碳排放水平，将钢铁企业碳排放强度和脱碳目标纳入采购的重要考量[2]。加快构建和完善绿色金融体系，引导金融机构创新完善金融产品，鼓励金融机构根据钢铁企业吨钢碳排放等重要标准和指标作为金融合作的先决参考条件。提升对钢铁企业碳排放核算的科学性和准确性，结合钢铁企业吨钢碳排放和生产过程碳检测等指标，对钢铁企业征收二氧化碳排放税。

（3）制定和实施企业低碳证书交易制度。对钢铁企业低碳产能和近零碳排放产能或低碳技术改造，颁发白色证书，对钢铁企业低

---

[1] 王喜平、王素静：《碳交易政策对我国钢铁行业碳排放效率的影响》，《科技管理研究》2022年第1期。

[2] BCG中国气候与可持续发展中心：《中国碳中和通用指引》，中信出版集团2021年版。

碳发展进行认证，对达到碳排放标准的钢铁企业，给予一定的经济奖励或补贴，碳排放低于规定标准的，可出售其富余的"证书"配额，达不到碳排放合理标准的，从市场上购买其他富余企业的"证书"余额，否则需要认缴一定的钢铁产业低碳发展基金[①]。

（4）强化钢铁产业领域的立法。加快钢铁行业碳达峰碳中和法制体系构建，颁布法律法规，为淘汰高碳产能提供法律依据，设立新建钢铁企业技术标准，要求钢铁企业吨钢碳排放水平低于一定值，硬性要求部分产能工艺新建钢铁企业应用 CCUS 技术。

[①] 伍华佳：《中国高碳产业低碳化转型产业政策路径探索》，《社会科学》2010 年第 10 期。

第八章　电子信息制造业就业："增长之谜"、隐忧问题与启示建议

受中美经贸摩擦、新冠疫情等影响，中国经济增长压力加大，制造业吸纳就业人数减少较多，给中国社会稳定带来一定风险。电子信息制造业是中国制造业内部的重要行业，具有产值规模大、吸纳就业多、发展和升级空间大等特点。近些年来，中国制造业就业快速下降，内部细分行业基本都呈现出下降趋势，但唯独电子信息制造业就业出现明显逆势上扬，构成电子信息制造业就业"增长之谜"。本章拟对"增长之谜"及其背后的经济规律进行研究，并以电子信息制造业为例，研究分析电子信息制造业就业存在的隐忧和问题，为稳定制造业就业、促进制造业高质量就业提供重要参考和借鉴。

第一节　中国电子信息制造业就业"增长之谜"及其背后的经验规律

2021年，中国规模以上制造业就业从2015年的8675.94万人下降到7116.8万人，损失就业1559.14万人（见表8-1）。分行业来看，29个细分行业有27个行业就业都出现了下降，下降人数超过

100万人的7个，依次是纺织服装、服饰业（192.99万人），纺织业（184.15万人），黑色金属冶炼和压延加工业（153.20万人），农副食品加工业（150.25万人），化学原料和化学制品制造业（146.93万人），皮革、毛皮、羽毛及其制品和制鞋业（114.24万人），非金属矿物制品业（112.66万人）。

但在制造业内部，电子信息制造业就业在同期却出现了增加，成为制造业内部仅有的就业增加的2个行业之一。出现就业人数增加的行业分别是电子信息制造业[①]和金属制品业，分别增加58.04万人和2.68万人，前者远高于后者。而电子信息制造业2021年就业人数达到967.3万人，远高于金属制品业的383.5万人，且电子信息制造业就业增长幅度也远高于金属制品业的0.70%。作为容纳将近1000万就业人口的重要行业，电子信息制造业就业的稳定甚至小幅增长，在制造业整体和各细分行业均出现吸纳就业下降背景下逆势上扬，构成了本书的电子信息制造业就业"增长之谜"，其背后的经济规律将对稳定制造业就业具有重要参考和借鉴意义。

表8-1　2010—2021年中国规模以上制造业各行业就业人数

单位：万人

行业	2015年	2021年	2015—2021年增加人数	增加幅度（%）
农副食品加工业	424.75	274.5	-150.25	-35.37
食品制造业	212.05	177.6	-34.45	-16.25
酒、饮料和精制茶制造业	166.82	112.7	-54.12	-32.44
烟草制品业	20.89	15.9	-4.99	-23.89
纺织业	464.45	280.3	-184.15	-39.65
纺织服装、服饰业	449.49	256.5	-192.99	-42.94

---

① 本章指计算机、通信和其他电子设备制造业，下同。

续表

行业	2015年	2021年	2015—2021年增加人数	增加幅度（%）
皮革、毛皮、羽毛及其制品和制鞋业	293.94	179.7	-114.24	-38.87
木材加工和木、竹、藤、棕、草制品业	140.78	96.2	-44.58	-31.67
家具制造业	120.08	111.8	-8.28	-6.90
造纸和纸制品业	134.95	100.0	-34.95	-25.90
印刷和记录媒介复制业	98.07	88.3	-9.77	-9.96
文教、工美、体育和娱乐用品制造业	234.49	176.0	-58.49	-24.94
石油、煤炭及其他燃料加工业	93.29	78.6	-14.69	-15.75
化学原料和化学制品制造业	492.03	345.1	-146.93	-29.86
医药制造业	230.48	211.7	-18.78	-8.15
化学纤维制造业	46.65	43.6	-3.05	-6.54
橡胶和塑料制品业	339.68	297.5	-42.18	-12.42
非金属矿物制品业	589.86	477.2	-112.66	-19.10
黑色金属冶炼和压延加工业	364.90	211.7	-153.20	-41.98
有色金属冶炼和压延加工业	202.42	162.5	-39.92	-19.72
金属制品业	380.82	383.5	2.68	0.70
通用设备制造业	471.28	425.9	-45.38	-9.63
专用设备制造业	354.12	336.8	-17.32	-4.89
汽车制造业	472.17	429.1	-43.07	-9.12
铁路、船舶、航空航天和其他运输设备制造业	190.37	158.4	-31.97	-16.79
电气机械和器材制造业	629.87	585.1	-44.77	-7.11
计算机、通信和其他电子设备制造业	909.26	967.3	58.04	6.38
仪器仪表制造业	105.23	97.2	-8.03	-7.63
其他制造业	42.75	36.1	-6.65	-15.56
制造业合计	8675.94	7116.8	-1559.14	-17.97

资料来源：各年《中国统计年鉴》。

（1）产业持续增长是电子信息制造业就业增长的重要前提。2021年，中国制造业营业收入从2015年的约98.79万亿元增长到约

114.88万亿元，仅增长约16.28%，年均增长仅约为2.55%（见表8-2）。制造业内部29个细分行业中，营业收入出现负增长的有10个，负增长较为明显的主要集中在劳动密集型行业，纺织业年均下降6.60%，纺织服装、服饰业年均下降6.05%，木材加工和木、竹、藤、棕、草制品业年均下降4.96%。出现负增长的行业就业下降也较为明显，纺织业就业下降184.15万人，下降幅度达到39.65%；纺织服装、服饰业就业下降192.99万人，下降幅度超过42.94%，木材加工和木、竹、藤、棕、草制品业就业下降44.58万人，下降幅度超过31.67%，前两个行业位于制造业细分行业就业下降幅度前三。负增长年均增长低于3%的行业有10个，年均增长率在3%—5%的有4个。但年均增长超过5%的仅有5个，其中年均增长超过8%的仅有石油、煤炭及其他燃料加工业（8.38%）和计算机、通信和其他电子设备制造业（8.21%）。电子信息制造业营业收入是2015—2021年制造业细分行业里增长进入前二的行业。由此可见，产业发展是吸纳就业的重要保证，产业规模增长与就业增长息息相关，只有维持产业持续增长才能促进就业吸纳持续提升。①

表8-2　　　　2015年和2021年中国规模以上制造业
各行业营业收入及增速　　　单位：亿元、%

行业	2015年	2021年	增长幅度	年均增长
农副食品加工业	65378.24	55223.8	-15.53	-2.77
食品制造业	21957.58	21619.6	-1.54	-0.26
酒、饮料和精制茶制造业	17373.35	16207.5	-6.71	-1.15
烟草制品业	9340.79	12144.3	30.01	4.47
纺织业	39986.96	26548.8	-33.61	-6.60

---

① 制造业内部各行业具有不同的特征，在不同发展阶段和不同国内外环境下具有不同的增长曲线，在2015—2021年电子信息制造业增长较快，而纺织业等产业却呈现出负增长态势，具有一定的客观性和规律性。本章主要聚焦行业就业问题，试图阐释增长与就业的关系，仅将增长作为外生变量，因此不对各行业增长背后因素进行分析。

续表

行业	2015年	2021年	增长幅度	年均增长
纺织服装、服饰业	22232.83	15291.6	-31.22	-6.05
皮革、毛皮、羽毛及其制品和制鞋业	14659.82	11420.2	-22.10	-4.08
木材加工和木、竹、藤、棕、草制品业	13907.42	10249.0	-26.31	-4.96
家具制造业	7880.67	8265.4	4.88	0.80
造纸和纸制品业	13942.34	15141.6	8.60	1.38
印刷和记录媒介复制业	7401.81	7737.7	4.54	0.74
文教、工美、体育和娱乐用品制造业	15879.78	14772.8	-6.97	-1.20
石油、煤炭及其他燃料加工业	34604.49	56087.2	62.08	8.38
化学原料和化学制品制造业	83564.54	83541.6	-0.03	0.00
医药制造业	25729.53	29583.0	14.98	2.35
化学纤维制造业	7206.21	10330.1	43.35	6.19
橡胶和塑料制品业	31015.89	30309.3	-2.28	-0.38
非金属矿物制品业	58877.11	68512.3	16.36	2.56
黑色金属冶炼和压延加工业	63001.33	96692.5	53.48	7.40
有色金属冶炼和压延加工业	51367.23	70256.6	36.77	5.36
金属制品业	37257.26	49680.9	33.35	4.91
通用设备制造业	47039.64	49383.9	4.98	0.81
专用设备制造业	35873.75	37352.4	4.12	0.68
汽车制造业	71069.40	87724.3	23.43	3.57
铁路、船舶、航空航天和其他运输设备制造业	19087.69	18515.6	-3.00	-0.51
电气机械和器材制造业	69183.18	86545.9	25.10	3.80
计算机、通信和其他电子设备制造业	91606.58	147051.9	60.53	8.21
仪器仪表制造业	8741.75	9749.0	11.52	1.83
其他制造业	2771.98	2832.7	2.19	0.36
制造业合计	987939.15	1148771.5	16.28	2.55

资料来源：各年《中国统计年鉴》。

（2）民营企业和小型企业繁荣发展是弥补外资企业就业损失的重要力量。"十三五"以来，中国制造业面临的国内外环境发生复杂深刻变化，特别是 2018 年中美贸易摩擦以来，中国外贸出口面临重大挑战，以出口为导向的外资企业面临较大困难，出现增长乏力、外转增多等问题，导致中国外资企业就业损失较多。2015—2021 年间中国规模以上制造业国有控股企业下降 232.12 万人，外商投资和港澳台商投资企业下降幅度最大，达到 687.83 万人，私营企业逆势增长 393.24 万人，但难以缓解制造业就业下降。而对于电子信息制造业，2015—2021 年间，中国电子信息制造业国有控股企业增加 6.01 万人，私营企业增加 138.95 万人，外商投资和港澳台商投资企业下降 143.86 万人。同期，中国电子信息制造业外商投资和港澳台商投资企业营业收入仅增长 18.7%，而私营企业增长 174.9%。私营企业就业增加基本填补了外商投资和港澳台商投资企业就业的下降。外资企业规模一般较大，主要是大中型企业，外资企业的下行，也导致中国大中型企业就业出现大幅下滑。2015—2021 年中国规模以上制造业大中型企业就业下降 1409.58 万人，小型企业小幅下降 149.56 万人（见表 8-3）。反观电子信息制造业，2015—2021 年，中国电子信息制造业大中型企业就业同样也出现了下降，但小型企业就业逆势上扬，增加超过 60 万人，弥补了大中型企业的就业下降趋势。同期，再从企业数来看，2021 年，中国电子信息制造业企业数从 2015 年的 14594 户上升到 24160 户，增加 65.55%，而同期制造业企业数仅增长 14.82%。其中，大中型企业仅增加 282 户，而中国小型企业增加 9284 户。

表 8-3　　　　　　　2015 年和 2021 年制造业和电子信息制造业各类型企业就业人数　　　单位：万人

企业类型	制造业 2015 年	制造业 2021 年	制造业 2015—2021 年	电子信息制造业 2015 年	电子信息制造业 2021 年	电子信息制造业 2015—2021 年
国有控股企业	1011.82	779.7	-232.12	70.29	76.3	6.01
私营企业	3307.46	3700.7	393.24	141.65	280.6	138.95

续表

企业类型	制造业			电子信息制造业		
	2015年	2021年	2015—2021年	2015年	2021年	2015—2021年
外商投资和港澳台商投资企业	2311.43	1623.6	−687.83	570.96	427.1	−143.86
大中型企业	5390.78	3981.2	−1409.58	775.50	773.4	−2.1
小型企业	3285.16	3335.6	−149.56	133.76	193.9	60.14

资料来源：历年《中国统计年鉴》。

（3）机器换人是提升产业效率和竞争力、促进产业持续增长的必由之路。近些年来，中国制造业智能化发展加快，机器换人成为越来越多企业提升效率和竞争力的重要手段，这也导致制造业单位营业收入吸纳就业出现快速下降。2021年，中国规模以上制造业每亿元营业收入可以吸纳61.95人就业，相比2015年的87.82人减少25.87人，下降接近30%。（见表8-4）。制造业内部所有细分行业都出现了机器换人、单位营业收入吸纳就业人数快速下降的现象。在29个制造业细分行业里，单位营业收入吸纳就业人数下降幅度最大的5个行业是皮革、毛皮、羽毛及其制品和制鞋业（43.15人/亿元），黑色金属冶炼和压延加工业（36.03人/亿元），纺织服装、服饰业（34.43人/亿元），计算机、通信和其他电子设备制造业（33.48人/亿元），造纸和纸制品业（30.75人/亿元）。这表明电子信息制造业就业增加并非因机器换人少，相反该行业也发生了大规模的机器换人，有效降低了行业的人工成本，提升了行业竞争力。以富士康为例，2019年，富士康在深圳龙华打造了一家世界知名的黑灯工厂，所有生产均由电脑控制，覆盖表面贴装、数控加工、机器人、组装测试、环境数据采集等多个场景。该工厂可以提高生产效率30%，降低库存周期15%，工厂人力成本将节省280人，减幅达到88%。再以OPPO东莞工厂为例，2022年来OPPO东莞工厂加快了智能化升级，取得了一定成效。OPPO东莞工厂的智能化升级缩减整体制造周期58%，每条生产线平均每10秒生产一台手机，相比2020年，一台机器制造成本下降接近40%。除了产能与效率，通过智能化改造，OPPO远程从东莞总部工厂进行数据判断，有利于统一全球化生产标准，解决各地工厂生产标准不一的难题。

表8-4　　2015年和2021年规模以上制造业各行业亿元营业收入就业人数　　单位：人/亿元

行业	2015年	2021年	2015—2021年
农副食品加工业	64.97	49.71	-15.26
食品制造业	96.57	82.15	-14.42
酒、饮料和精制茶制造业	96.02	69.54	-26.48
烟草制品业	22.36	13.09	-9.27
纺织业	116.15	105.58	-10.57
纺织服装、服饰业	202.17	167.74	-34.43
皮革、毛皮、羽毛及其制品和制鞋业	200.51	157.35	-43.15
木材加工和木、竹、藤、棕、草制品业	101.23	93.86	-7.36
家具制造业	152.37	135.26	-17.11
造纸和纸制品业	96.79	66.04	-30.75
印刷和记录媒介复制业	132.49	114.12	-18.38
文教、工美、体育和娱乐用品制造业	147.67	119.14	-28.53
石油、煤炭及其他燃料加工业	26.96	14.01	-12.95
化学原料和化学制品制造业	58.88	41.31	-17.57
医药制造业	89.58	71.56	-18.02
化学纤维制造业	64.74	42.21	-22.53
橡胶和塑料制品业	109.52	98.15	-11.36
非金属矿物制品业	100.18	69.65	-30.53
黑色金属冶炼和压延加工业	57.92	21.89	-36.03
有色金属冶炼和压延加工业	39.41	23.13	-16.28
金属制品业	102.21	77.19	-25.02

续表

行业	2015年	2021年	2015—2021年
通用设备制造业	100.19	86.24	-13.95
专用设备制造业	98.71	90.17	-8.54
汽车制造业	66.44	48.91	-17.52
铁路、船舶、航空航天和其他运输设备制造业	99.73	85.55	-14.18
电气机械和器材制造业	91.04	67.61	-23.44
计算机、通信和其他电子设备制造业	99.26	65.78	-33.48
仪器仪表制造业	120.38	99.70	-20.67
其他制造业	154.22	127.44	-26.78
制造业合计	87.82	61.95	-25.87

资料来源：各年《中国统计年鉴》。

中国电子信息制造业是典型的出口导向型产业，需要与全球电子信息制造业竞争，机器换人提升了中国电子信息制造业成本优势，促进行业竞争力提升，有利于行业提升全球市场份额，促进行业的快速增长，为吸纳就业创造了空间。反之，若中国电子信息制造业减缓或停滞机器换人，将给行业国际竞争力带来重大负面影响，在国际市场上行业竞争力的退坡，可能会导致行业的衰退，进而带来大量失业。也就是说，机器换人在提升产业竞争力的同时减少了企业部分就业，但若减缓或停止机器换人，则可能会导致产业衰退，出现企业倒闭的情况，导致失业情况加重。

第二节 电子信息制造业就业的隐忧问题

一 需求萎缩叠加产业外迁给产业吸纳就业带来压力

需求萎缩和产业外迁将给中国电子信息制造业发展带来严重影响，同时也将给电子信息制造业就业带来压力。从内需来看，中国电子信息产业主要产品销售进入下行渠道，2022年以来表现更为突出。2016年，中国手机出货量达到5.60亿台，但在此之后，中国手机出货量持续下降，2022年该数据下降到2.72亿台，不足2016年的一半（见图8-1）。中国个人电脑（PC）出货量也经历了类似的下行趋势，2022年中国个人电脑出货量从2015年的5791万台下降到4850万台，唯一不同的是在新冠疫情暴发后，随着居家办公的增多，2021年中国个人电脑出货量快速增长到5710万台，接近2015年的水平（见图8-2），但这一趋势不具有可持续性。从外需来看，中国这几类产品出口也在快速下降。2022年，中国手机出口量已经从2015年的13.43亿台快速下降到2022年的8.22亿台（见图8-3）。而2022年中国笔记本电脑也从2020年的1.81亿台下降到1.66亿台。中国电子信息制造业外需的下降主要源自全球电子信息产品需求不足。自2022年第一季度始，全球手机、PC、平板出货量均为负增长，PC在2022年第四季度和2023年第一季度一度跌至近-30%（见图8-4）。

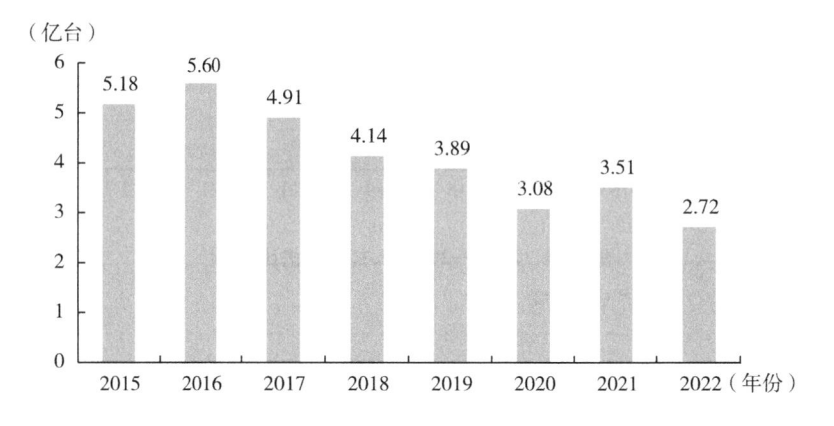

图8-1　2015—2022年中国手机出货量

资料来源：中国信通院。

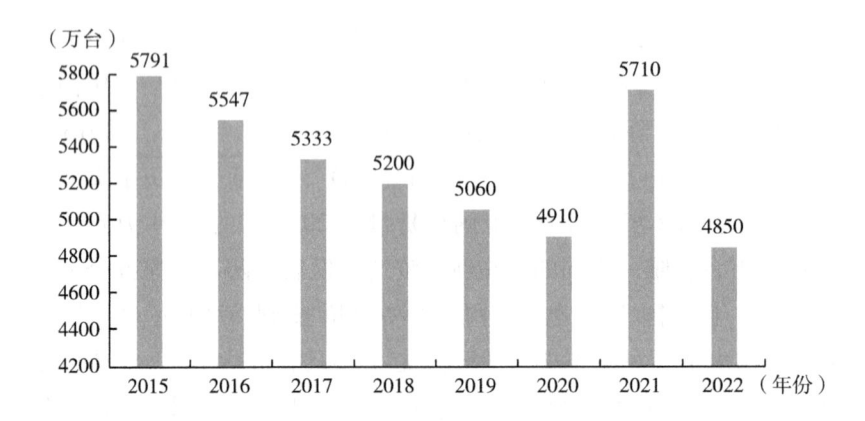

图 8-2　2015—2022 年中国 PC 出货量

资料来源：IDC。

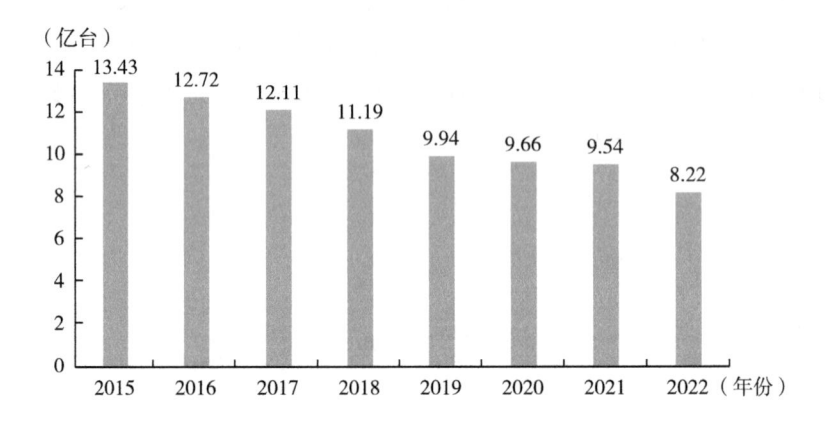

图 8-3　2015—2022 年中国手机出口量

资料来源：华经产业研究院。

自中美贸易摩擦以来，以美国为代表的西方发达国家加大了对中国电子信息产业的打压力度，导致中国电子信息产业脱钩断链风险增加，再叠加传统要素成本优势下降等因素，中国电子信息产业企业外迁压力加大。以手机为例，从手机产量来看，2016—2021 年

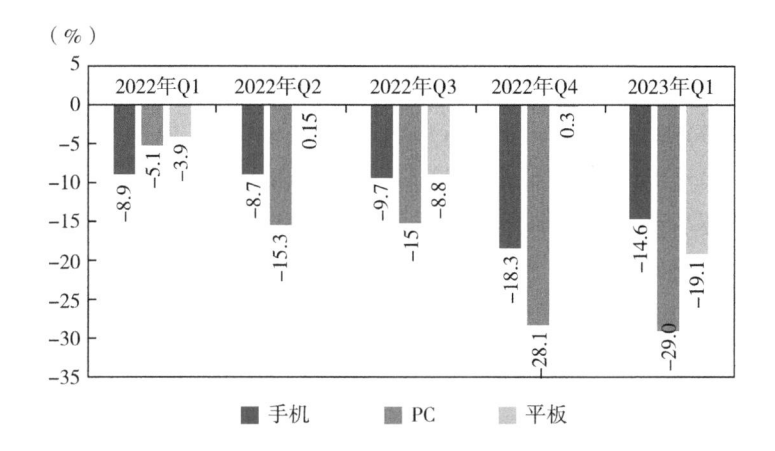

图 8-4　全球主要消费电子产品出货量同比增长

资料来源：IDC。

中国在全球手机产量中的比重从 74.0% 下降至 67.0%；从出口额来看，2015—2021 年中国手机出口额占全球的比重从 52.7% 下降至 49.2%。而印度、越南成为中国手机产业转移的承接地。2016—2021 年，印度手机产量占全球的比重提升了 7 个百分点[①]。部分跨国企业加速迁往越南等地。出于供应链安全的考虑，苹果加速将供应链转向越南、印度。除苹果以外，三星也在加速外迁。2019 年，三星在中国的营收占比达到 18.06%，但到 2021 年和 2022 年，这一数据下降至 16.29% 和 11.78%，而到了 2023 年第一季度，这一数据仅为 8.73%，首次跌破两位数。

二　产业创新人才缺乏较为严重

电子信息制造业是一个高度依赖研发投入的技术密集型行业。2021 年，计算机、通信和其他电子设备制造业 R&D 经费投入强度达

---

① 刘娅、梁明、徐斯等：《中国制造业外迁现状与应对策略——基于产业链供应链关联性的分析》，《国际贸易》2023 年第 5 期。

到 2.43%，比制造业平均水平高 0.97 个百分点，在制造业细分行业里仅次于铁路、船舶、航空航天和其他运输设备制造业的 3.35%，仪表仪器制造业的 3.21%，医药制造业的 3.19%，以及专用设备制造业的 2.77%（见表 8-5）。这决定了电子信息制造业对创新人才的强劲需求。2021 年，计算机、通信和其他电子设备制造业 R&D 人员全时当量达到约 71.3 万人，比排名第二的电气机械和器材制造业多约 33.6 万人，R&D 人员全时当量占就业比重达到 7.37%，仅低于仪器仪表制造业的 9.60% 和专用设备制造业的 7.43%（见表 8-5）。

表 8-5　2021 年规模以上制造业各行业 R&D 经费投入强度、R&D 人员全时当量及占就业比重　　　　单位：人、%

行业	R&D 经费投入强度	R&D 人员全时当量	R&D 人员全时当量占就业比重
农副食品加工业	0.63	65454	2.38
食品制造业	0.72	51406	2.89
酒、饮料和精制茶制造业	0.40	21245	1.89
烟草制品业	0.21	3597	2.26
纺织业	0.87	107400	3.83
纺织服装、服饰业	0.75	48096	1.88
皮革、毛皮、羽毛及其制品和制鞋业	0.91	40092	2.23
木材加工和木、竹、藤、棕、草制品业	0.88	22177	2.31
家具制造业	1.23	36626	3.28
造纸和纸制品业	0.90	38581	3.86
印刷和记录媒介复制业	1.24	29472	3.34
文教、工美、体育和娱乐用品制造业	0.73	53136	3.02
石油、煤炭及其他燃料加工业	0.34	23418	2.98
化学原料和化学制品制造业	1.03	200470	5.81
医药制造业	3.19	154596	7.30
化学纤维制造业	1.64	26413	6.06

续表

行业	R&D经费投入强度	R&D人员全时当量	R&D人员全时当量占就业比重
橡胶和塑料制品业	1.71	142305	4.78
非金属矿物制品业	0.81	171493	3.59
黑色金属冶炼和压延加工业	0.94	92522	4.37
有色金属冶炼和压延加工业	0.68	79397	4.89
金属制品业	1.37	172474	4.50
通用设备制造业	2.27	291787	6.85
专用设备制造业	2.77	250408	7.43
汽车制造业	1.61	260452	6.07
铁路、船舶、航空航天和其他运输设备制造业	3.35	112074	7.08
电气机械和器材制造业	2.10	377165	6.45
计算机、通信和其他电子设备制造业	2.43	712827	7.37
仪器仪表制造业	3.21	93297	9.60
其他制造业	2.34	15396	4.26
制造业合计	1.46	3693776	5.19

资料来源：《2021年全国科技经费投入统计公报》《中国统计年鉴（2022）》。

但当前中国创新人才难以满足电子信息制造业转型升级需求，在限制产业发展的同时，也抑制了产业的高质量就业。以半导体产业为例，当前中国半导体创新人才缺乏严重，导致中国半导体研发投入不足。2022年，中国半导体产业研发投入强度仅为7.6%，不及美国的18.75%、欧洲的15.0%（见图8-5）。据中国半导体协会预测，2022年中国半导体专业人才缺口将超过25万人，而到2025年，这一缺口将扩大至30万人。半导体领域的人才培养周期过长，半导体厂商为了增加自身竞争力，只能高薪挖人。很多高端人才的薪酬可能翻两倍、三倍甚至更多。当前国内半导体人才总量不足，高端半导体人才稀缺，半导体"抢人"氛围充斥，企业招人困难。

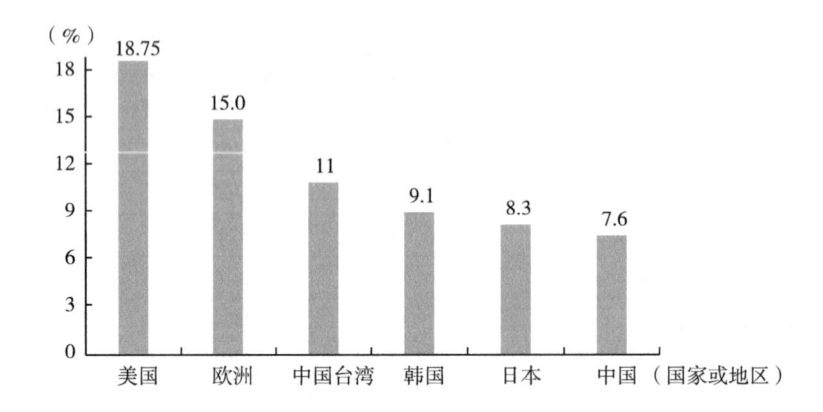

图 8-5　2022 年全球主要国家和地区半导体产业研发投入强度

资料来源：SIA。

产业创新人才缺乏主要源于两个方面的原因：一是产教脱节。一方面表现为高校培养的高端人才并没有流向半导体等电子信息制造业。如，2020 年中国半导体相关专业毕业生规模在 21 万人左右，约占毕业生总数的 2.30%，其中仅有 13.77% 的毕业后从事半导体产业相关工作，数量还不到 3 万人，国内高校培养的半导体人才可谓青黄不接。另一方面，高校对产业发展的高端人才培育准备不足、重视不够。2018 年以前，中国半导体产业发展相对滞后，高校对半导体产业人才培育的重视不够，投入相对不足，但到 2018 年中美贸易摩擦后，半导体产业国产化浪潮出现，涌现出对人才的强劲需求，但高校师资等相关力量的准备是需要一定时间的，影响了当前的产业发展。二是人才流失。一方面，中国高水平人才出国留学，但回国的相对较少。根据一项来自美国的报告《美国博士学位调查》（Survey of Earned Doctorates，简称 SED），2010 年以来毕业生留美工作的意向一直上升。2020 学年，来自中国内地及香港地区的博士生 90% 攻读的是 S&E 领域，非 S&E 领域中国留学生不到 700 人，但有超过 81% 的中国内地博士学位获得者有意向留美工作。另一方面，苹果、高通和英特尔等国际顶尖半导体企业处于发展成熟期，企业文化更加人性化，薪资待遇更好，因此更能吸引人才的加入。

三 就业环境限制电子信息制造业吸纳年轻一代就业

除创新人才以外，中国电子信息制造业还需要大批熟练操作的技术工人，但当前中国年轻一代不愿意从事生产制造，技术工人普遍文化程度偏低、技术能级偏低，特别是高等级技术工人年龄大的多，年轻的少，将给中国电子信息制造业未来发展带来较多限制，也制约了电子信息制造业对就业的充分吸纳。以富士康河南工厂为例，富士康80%以上的员工在富士康工作的时间都在1年以下，不到10%的员工工作时间超过2年，很多年轻人在富士康"体验工作"后就离开[①]。

这主要是因为技术工人就业环境欠佳，主要表现为：一是社会认同度不高。虽然一直提倡劳动无贵贱，但现实中依然普遍存在唯学历的评价观，社会对技术工人的认同感不强。由于当前社会上对技术工种的偏见还较普遍，导致家长不愿让子女上技工学校，学生自己也认为读技校会"低人一等""没前途"，直接影响了技术工人队伍成长。虽然少数高技能领军人才和高技能人才赢得了社会的尊重，但社会对技术工人整体的认同尚需各方进一步努力。二是生产生活环境不佳。技术工人普遍工作累、工资低、环境差，导致技术岗位缺少应有的吸引力。现在"90后""00后"已成为社会主力军，他们的择业观、就业观不同于"70后""80后"，收入的多寡已经不是第一诉求，更加强调工作生活环境，特别关注有无文体娱乐等设施，出现"体验式""旅游式"就业现象。脏、累、苦等一线技术工种就业意愿低，存在"断层"危险。三是个人成长通道不畅。技术工人的发展空间和晋升渠道较单一，成长的系统路径和激

---

① 卢海川：《新生代农民工与代工企业的劳资博弈——以郑州富士康为例》，硕士学位论文，河南农业大学，2022年。

励机制尚未形成，导致技术岗位缺少应有的吸引力，愿意在生产一线从事生产操作的人相对较少，年轻的技术工人转岗的意愿十分强烈。

第三节　总结、启示与对策建议

一　总结与启示

本章通过对 2015—2021 年规模以上制造业及其细分行业就业数据发现了电子信息制造业就业"增长之谜"，研究分析了"增长之谜"背后的经济规律，对制造业就业具有一定启示。

一是要辩证看待制造业发展和就业的关系。相比制造业内部其他细分行业，2015—2021 年，仅有电子信息制造业就业增加超过 50 万人，增长幅度超过 5%。而电子信息制造业就业增加最大的原因是电子信息制造业在 2015—2021 年保持高速增长，年均增速达到 8.21%，为吸纳就业提供了重要保证。当前稳就业成为宏观经济政策的重要目标，但稳就业目标并不是孤立的，制造业稳就业必须与制造业发展联系在一起。制造业高质量就业应是"人产和谐"的就业，即指就业与发展互为支撑，在发展中促进就业质量提升。制造业高质量就业内在地要求制造业高质量发展，制造业高质量发展是制造业高质量就业的重要保障。只有通过不断降低投入成本，提升国际竞争力水平，推动制造业稳定高效发展，才能促进制造业质和量的提升，才能创造更多工作岗位和更多就业福利。

二是要高度重视民营企业和小型企业对就业的吸纳作用。近年来，中国电子信息制造业外商投资和港澳台商投资企业发展受阻，就业相应下滑较为严重，但私营企业就业在 2015—2021 年增长 138.95 万人，基本弥补了外商投资和港澳台商投资企业的就业损失。同期，电子信息制造业小型企业就业增加 60.14 万人，不仅弥补了大中型企业损失的就业 2.1 万人，还带来了电子信息制造业就业的增长。因此，要充分认识民营企业和小型企业对就业的吸纳作用，营造有利于民营企业和小型企业的发展环境，依法保护民营企业产权和小型企业家权益，促进各类企业平等地展开市场竞争，特别是要采取有针对性的措施和改革支持民营企业和小型企业发展，提升制造业民营企业和小型企业对就业的吸纳能力。

三是要理性认识机器换人带来的就业损失问题。近年来，中国电子信息制造业加大了智能化改造力度，通过机器换人较大幅度提升了产业的发展效率和产业竞争力，有力促进了中国电子信息制造业做大做强，从而为电子信息制造业吸纳就业提供了强有力的保障。产业智能化和机器换人在短期会直接带来就业损失，给制造业就业带来压力，但也要认识到产业智能化成为工业行业改造升级、提质增效的重要方式，是激发制造模式、生产方式及产业形态深刻变革的重要抓手，对重塑工业发展新优势、提升国际竞争力具有重要意义。包括电子信息制造业在内的中国制造业是典型的出口导向型产业，是参与国际竞争、抢占全球市场份额的主要产业，如若减缓甚至停滞智能化步伐，则可能导致企业竞争力难以保持，甚至会带来企业被淘汰、破产的风险，进而带来企业全部就业损失。因此，要正确处理好机器换人和稳就业的关系，要尊重企业的智能化选择，在维持竞争力的前提下考量机器换人和稳就业的平衡问题。

二 对策建议

当前中国电子信息制造业就业也同样面临较多问题，代表了中国制造业就业存在的一些共性问题，因此要采取有针对性的政策措施，减缓这些问题对中国制造业就业的负面影响，促进制造业高质量就业。

一是稳定制造业发展市场需求。促进汽车、家电等耐用品消费，对个人消费者置换购买纯电动汽车和绿色智能家电的给予一定财政补贴。充分发挥重大项目牵引作用，完善协调机制，推动重大产项目、重大基础设施项目、重大民生项目等加快开工建设。加快推动加入 CPTPP 和 EPA 等区域协定，稳住欧美等海外市场①。推动共建"一带一路"高质量发展，鼓励本土金融机构提供新兴市场出口保险，降低本土企业的出口风险。支持外贸企业抢订单拓市场，组织外贸企业参加各类境内外展会。加快促进房地产健康发展，加快推动城市更新行动，大力促进老旧小区改造，提升上游制造业发展需求。

二是引导制造业向中西部地区有序转移。推动建立跨区域产业协作机制，加强东部发达地区与内陆地区间的产业协调，畅通产业合作渠道，激发各方主体积极性，探索多种形式的区域协同发展机制和产业转移引导机制。统筹推进国家产业转移平台建设，加大对中西部地区国家产业转移示范区等平台载体支持力度，给予更大力度的试点示范权利和政策支持，推动重大改革试点落地，支持新型基础设施，加大财税支持力度。加快复制东部沿海地区开放政策，增加中西部自由贸易试验区、国家级开发区、综合保税区等开放平台数量，缩小东中西部开放政策差距。完善中西部的港口、口岸、高速公路、城际轨道交通、互联网等基础设施和公共服务体系建设②。

三是提升制造业人才引进和培育水平。深入实施留学人员回国支持计划，依托高水平创新型制造业企业，遴选资助一批高层次人才回国。引导和鼓励地方对回国高端人才和境外高端人才来华加大支持力度，在配偶就业、子女入学、医疗、住房、社会保障等方面完善相关措施。推动产教融合发展，支持制造业重点企业参与世界一流大学和一流学科建设，促进制造业相关学科交叉融合，精准对接重点领域人才需求，促进学科专业设置与产业创新协调衔接。积

---

① 任继球：《加快推动制造业国内产业转移》，《中国投资》2022 年第 Z3 期。
② 任继球：《先行工业化国家制造业比重稳定组和下降组的比较及启示》，《经济纵横》2022 年第 1 期。

极发展职业技术本科教育，创建一批高水平的应用型大学和职业技能型大学①。建立校企协同育人机制，形成具有制造业特色的人才培养模式，促进校企深度协同，推行现代学徒制和企业新型学徒制，开展职业资格证书改革试点和高层次产业技术人才学位制试点。

四是营造支持制造业就业良好环境。加强社会舆论引导，大力宣传工匠精神，表彰突出贡献技能人才，树立平凡岗位技术工人典型，改变职业教育就等同于"次等教育"的社会认知偏差，营造"职业教育照样成才"的浓厚氛围，让年轻人觉得做技术工人同样光荣，增强技术工人获得感、自豪感、荣誉感。建立科学完善的员工激励与考评机制，促进能者不仅多劳更能多得，构建优质高效的竞争环境。鼓励企业建立各种形式的创新工作室和创新小组，增强对技术工人的吸引力，进一步发挥工匠、劳模创新工作室在技术工人创新中的引领作用②。大力弘扬劳模精神、劳动精神、工匠精神，在全社会营造尊重劳动、崇尚技能、鼓励创造、追求卓越的社会风尚。

---

① 任继球：《加快推动制造业国内产业转移》，《中国投资》2022年第Z3期。
② 湖北省总工会课题组：《提升技术工人技能素质的调研和建议》，《中国工运》2020年第9期。

第九章　未来产业创新创业发展模式研究

当前，中国产业的发展重心从后发追赶向先发布局过渡和转变，同时中国"大众创业、万众创新"取得明显进展，加快向更高阶段迈进。未来产业创新创业是大众创业万众创新的高阶升级版，是新发展阶段下促进"大众创业、万众创新"向更高水平、更高质量迈进的重要方式，也是中国加快产业结构转型、推动经济社会可持续发展、赢得未来发展先机、抢占全球科技竞争制高点和实现"创道引领"的重要手段。必须明确未来产业创新创业的内涵特征与发展模式，梳理当前制约未来产业创新创业的主要因素，围绕和聚焦未来产业发展重点领域，实施有针对性的改革和配套措施，促进未来产业创新创业高质量发展。

第一节　未来产业创新创业的内涵特征与发展模式

一　未来产业创新创业的内涵特征

自 2020 年习近平总书记提出未来产业以来，未来产业引发了一些学者的讨论（见表 9-1）。他们对未来产业的认识主要有：一是前沿技术引领性。未来产业是由处于探索期的前沿技术所推动的产业，对突破性技术和颠覆性技术依赖较大。如，类脑智能、量子信息都是突破性技术引领发展的未来产业。二是高成长性。未来产业一般在当前处于幼稚期和孕育期，产业规模相对较小，甚至还未进行产业化，但代表了产业长期发展方向，会在未来一段时间快速发展壮大，甚至成为支撑国民经济发展的支柱产业和主导产业，如基因技术等产业。三是重大应用性。人类发展对资源消耗亟须实现新的转变，对人类传统产业发展提出了重要挑战，为未来产业发展提供了重大应用需求。未来产业通过拓展人类生存空间和解决人类重大应用需求，推动经济社会可持续发展。如，深海空天开发等产业能拓展人类的生存空间，为人类获取更多的资源，氢能与储能等产业能在一定程度上缓解高碳排放的发展模式，促进绿色低碳发展，推动人类社会可持续发展。未来产业的前沿技术引领性、高成长性和重大应用性决定了未来产业的知识密集型、技术密集型、高附加值型等产业特征。基于以上认识，本章认为未来产业是由处于探索期的前沿技术所推动的、代表长期发展方向的产业，会在未来一段时间快速发展壮大，但当前处于幼稚期和孕育期，能通过拓展人类生存空间和解决人类重大应用需求，推动经济社会可持续发展，具有前沿技术引领性、高成长性和重大应用性等特征。

表 9-1　　　　主要文献对未来产业内涵和特征的描述

文献来源	内涵	特征
李晓华和王怡帆[①]	未来产业是指由处于探索期的前沿技术所推动、以满足经济社会不断升级的需求为目标、代表科技和产业长期发展方向、会在未来发展成熟和实现产业转化，并对国民经济具有重要支撑和巨大带动，但当前尚处于孕育孵化阶段的新兴产业	前沿技术驱动、未来高成长性和战略支撑性，这些核心特征又会衍生出知识和技术密集、处于全球价值链高端等特征

---

① 李晓华、王怡帆：《未来产业的演化机制与产业政策选择》，《改革》2021 年第 2 期。

续表

文献来源	内涵	特征
沈华、王晓明、潘教峰[1]	未来产业是以满足未来人类和社会发展新需求为目标，以新兴技术创新为驱动力，旨在扩展人类认识空间、提升人类自身能力、推动社会可持续发展的产业	新科技突破带来的应用；不断拓展人类生存和发展新边界；不断满足人类和社会发展的新需求；创造新型载体
周波、冷伏海、李宏等[2]		具备科技和产业的双重属性，未来产业是科技突破衍生的，又是未来的支柱产业；处于技术和产业发展的早期，处于技术和市场都不成熟的阶段；将在未来社会对产业、经济、科技和生活等方面产生重大变革
余东华[3]	未来产业是重大科技创新产业化后形成的、代表未来科技和产业发展新方向、对经济社会具有支撑带动和引领作用的前瞻性新兴产业，其界定标准包括新技术标准、潜在需求标准、产业成长性标准、未来竞争力标准和产业带动引领标准	未来产业是技术、知识、创新驱动的战略性新兴产业；未来产业是新一代信息技术支撑的智慧产业；未来产业是决定未来竞争优势的前沿产业；未来产业是居于全球价值链高附加值环节的高端产业
敖青、陈相和刘永子[4]	基于硬科技创新发展和重大技术突破，代表未来科技创新与产业发展前沿，目前尚处在孕育阶段或爆发前夕，未来成长潜力巨大，能不断催生新企业、新产业，对经济社会全局和长远发展具有重大引领带动作用的新兴产业，有望成为引领未来经济发展的主导产业	高技术性、高成长性、高价值性，以及强区域性、强政策性、强融合性

---

[1] 沈华、王晓明、潘教峰：《我国发展未来产业的机遇、挑战与对策建议》，《中国科学院院刊》2021年第5期。

[2] 周波、冷伏海、李宏等：《世界主要国家未来产业发展部署与启示》，《中国科学院院刊》2021年第11期。

[3] 余东华：《"十四五"期间我国未来产业的培育与发展研究》，《天津社会科学》2020年第3期。

[4] 敖青、陈相、刘永子：《广东未来产业培育方向与发展路径研究》，《特区经济》2021年第4期。

续表

文献来源	内涵	特征
陈劲[1]	未来产业是重大科技创新产业化后形成的，与战略性新兴产业相比，更能代表未来科技和产业发展的新方向，是对经济社会变迁起到关键性、支撑性和引领性作用的前沿产业	

资料来源：笔者根据相关文献整理。

> **专栏 9-1　未来产业的提出**
>
> 　　2020年3月底4月初，习近平总书记在考察浙江期间首次提出要加快布局未来产业，指出"要抓住产业数字化、数字产业化赋予的机遇，加快5G网络、数据中心等新型基础设施建设，抓紧布局数字经济、生命健康、新材料等战略性新兴产业、未来产业，大力推进科技创新，着力壮大新增长点、形成发展新动能。"[2]
>
> 　　1个多月后——2020年5月14日，中央政治局常委会召开会议，提出要实施产业基础再造和产业链提升工程，巩固传统产业优势，强化优势产业领先地位，抓紧布局战略性新兴产业、未来产业，提升产业基础高级化、产业链现代化水平。[3]

---

[1] 陈劲：《聚焦未来产业，探寻管理创新》，《清华管理评论》2020年第9期。
[2] 《习近平在浙江考察时强调：统筹推进疫情防控和经济社会发展工作　奋力实现今年经济社会发展目标任务》，www.gov.cn，2020年4月1日。
[3] 《中共中央政治局常委会召开会议　习近平主持会议并发表重要讲话》，新华社，2020年5月14日。

> 6个多月后——2020年10月14日,习近平总书记在深圳经济特区建立40周年庆祝大会上指出,要围绕产业链部署创新链、围绕创新链布局产业链,前瞻布局战略性新兴产业,培育发展未来产业,发展数字经济。①
>
> 资料来源:课题组根据公开资料整理。

相比未来产业,创新创业概念在国内学术界和政策界出现得相对较早,有很多学者对创新创业进行了研究。创业主要是指创办新企业,创造出新的产业。创新主要是指创造新的技术、新的产品、新的业态和新的模式,包括技术创新和商业模式创新。创新创业的内涵是要推进以科技创新为核心的全面创新、以机会型创业为主的各类创业,让创新渗透到社会生产生活的方方面面,通过成立新企业催生新兴产业,改造传统产业,扩大就业规模、提升就业质量②。

目前,还没有文献对未来产业创新创业进行定义和梳理,本章认为未来产业创新创业本质上是一种创新创业,未来产业作为定语来修饰创新创业,是在未来产业领域的创新创业,这种创新创业是为了促进未来产业发展。未来产业创新创业与创新创业相比具有以下不同特征。

一是创新创业强调全面创新,未来产业创新创业强调前沿技术所推动的创新。创新创业的理论认为,创新不只属于科学家、社会精英等小众群体,也需要社会大众的广泛参与。著名美国经济学家熊彼特认为,创新就是把一种全新的生产要素和生产条件"新组合"引进生产体系中,以实现对生产要素或生产条件的"新组合",既包括产品创新、工艺创新、市场创新等技术性创新,也包括资源配置创新和组织创新等非技术性创新。但未来产业创新创业强调的创新

---

① 习近平:《在深圳经济特区建立40周年庆祝大会上的讲话》,新华社,2020年10月14日。
② 王昌林主编:《大众创业万众创新理论初探》,人民出版社2018年版。

更为狭隘，仅指技术性创新，指通过前沿技术的探索，开发出新的产品或新的工艺和满足新的市场需求。如，共享充电宝的出现是创新创业的结果，但不属于未来产业创新创业的范畴，因为共享充电宝仅仅是以往充电宝技术上的商业模式创新，并不涉及新的技术拓展。

二是创新创业鼓励大众创业甚至全民创业，而未来产业创新创业有一定门槛。未来产业创新创业一般要依托重大技术平台，对人力资源、科技创新、现代金融等生产要素的质量和数量都要求较高。如，创新创业会鼓励下岗工人谋生存的创业，但此类创业一般不属于未来产业创新创业，这类创业对培育未来产业帮助有限。又如，20世纪八九十年代的柳传志等一批科技工作者下海创业有利于用好体制红利，有利于复制国外先进技术，有利于中国电子信息产业后发追赶，但并不属于未来产业领域的创新创业，在世界范围内并不属于前沿技术引领的未来产业。

三是创新创业既强调顶天立地，又强调铺天盖地，而未来产业创新创业仅强调具有重大应用性的创新创业。创新创业既鼓励重大方向性的创新创业，也鼓励小打小闹的创新创业，而未来产业具有重大应用性特征，未来产业创新创业强调具有长期趋势性和方向性的创新创业。如，储能和氢能产业是为了解决全人类化石燃料带来的污染和碳排放问题，深海空天开发产业是为了拓展人类资源和生存空间，这些产业领域的创新创业均具有趋势性和方向性，是很长一段时间的发展趋势。

四是创新创业既包括单个企业、单个组织的创新创业，也鼓励多个组织合作的创新创业，而未来产业创新创业必须依赖多区域多主体的协同创新和开放合作。创新创业既包括某个区域或单一市场主体的创新创业，也包括多个区域和很多具有影响力的市场主体以及不同类型组织机构协同发展的创新创业，而未来产业创新创业具有开放创新和协同创新的特征，需要多个区域、更多具有市场影力的市场主体以及政府、科研院所的协同和合作。单个区域或单个企业都可以进行创新创业，但由于未来产业技术的复杂性和不确定性，在探索未来产业技术的过程中，必须广泛联系相关技术领域的人员和组织，依赖相关产业领域企业、高校、科研机构、政府等主体之间的深度合作，创新主体之间必须建立稳定、长期的合作关系，保持组织和技术的多样性，有效降低创新活动中市场和技术的风险，克服复杂技术创新过程中单个企业创新能力的局限[①]。

总体来看，未来产业创新创业是中国产业的发展重心从后发追赶向先发布局过渡和转变的阶段性产物，是以探索和应用世界前沿技术为主题的创新创业，是创新创业的高阶版，对参与的人才等生产要素具有一定的质量和数量上的要求，要求大范围的协同创新和开放合作，重大应用趋势性明显，所从事的行业领域具有前沿技术引领性、高成长性和重大应用性，是对拓展人类生存空间和解决人类重大应用需求的重大探索，有利于推动人类经济社会可持续发展。

二　未来产业创新创业发展模式类型及特征

1. 技术引领式。未来产业发展高度依赖基础理论研究和原始创新，基础研究向社会提供新知识、新原理、新方法，其效益不只限于某一领域的应用研究和产品开发，更重要的是能以不可预知的方式催生新产业，构建新的经济形态。未来产业往往是通过颠覆性技术创新从而引发新的产业变革。近年来，量子通信、区块链、先进材料等一批颠覆性技术不断涌现，均不同程度地推动了新产业、新业态、新模式的迭代加速。往往越是颠覆性的技术创新，越能够引发新的产业变革。未来产业创新创业的一种模式是从技术供给出发，先有前沿技术的发展，再寻求相应的适用场景，加快推动科技成果快速产业化，或是先有颠覆性技术的突破，加快对现有产业和经济

---

① 郭京京、眭纪刚、马双：《中国未来产业发展与创新体系建设》，《新经济导刊》2021年第3期。

形态的替代和改造。从创新动力看，科学家的好奇心是未来产业创新创业的原动力。从创新环境看，创新环境主要偏向于实验室。从创新主体看，科研院所是创新创业的主导者。

2. 场景引领式。未来产业具有重大应用性的特征，要通过拓展人类生存空间和解决人类重大应用需求，推动经济社会可持续发展。未来产业创新创业的一种发展模式是通过场景创新，加速创新链和产业链对接，满足重大场景应用需求。场景创新不是过去新技术的示范应用，不是简单的挖掘需求，而是通过洞见创造未来，产生影响世界的新技术、新产品，是通过需求端场景切入，促进供给端技术的集成创新。通过场景引领式的创新创业模式，在商业化过程中倒逼技术迭代和升级，可以促进"无人区"技术探索和突破。从创新动力看，真实世界的商业需求取代科学家的好奇心成为场景创新的原动力。从创新环境看，创新环境从传统实验室搬到了真实的市场环境。从创新主体看，科技创新企业和伟大的创业者取代科研院所成为创新的主导者，参与主体也从单一科研人员变成涵盖科技人员、企业家、投资家等的创新联合体。从创新过程看，企业研发创新围绕市场需求展开，"所创即所需"，从根本上解决了传统研发模式下的科技经济"两张皮"和成果转化难的问题。

3. 融合引领式。未来产业的发展是通过带动一批企业、产业跨界整合，实现集聚式发展，重塑产业新生态。特别是，随着技术的不断发展，行业与行业之间的边界将变得非常模糊，很多技术变革发生在行业与行业的边界之间。技术融合和产业融合成为未来产业培育和发展的重要方式，以新一代信息技术、新材料、新能源、生物技术与工业技术交叉融合为驱动，形成新的产业形态，培育发展成为未来产业。如，人工智能技术与传统汽车相互融合所产生的无人驾驶技术，形成智能网联汽车产业。由此产生一种未来产业创新创业模式，即融合引领式，通过技术与技术、产业与产业或产业与技术的融合促进前沿技术的大规模应用。这类未来产业创新创业动力来源于技术与产业的交叉融合产生的重大技术范式变革,创新环境偏向于真实的产业生态,创新主体主要是由产业界和科技界组成。

三 准确把握未来产业创新创业的重要意义

1. 未来产业创新创业是新发展阶段下促进"大众创业、万众创新"向更高水平、更高质量迈进的重要方式。近几年来,在党中央的坚强领导下,全国上下认真落实新发展理念,深入实施创新驱动发展战略,在更大范围、更高层次和更深程度推进"大众创业、万众创新",破解创新创业发展中存在的深层次矛盾和痛点堵点问题,打造"双创"升级版,创新创业呈现高质量发展态势,创新创业进入新的阶段。当前,中国产业比较优势和国际环境发生复杂深刻变化,部分产业还处于后发追赶阶段,而在新能源、人工智能等为代表的新兴产业领域,中国与发达国家开始展开激烈的并跑竞争,中国产业的发展重心从后发追赶向先发布局过渡和转变,创新创业的环境、条件和目标都发生了很大变化,对创新创业提出新的要求。在这一背景下,未来产业创新创业为创新创业指明了新的方向,有利于创新创业加快向更高水平、更高质量迈进,有利于更好发挥创新创业在立足新发展阶段、贯彻新发展理念、构建新发展格局中的作用。

2. 未来产业创新创业是缓解经济下行压力和促进产业结构转型升级的重要途径。未来一段时间内,世界经济仍将在深度调整中曲折复苏,经济下行压力依然存在,不确定性因素仍在累积,很难进入快速增长通道。未来3—5年,全球经济将进入以低增长为主要特征的"新平庸经济"时期,亟须通过未来产业创新创业,培育新的经济增长点,打开新的增长通道,进入新的增长周期。2008年国际金融危机之后,几乎所有的发达国家都在创新驱动方面寻找新突破,试图通过科技革命创造新的经济增长点。未来产业创新创业能够促进未来产业发展,引领新兴产业的发展方向,为加快产业转型升级注入新活力和新动能。在产业智能化、服务化、绿色化、高端化和国际化发展趋势下，加快未来产业创新创业，积极利用数字化制造技术促进制造业智能化和绿色化发展，既是顺应国际形势、迎接全球挑战、实施信息化与工业化深度融合的必然要求，也是加快产业转型升级、促进工业做大做强、增强制造业国际竞争力的重要方式。

3. 未来产业创新创业是赢得未来发展先机、抢占全球科技竞争制高点和实现"创道引领"的重要手段。加快推进未来产业创新创业，有利于超前布局一批战略性产业，充分发挥先发优势，在未来很长一段时间的国际制造版图和产业竞争格局重构中占得先机，促进引领和主导融入新一轮科技革命和产业变革，在新一轮全球竞争中赢得战略主动；有利于"创道超车"，建立新的产业生态和产业基础，撇开发达国家技术范式，在摆脱对国外核心技术和关键零部件依赖的同时，形成局部领域领先的优势，获取和发达国家谈判的筹码和反制"卡脖子"约束的非对称制衡能力，助力构建以国内大循环为主体、国内国际双循环相互促进的新发展格局；有利于布局下一代清洁低碳技术，建设清洁能源体系，加快对传统产业的清洁化改造，促进整个经济体系的能源变革，促进产业结构向绿色低碳转型，通过做大做强低碳排放型的未来产业，缓解压减高碳排放型传统产业对经济社会发展的冲击，有效支撑国家碳达峰碳中和战略。

第二节　当前推进未来产业创新创业面临的问题与制约

一　基础研究和重大科研基础设施支撑不够

未来产业所依赖的前沿技术具有突破性和颠覆性等特征，高度依赖基础理论研究和原始创新。创新链前端的基础研究和基础应用研究是未来产业前沿技术的源泉。未来产业创新创业对基础研究和基础科研设施依赖较大。但当前，中国基础研究和重大科研基础设施建设不足，远远不能支撑未来产业创新创业。

一是中国基础研究投入不足，基础研究能力相对偏弱。2019年，中国基础研究投入占比仅为6%，远低于美国、日本、法国等发达国家（见表9-2）。即使在国内部分发达地区，基础研究投入占比也较低。以浙江为例，2019年，浙江基础研究占R&D经费内部支出的比重仅为2.86%（见图9-1），处于较低水平，对浙江未来产业创新创业支持有限。同时，中国基础研究的前沿性亟待提升。2008—2018年，尽管中国ESI论文数量仅次于美国，但中国ESI论文引用率约12次/篇，低于美国、英国等约20次/篇的论文引用率（见表9-3），表明中国跟随型研究居多，引领型研究相对不足。

表9-2　　　　　　世界部分国家各类研发活动投入占比　　　　单位：%

研发活动类型	中国	美国	日本	韩国	法国	英国
基础研究	6.0	16.6	13.1	14.2	22.7	18.3
应用研究	11.3	19.8	19.8	22.0	41.9	42.1
试验发展	82.7	63.5	67.1	63.8	35.4	39.7

注：中国为2019年数据，美国、日本、韩国、英国为2018年数据，法国为2017年数据。

资料来源：《中国科技统计年鉴（2020）》。

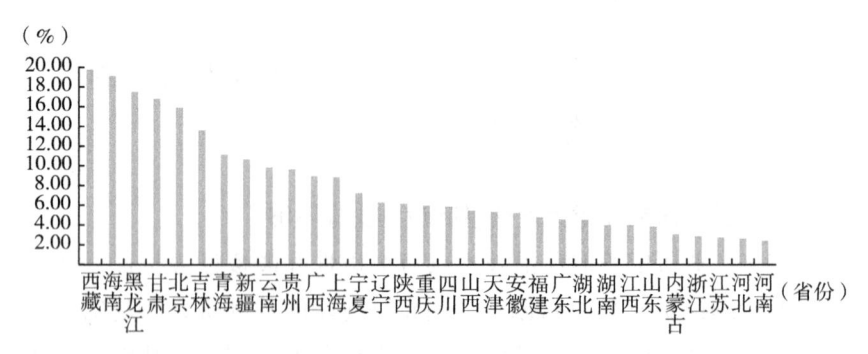

图9-1　2019年分省份基础研究占R&D经费内部支出的比重

资料来源：《中国科技统计年鉴（2020）》。

表 9-3　　　　　　按 ESI 论文数量排序的前 10 个国家

排序	国家	论文数量（篇）	被引用次数（次）	论文引用率（次/篇）
1	美国	4205934	80453805	19.13
2	中国	3019068	36057149	11.94
3	英国	1315139	26594081	20.22
4	德国	1131812	20708536	18.30
5	日本	847352	11307529	13.34
6	法国	773555	13818958	17.86
7	加拿大	712343	13040162	18.31
8	意大利	704225	11845007	16.82
9	印度	656758	6797314	10.35
10	澳大利亚	637463	11334092	17.78

注：时间期限为 2018 年 1 月至 2018 年 4 月。
资料来源：《中国科技统计年鉴（2020）》。

二是基础科学设施和共性技术研发平台等创新平台是产生各种颠覆性技术、推动科技发展和产业变革的重要条件，对未来产业创新创业极为重要，但当前仍较为缺乏。受机构改制等因素影响，原来一些面向行业服务的研究院所改制后，其"营利性"与产业共性技术研究的"公益性"存在矛盾冲突，导致共性技术研发和服务平台缺失，部分行业甚至处于空白状态。由于缺乏有效经费支持，"公益性"研发积极性不高，逐渐放弃了对共性技术和前沿技术的跟踪研究，高水平的、适于产业共性技术的研究越来越难以组织。虽然国家制造业创新中心等平台建设进入提速期，但是平台建设的参与者、主导权、运营模式、激励机制等一系列问题仍有待探索突破。

三是大型创新平台和基础设施辐射能力有限，对区域未来产业的发展支撑不足。中国基础研究分布极不平衡，主要分布在北京、广东、上海、江苏等地（图 9-2），但由于地方壁垒等原因，基础研究辐射的范围有限。调研了解到，上海作为全国科研创新的重要基地，科教资源相对丰富，但由于创新平台的共享机制尚未建立，地方合作机制也不健全，导致长三角其他地区的企业很难使用上海科教资源的科研基础设施，也很难与上海重大创新平台开展产业化合作。

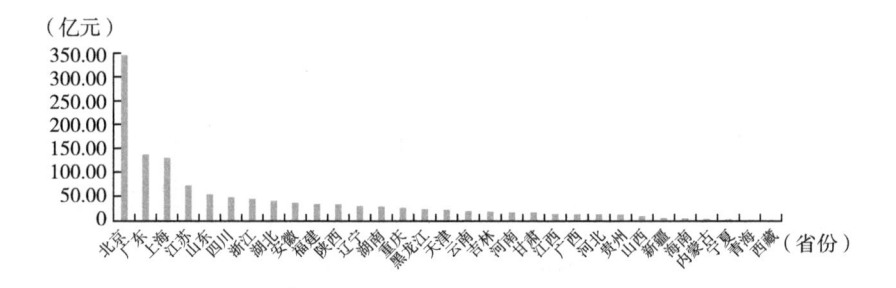

图 9-2　2019 年分省份基础研究投入

资料来源：《中国科技统计年鉴（2020）》。

此外，中国大型、重大科研项目等基础研究项目信息开放程度严重不足，由于各部门各机构信息共享与协作考虑不足等原因，基础研究的成果对外信息披露更新滞后，相关信息检索与应用操作复杂，很难快速和精准地找到所需信息，信息获取的便利程度不高，导致基础研究成果转移转化困难。

二　场景创新和应用面临较多困难

未来产业创新创业的前提条件是场景创新和应用。必须结合应用场景，解决重大社会发展需求，未来产业创新创业才能不断发展和壮大。但在实际发展中前沿技术应用场景拓展较为困难。主要表现为以下几个矛盾：一是部分优势地区产业创新实力较强与缺乏应用场景基本条件的矛盾。如，上海在海洋等领域具有较强的产业和科技创新实力，但上海周边缺乏良好的深水试验条件，部分科学研究需要到外地进行，对培育未来产业上下游带来一定影响。又如，课题组调研中上海有关部门同志反映，氢燃料电池汽车发展需要加快布局氢站建设，但受制于城市安全等因素，无法在中心城区布局加氢站，对氢燃料电池汽车未来推广将会造成一定影响。二是前沿技术发展较快与相关配套设施不完善之间的矛盾。魔门塔苏州科技有限公司反映，自动驾驶高度依赖感知技术和广泛的传感器布局，然而目前中国普通道路、高速公路上用于环境捕捉感知的公共传感器投放密度低，导致每辆车配传感器耗用量比国外翻倍，企业自动驾驶技术应用推广难度大。三是理论技术优势与当前应用成本和风险较高之间的矛盾。如，上海的相关负责同志反映，光子芯片较传统芯片具有传输速度快、功耗低等优势，但目前尚处于基础理论探索和试验阶段，需要进一步对光子器件结构、硅光子工艺、光电集成模块封装技术等开展更深入的研究，应用成本和风险较高，距离大规模产业应用上有较远距离。四是区域场景创新合作与区域竞争的矛盾。由于区域竞争激烈，出于地方利益最大化的考量，当前地区之间的区域壁垒仍存在，政策标准不一的问题抑制前沿技术扩大产业化的区域范围。如，苏州相城的智能网联汽车发展取得了一定突破，经过长期的试验，采集到大量的试验数据，已经形成了一些较为成熟的标准。但当苏州相城的智能网联汽车拿着本地试验的数据和认可的标准到其他地区开拓市场时，却遇到了较大阻碍，部分地区相关部门给出的理由是本地产业化的技术必须符合本地的标准。部分原因是地区之间政策标准的不信任，部分原因是各地为了保护本地创新企业，通过设置特殊标准进行市场保护，以推动本地企业的市场化。

三 未来产业领域治理能力和新技术风险防范亟待完善

未来产业技术具有群落性、高频更迭性、交叉融合性和快速转化性特征，科技转化为生产力的时间明显缩短，但政府在对这些未来产业领域的监管、服务和扶持等方面的能力和效率并未同步提升，政府管理能力与创新迭代加速不匹配，制约新兴支柱产业发展潜力的快速释放。一是相关法律法规存在"真空地带"。调研了解到，杭州九州量子的企业负责人表示，现行《中华人民共和国密码法》未明确规定允许量子加密这种新型传输方式，导致很多可以适用量子加密技术的应用场景由于法律法规的空白而无法采用，他们建议在法律、文件上赋予未来产业合法性。又如，无人驾驶相关企业负责人反映，无人驾驶汽车出现撞车事故时的责任界定，需要法律进一步明晰，由于现在相关法律法规缺失，企业很难真正将成熟的无人驾驶技术完全推向市场。二是政府监管能力跟不上。以新药开发上市为例，每一例新药最终面向患者都要经过新药发明、动物实验、临床申请、临床试验、新药申请等复杂过程，目前中国新药每次审批都在1年以上，仅是新药开发审批环节就需要5—6年，而美国食药监局规定新药每次审批一般不能超过3个月，否则可视作同意。三是标准体系建设滞后。未来产业创新创业快速涌现，产生大量新产品新服务，但在当前的政府服务体系下，相应的标准体系建设很难跟得上这些产品和服务的快速推陈出新，导致这些产品的竞争过于混乱，优质不优价、劣币驱逐良币的现象时常发生。

同时，未来产业技术伴随着道德伦理、数据安全和就业冲击等风险，制约未来产业创新创业。如，生命科学技术应用的伦理边界复杂，过度的管控会阻碍生命健康产业创新发展，而管理缺位又会带来经济社会风险。当前上海、南京等城市都出现了脑机接口技术的企业和研究院，也已经在模拟动物实验中取得了较大的突破，但这些企业和研究院都担忧伦理道德问题会抑制未来脑机接口技术用于临床试验。

四 高端创新要素短缺与流动整合不足

一方面，支撑未来产业创新创业的高端创新要素供给不足。一是"卡脖子"技术制约未来产业创新创业。当前，中国很多前沿技术发展和产业化建立在欧美发达国家高端装备、关键零部件及核心算法等之上。但由于中美战略博弈力度加大，未来几年，美国可能会通过实施更加严格的技术出口管控、关键核心零部件限售、阻碍中国企业并购美国科技公司等方式，切断对中国高技术产品的供应。二是未来产业创新创业的人才根基不稳。以人工智能为例，当前，对算法研究岗、应用开发岗和实用技能岗等技术型岗位的人才需求最为旺盛，其人才供需比分别仅为 0.13、0.17 和 0.98，特别是机器学习和计算机视觉需求更为突出，但相关技术方向的人才极度稀缺，人才供需比仅为 0.23 和 0.09，有效供给严重不足。[①] 三是中国创投资金对未来产业支持相对有限。当前，美国创投募资金额占全球的比重超过 2/3（见表 9-4），中国创投募资金额有限，对中国未来产业创新创业的支持远不如美国。

表 9-4　　　　　2018 年美国创投募资金额及占全球的比重

单位：百万美元,%

年份	全球创投募资	美国创投募资	占比
2009	22.69	10.48	46
2010	38.85	18.46	48
2011	47.68	25.19	53
2012	39.25	23.35	59
2013	34.07	19.68	58
2014	51.49	35.02	68
2015	76.45	35.88	47
2016	71.01	40.51	57
2017	57.33	34.17	60
2018	80.05	53.82	67

资料来源：《中国创业投资发展报告 2019》。

① 工业和信息化部人才交流中心：《人工智能产业人才发展报告（2019—2020 年版）》，2020 年。

另一方面，高端创新要素流动整合不够，出现技术市场分割、数据市场分割等现象。一是科技创新与产业发展相脱节。"科技成果走不出实验室"现象普遍，科技成果转化渠道不畅通，知识链、技术链和产业链脱节问题严重。中国的研发机构大多隶属于政府部门，科研任务与经费几乎全部由政府包揽，经常出现科研项目与实际需求相脱节的情况，一些科技成果难以转化为现实生产力，科技成果商品化率低。与此同时，民营企业的研发机构较少有机会参与到国家重大科技项目中，致使一些前沿的科研成果长期被束之高阁，科技成果转化网络很不健全。二是数据市场分割，数据孤岛现象突出，不利于基于数据运用的未来产业创新创业。当前，各级政府、各部门纷纷建立独立数据中心，单位与单位之间，甚至同一个单位内的许多数据相互封锁，存在诸多"数据孤岛"和"数据烟囱"。同时，数据采集还没有实现标准化，重复存在与相互对峙等问题严重，数据资源应用场景不够丰富、价值发挥严重不足与数据资源利用的严重浪费形成明显的矛盾。特别是数据垄断问题愈加明显，并催生了"堰塞湖"[①]。例如，数据要素市场存在"杀熟"、平台"二选一"、"寡头市场共同支配"等特有的垄断行为。

五 未来产业创新创业企业家缺乏

近些年中国加大对创新创业的推进力度，也取得了较大成绩，涌现不少创新创业成果，形成全社会创新创业的良好氛围，但当前的创新创业主要集中在传统产业的新产品和新模式新业态，新产业新赛道特别是未来产业领域的硬科技创业相对不足。硬科技创业对创业者的技术门槛要求较高，且未来产业具有趋势性、长期性和艰巨性等特征，对企业家的耐心程度要求较高。制约未来产业创新创业企业家产生的因素主要有：一是体制内技术人才下海创业仍面临

---

① 刘志彪、孔令池：《从分割走向整合：推进国内统一大市场建设的阻力与对策》，《中国工业经济》2021年第8期。

较多制约因素。现阶段,中国基础研究主要依赖政府投入,相关领域技术人才主要集中在高等院校和科研院所等体制内科研单位,体制内外人才交流仍存在一定壁垒,技术人才从体制内下海创业存在一定风险。二是大部分未来产业领域的创新创业都是一个长期过程,不是一蹴而就的,而当前耐心资本、耐心科研等要素缺乏,未来产业创新创业充满不确定性,导致企业家不敢贸然行动。以资本为例,2018年,中国创投资金进入IT服务业、软件产业、社会服务、金融保险业、科技服务、传播与文化娱乐、批发和零售业、房地产业等的比重合计超过30%,而进入新能源和高效节能技术、生物科技、半导体、光电子与光机电一体化、通信设备、核应用技术等高技术制造业的比重合计20%左右(见表9-5),这主要是因为创投资金在服务业退出周期较短,而在高技术制造业退出周期较长,资本缺乏耐心。此外,全社会创新创业氛围很浓,但缺乏对未来产业创新创业的持续关注,对长期从事未来产业创新创业企业家的重视、关注和支持不够。三是众创空间、孵化器和加速器、创业园区等众创平台建设较多,但能有效促进未来产业技术落地的双创平台建设不足。当前的众创空间和孵化器"二房东"色彩浓重,运营者向创新创业企业和媒体强调孵化优势时,大多说的是物理环境、商务氛围和饮食服务,与商务写字楼对外出租强调写字楼优势没有本质区别,但面向未来产业技术等细分领域以及差异化的专业化服务能力还很欠缺,不具备专业信息、研发设计、检验检测、供应链、专业人才、市场渠道等专业服务能力,亟待建设专业化的硬科技众创空间。

表9-5　　　　2018年中国创业投资资金进入行业及占比　　　单位:%

行业	比重	行业	比重	行业	比重
医药保健	10.79	金融保险业	3.60	通信设备	1.19
IT服务业	9.54	其他IT产业	3.47	农林牧副渔	0.97
其他制造业	6.09	半导体	3.00	房地产业	0.78

续表

行业	比重	行业	比重	行业	比重
传统制造业	5.79	科技服务	2.91	交通运输仓储和邮政业	0.68
软件产业	5.70	传播与文化娱乐	2.66	建筑业	0.63
新能源和高效节能技术	5.23	计算机硬件产业	2.26	采掘业	0.38
网络产业	5.13	消费产品和服务	2.03	水电煤气	0.08
生物科技	4.48	环保工程	1.80	核应用技术	0.01
社会服务	4.19	光电子与光机电一体化	1.79	其他行业	9.40
新材料工业	3.78	批发和零售业	1.65	通信设备	1.19

资料来源：《中国创业投资发展报告2019》，经济管理出版社2019年版。

第三节 推进中国未来产业创新创业发展的总体思路与目标

一 总体思路

适应中国产业发展重心从后发追赶向先发布局过渡的阶段性转变，深入实施创新驱动发展战略，围绕和聚焦未来产业发展重点需求，顺应高端化、智能化、绿色化发展趋势，加快推动"大众创业、万众创新"向高水平、高质量和高技术领域迈进，坚持政府引导、市场主导，按照"选赛道、育环境、强支撑"的发展思路，加快推动基础先行、场景创新、制度护航、要素融汇、企业家培育，走好技术引领、场景引领和融合引领的路子，促进未来产业创新创业高质量发展，推动未来产业创新创业成为中国赢得未来发展先机、抢占全球科技竞争制高点和实现"创道引领"的重要战略支撑。

选赛道。尽管未来产业具体发展具有很大不确定性，但从当前技术发展路线和经济社会发展重大需求以及国际未来竞争焦点来看，未来产业大致朝着智能、低碳、健康方向演进。要更好发挥政府作用，坚持有所为有所不为，选择和聚焦人工智能、量子技术、人机交互、氢能、低成本核能、低碳技术、基因技术、精准医疗等重点领域，加大基础研究投入，引导高校和科研院所聚焦这些领域开展基础研究，布局一批重大科研基础设施，成立若干个重点领域国家级实验室、未来产业研究院，促进产学研建立新型伙伴关系，支持社区、城市和国有企业围绕这些领域系统地开放场景应用，鼓励地方布局一批重点领域未来产业创新创业孵化器、加速器、示范基地、试点工厂等。

育环境。加强创新环境和创新生态建设，改革市场准入和监管机制，推动建立包容审慎与多元共治的治理模式，减少对未来产业的强监管，增强未来产业治理能力和完善技术风险防范机制，加强知识产权保护，完善相关法律法规，为未来产业创新创业创造良好的市场和营商环境。推动硬科技创业文化建设，大力弘扬未来产业创新创业的长期主义者，支持硬科技创业平台建设，完善硬科技创业服务产业链，强化硬科技教育和培训，营造浓厚的科技创业氛围。

强支撑。加强基础教育，强化科学、技术、工程、数学等方面的教育，大力推动国外高水平科技人才引进，促进体制内外科研人员自由流动，为未来产业创新创业夯实人才基础。促进数据等高端要素自由流动和开放共享，加快推动国外前沿技术和颠覆性技术来华产业化，集聚全球资源与高端要素。建立灵活多元的投入机制，强化政府研发投入、政府补助、企业投入、风险投资、银行信贷、社会捐赠等对未来产业创新创业的支持，通过财税改革降低未来产业创新创业成本和激励社会各种资源进入硬科技创业领域。强化耐心资本的支撑，引导成立"耐心资本"投资机构，推动成立更多的长期投资基金。

二 主要目标

到"十四五"末期,未来产业创新创业要实现:

基础研究和重大科技基础设施支撑作用持续提升。基础研究经费占总研究经费比重提升至 8%,基础研究与未来产业发展深度融合,在类脑智能、量子信息、基因技术、未来网络、深海空天开发、氢能与储能等前沿科技和产业变革领域分别成立若干个国家级实验室、未来产业研究院,重大科技基础设施对未来产业创新创业开放度明显提升。

未来产业创新创业场景应用突破明显。建设 10 个以上未来城市示范区,有效促进未来技术场景供给,在太空探测、深海探测等未来技术领域实施若干重大场景应用工程,包括国有企业、军队建设在内的各地区各行业对科技创新企业开放场景资源取得重大进展,以长三角、京津冀、粤港澳等为重点成立若干跨区域场景创新合作促进中心。

未来产业创新创业制度不断完善。人工智能、量子信息、类脑科学、空天科技、深地深海等未来产业领域法律法规、监管体系、配套政策、标准体系加快完善,数据安全防范委员会和未来技术科技伦理委员会等治理平台成立并发挥重要作用。

未来产业创新创业高端要素资源深度融汇。国家数据共享交换平台加快建立,相关数据共享、(跨境)流动机制不断健全,国际未来产业创新创业人才加快汇集,深度融入全球未来产业创新创业浪潮,推动形成一批国际化未来产业创新创业高地,重点科研院所和创新创业企业人才双向流动机制加快完善。

未来产业领域企业家加快培育。一批未来产业创新创业孵化机构加快建立,一批海内外高端科技人才成为未来产业创新创业主力军,海外高水平留学人员回国创新创业计划稳步实施,前沿技术领域科学家离岗创业便利化程度大大提升,一批高水平的硬科技双创平台成立和完善，全社会形成科技创业的良好氛围。

第四节　推动未来产业创新创业发展的主要任务和重大举措建议

一　基础先行：提升基础研究和重大科技基础设施支撑能力

1. 加大基础研究的投入力度。未来产业创新创业对颠覆性技术和前沿技术依赖较大，而这些技术来源于无人区的探索，要求对基础研究加大投入和积极布局，依托国家战略科技力量，聚集优势队伍，发挥高校和科研机构基础研究优势，聚焦国家重大战略需求，加强需求导向的基础研究。瞄准人工智能、量子信息、类脑科学、空天科技、深地深海等前沿科技和未来产业领域，实施一批具有前瞻性、战略性的国家重大科技专项、国家重点研发计划，由中央财政出资，支持重点前沿技术产业关键技术、产业共性技术的基础理论研究攻关。设立未来产业发展专项资金，引导企业增加基础研究投入，推动未来产业发展。

2. 加快布局重大科技基础设施。与其他类型的创新创业不同，未来产业创新创业的个人和企业会大量使用重大科技基础设施，政府大量投入建立聚焦重点方向的重大科技基础设施，为未来产业创新创业提供公共品和平台载体，有利于降低未来产业创新创业的成本和门槛。要鼓励多元化主体参与未来研究，在科教资源优势突出、产业基础雄厚的地区，支持高校、科研院所设立未来研究院、未来技术学院，支持大型科技企业设立面向未来研究的实验室。

3. 促进基础研究与产业联动发展。加强需求导向的基础研究，引导基础研究聚焦未来产业技术重点发展领域，支持重点前沿技术产业关键技术、产业共性技术的基础理论研究攻关。支持开展多元主体参与的新研发，针对颠覆性以及前沿技术创新，支持开展科学家、企业家、创业投资者共同参与的研发模式。推动高校、科研院所与企业共同建立概念验证、孵化育成等面向基础研究成果转化的服务平台。鼓励科研人员面向企业开展技术开发、技术咨询、技术服务、技术培训等，促进科技创新与创业深度融合。

4. 推动重大科技基础设施共建共享。健全科技资源开放共享机制，布局建设央地协同、军民融合的重大科研基地和重大科研基础设施，有条件地推动科技创新资源向中小企业和个人开放，降低企业科研固定成本。搭建央地协同、军民融合创新公共服务平台，围绕"卡脖子"技术重点领域，集中开展信息交互、资源共享、需求对接、转移转化等服务。

二 场景创新：加快场景创新应用和场景开放

1. 创造场景应用需求。加快未来城市、未来产业、未来生活、未来基础设施建设，扩大未来技术场景供给。继续推进太空探测、深海深地探测等集成前瞻技术的重大工程，以重大科学计划和科学工程为牵引，带动前沿技术的工程化、产品化，借鉴发达国家在国防采办、政府采购方面的经验，增强国防军队用户、能源和交通等基础设施管理部门对前沿技术转化产品的政府采购力度，为前沿技术向未来产业的转化提供早期市场，加快前沿技术的产业化应用迭代。加强传统产业与未来产业融合发展，在制造、金融、零售、物流等行业开展示范试点，通过示范试点全面推广应用以智能、协同为特征的先进技术。

2. 打造未来场景实验室。聚焦场景试点试验环节，面向未来生产生活，重点围绕能源、生命、信息等领域，打造"创意+小切口+新治理"的前瞻性实验空间，建设一批未来场景实验室。鼓励企业、行业协会等社会主体共同参与场景建设。坚持目标导向，深度挖掘以人为核心的生产生活需求，针对科技发展的未来目标和可能途径及资源条件开展技术预测。强化联合创新，加速关键核心技术应用迭代与产业化，运用新思维、新技术、新商业模式重塑生产生活模式，培育新的应用场景。

3. 促进场景开放。国有企业垄断的产业和部门，如航空航天等领域，民营企业无法有效进入，在这些领域，亟须推动部分竞争性生产环节向社会资本开放，鼓励民营资本进入，促进这些领域的创新创业。鼓励相关地区和行业面向科技创新企业开放场景资源，促进尖端技术与生产生活场景多元融合，培育形成新产业新业态。坚持"政府搭台、企业出题、企业答题"，在医疗、教育、交通、文化、金融等重点领域，大力构建与未来经济社会发展高度契合的多元应用场景，积极探索众筹、定制服务、新零售、"O2O+社区"等新模式，进一步推动城市机会向社会开放，创造更多未来产业创新创业的场景。

4. 推进场景应用合作。抓住长三角一体化、京津冀协同发展、粤港澳大湾区等国家战略实施机遇，发挥相关议事协调机构作用，鼓励有关城市联合编制场景行动方案，共同研究制定场景支持政策，促进场景创新标准、平台、数据和政策衔接。支持各地合作成立一批"场景创新促进中心"，完善常态化场景挖掘、场景策划、场景发布、场景对接和区域合作等工作机制。研究制定支持场景创新的针对性措施，加强跨部门、跨地区的试点/试验协调，强化互联网、大数据、物联网、智慧城市和云计算等相关领域的协同，解决重大场景创新应用发展中的跨区域、跨领域和跨部门重大问题。此外，还要探索创新沙箱、负面清单等多种场景创新监管制度，包容场景创新试错。

三 制度护航：增强未来产业治理能力和完善技术风险防范机制

1. 推动建立包容审慎与多元共治的治理模式。推动行业分类管理创新，更好满足产业跨界需求，强化市场准入制度和公共服务制度创新，促进新物种企业进入新经济场景，加强跟踪调查，抓紧研究制定适应人工智能、量子信息、类脑科学、空天科技、深地深海等产业新业态新技术的监管体系和配套政策。防止简单化"一刀切"式监管，探索构建先行政策的"沙盒"试验田，包容处于发展初期的新生业态。积极创建新制度，加强地方立法保障和制度政策创新，及时修改与未来产业创新创业发展不相适应的制度规定，制定未来产业创新创业的负面清单、权力清单、责任清单。

2. 填补法律法规和标准体系空白。加快完善适应未来产业创新创业的法律法规，建立企业意见响应机制，及时获取未来产业领域企业从业人员对法律法规的建议，快速研究、出台或修改相关法律法规。加快制定和完善相关技术标准和规范，如加快推动无人驾驶等新技术新业态基础术语、参考架构、支撑平台、关键技术、产品与服务等领域的标准制定，适时修改完善相关管理规范与安全标准。

3. 健全和完善技术风险防范机制。建立科技伦理治理体系，建立严格的伦理审查机制，探索加大对企业前沿技术应用的伦理审查，建立符合企业特点的伦理审查的指标体系，提高伦理审查工作的质量和效率。鼓励以大数据产业联盟、相关行业协会等组织为依托，在大数据生产使用过程中的风险监控和管制以及风险预警和化解方面，建立一个共享的数据安全防范数据库，促进数据安全防范信息和修复举措的收集和共享，低成本、高质量、高频度地生产、使用数据安全防范相关知识。

四　要素融汇：顺畅高端要素集聚和流动机制

1. 促进数据等高端要素自由流动和开放共享。加快建立全国一体化政务服务平台，建立完善国家数据共享交换平台体系，推行数据共享责任清单制度，推动数据共享应用典型案例经验复制推广。鼓励企业开展数据采集、交易、存储、加工、分析、服务为主的各类经济活动，包括数据资源建设，大数据软硬件产品的开发、销售和租赁活动，以及相关信息技术服务，重点支持大数据示范应用、大数据共享开放、基础设施统筹发展、大数据要素流通，提升大数据服务于创业创新的能力。推动建立有利于数据跨境流动和数据国际贸易的全球性平台和机制，在安全可控的前提下推动数据在全球范围内流动，大力推动数据开放。

2. 强化人才、技术等创新资源和要素引进力度。健全留学回国人才和外籍高层次人才服务机制，在签证、出入境、社会保险、知识产权保护、落户、永久居留、子女入学等方面进一步加大支持力度。实施更加开放的创新型科技人才政策，探索柔性引智机制，推进和保障创新型科技人才的国际流动。积极搭建未来产业国际化交流平台，推动类脑智能、基因编辑、量子信息等新技术在全球范围内交流和实践，破除国外先进技术和资本对中国产业化的隐形障碍，促进全球前沿技术在中国率先进行成果转化和落地。

3. 促进产学研人才双向流动。促进体制内外科研人员自由流动，建立公共研发平台和重点企业的人才双向流动机制。允许体制内科研人员停薪留职创新创业和前往企业任职，建立促进体制内高校、科研院所、创新中心等研发机构人员流动的体制机制。大力推广聘用制，鼓励体制内高校和公共研发平台聘用大企业研发人员。

4. 推动国际合作。主动跟踪国际未来产业前沿技术发展趋势，深化与国内外大院大所、新型研发机构的合作，全面融入全球"未来产业"大的产业体系之中①。集聚全球资源与高端要素，推动与国外发达地区建立政府间经济合作机制。鼓励企业通过收购兼并、联合经营、设立分支机构和研发中心等方式拓展国际市场，参与国际标准研究和制定，加快海外知识产权布局。引导国际知名企业或机构设立或与国内龙头企业共建科技成果转化中心，鼓励龙头企业与发达国家协会机构建立国际化、市场化的项目招商激励机制或园区委托运营机制。

---

① 郑春蕊、李晓沛：《"十四五"时期我国未来产业发展战略与思路》，《河南科技》2021年第27期。

五　企业家培育：为硬科技企业家创业创造条件

1. 便利科研人员离岗创业。对科教类事业单位实施差异化分类指导，出台鼓励和支持科研人员离岗创业实施细则，完善创新型岗位管理实施细则。加快落实高校、科研院所等专业技术人员离岗创业政策，对经同意离岗的可在 3 年内保留人事关系，建立健全科研人员双向流动机制。

2. 吸引海外科技型人才回国创新创业。深入实施留学人员回国创新创业启动支持计划，遴选资助一批高层次人才回国创新创业项目。加快发展孵化机构联盟，加强与国外孵化机构对接合作，吸引海外科技型人才到国内创新创业。发挥留学回国人才特别是领军人才、高端人才的创业引领带动作用。引导和鼓励地方对回国创业高端人才和境外高端人才来华创办高科技企业给予一次性创业启动资金，在配偶就业、子女入学、医疗、住房、社会保障等方面完善相关措施。

3. 强化耐心资本支撑。适应硬科技创业投入高、回报周期长、成果前沿、具有战略性等特征，加强对耐心资本的培育。运用政府资本撬动民间资本，引导成立耐心资本投资机构，推动成立更多的长期投资基金，强化开发银行和发展基金对未来产业创新创业的作用。优化信贷期限结构，完善银行长期再融资机制，培育中国式债务型耐心资本。加快建立科学家创业者、连续创业者征信体系，应用大数据等创新方式为企业家增信，降低信息不对称，提升未来产业创新创业长期贷款融资能力。

4. 高水平建设一批硬科技双创平台。依托耐心资本、大院大所等创新平台和要素，加快建设一批促进未来产业技术落地的双创平台，加快完善硬科技产业化服务产业链，开展强强合作、互补合作，形成资源和信息共享平台，为未来产业创新创业提供从项目到产业化的全链条创业服务。支持发展为硬科技创业提供服务的财务管理、人力资源管理、法律咨询、政府沟通等第三方机构。

5. 营造浓厚的科技创业氛围。充分尊重企业家和创新型人才的社会贡献，培养一批具有诚信意识、全球眼光、工匠精神、创新能力和社会责任感的优秀企业家。加强舆论宣传和正面引导，为科技创新企业家成长和企业家精神培育创造良好的舆论环境。尊重科技创新企业家发展的历史，客观报道科技创新企业事件，营造鼓励科技创新、宽容失败的舆论氛围，在全社会培育和弘扬科技创新企业家精神。

第三篇

国际经验篇

第十章 世界工厂的挑战与应对
——基于英美制造业的比较研究与启示

中国制造业增加值规模在2010年超过美国跃居世界第一位,成为名副其实的世界工厂。与此同时,中国制造业比较优势和国际环境发生复杂深刻变化,面临传统成本优势锐减、产业对外转移加大、技术引进难度倍增等新问题,中国制造业发展进入新的历史阶段,面临新的问题和挑战。在这一背景下研究大国制造业长期发展趋势和挑战对未来一段时期中国制造业高质量发展具有重要意义。自工业革命以来,英国和美国先后成为全球制造业规模最大国家,在成为世界工厂后,英国和美国制造业先后出现了一些相同的发展趋势和挑战。英国制造业规模在登顶世界第一位后半个世纪内就被美国超越,而美国在登顶世界第一位后100多年后才被超越,且依然通过高技术产业引领全球制造业产业链发展,美国应对这些趋势和挑战的经验和做法对于当前中国制造业发展具有重要启示,能给中国制造强国建设提供重要参考。

第一节 工业革命以来的世界工厂:英美制造业在全球地位的演变

英国制造业产量在19世纪中叶登顶世界第一位,在19世纪最后 10 年让出世界第一的位置。英国率先进行工业革命，大约在 19 世纪上半叶超越德国等欧洲强国，成为世界第一。1850 年左右，英国生产了世界 50% 的铁、5/7 的钢、40% 的金属器件。1860 年，英国制造业产值占全球份额接近 20%，居全球首位。但随着工业革命在美国等国家传播，英国的制造业优势不断下降，19 世纪末，英国制造业世界第一的位置被超越，此后制造业占全球的比重不断萎缩。1890 年年初，英国的优势产业也在衰落，在钢铁这一工业化关键商品的生产中，美国和德国双双超过英国。1900 年，英国制造业占全球份额萎缩至 18.5%，低于美国的 23.6%（见表 10-1）。在 1913 年，英国制造业份额继续下降至 13.6%，远低于美国的 32%。

表 10-1　　1750—1900 年世界制造业产量的相对份额　　单位：%

年份	1750 年	1800 年	1830 年	1860 年	1880 年	1900 年
英国	1.9	4.3	9.5	19.9	22.9	18.5
法国	4.0	4.2	5.2	7.9	7.8	6.8
德意志诸邦/德意志	2.9	3.5	3.5	4.9	8.5	13.2
俄国	5.0	5.6	5.6	7.0	7.6	8.8
美国	0.1	0.8	2.4	7.2	14.7	23.6
日本	3.8	3.5	2.8	2.6	2.4	2.4

资料来源：［英］保罗·肯尼迪：《大国的兴衰：1500—2000 年的经济变革与军事冲突》（上），王保存等译，中信出版社 2013 年版，第 152 页。

美国制造业产量在 19 世纪末最后 10 年登顶世界第一位，尽管 21 世纪以来制造业增加值占全球的比重有所下降，但至今仍然通过高技术产业掌控全球制造业产业链。1860 年，美国内战前，制造业占全球的比重仅为 7.2%，内战结束后，在国内市场需求的拉动下，制造业快速发展。1880 年，美国制造业占全球的比重上升至 15% 左右，低于英国的 22.9%，到 1900 年，这一比重上升至 23.6%，远高于英国的 18.5%（见表 10-2），美国制造业规模在 1890 年左右超越英国，成为全世界第一。特别是第二次世界大战后，美国制造业达到巅峰。20世纪50年代，美国制造业占全球制造业的比重接近40%，但此后美国制造业占全球的份额下滑趋势显现。1980年，美国制造业占全球的份额下降到20.06%，在20世纪80年代左右，美国制造业受到日本的严重挑战，日本制造业与美国的差距不断缩小。在20世纪的最后10年，日本进入"失去的十年"，被美国重新拉开差距。此后，美国传统制造业在全球化的过程中不断衰减，其低技术制造业和产业中低端环节转移和外包到以中国为代表的新兴经济体。从制造业增加值来看，美国制造业在全球的地位不断下降，2010年被中国超越（见图10-1）。但至今美国制造业在全球的地位仍然十分突出，特别是美国高技术制造业仍领先于其他各国，在集成电路等产业领域，美国依然控制着全球产业链。例如，2019年全球半导体营业收入前10家企业有5家美国企业，仅这5家企业在全球市场的占有率就超过30%，遥遥领先其他国家。[①]

表10-2　　　　1880—1938年世界制造业产量的相对份额　　　　单位：%

年份	1880年	1900年	1913年	1928年	1938年
英国	22.9	18.5	13.6	9.9	10.7
美国	14.7	23.6	32	39.3	31.4
德国	8.5	13.2	14.8	11.6	12.7
法国	7.8	6.8	6.1	6.0	4.4
俄国	7.6	8.8	8.2	5.3	9.0
日本	—	—	—	2.5	3.8

注：日本1928年数据采用1929年数据替代。
资料来源：[英]保罗·肯尼迪：《大国的兴衰：1500—2000年的经济变革与军事冲突》（上），王保存等译，中信出版社2013年版，第210页。

---

① 全球半导体协会（SIA）：《2019年全球半导体市场报告》，2020年4月。

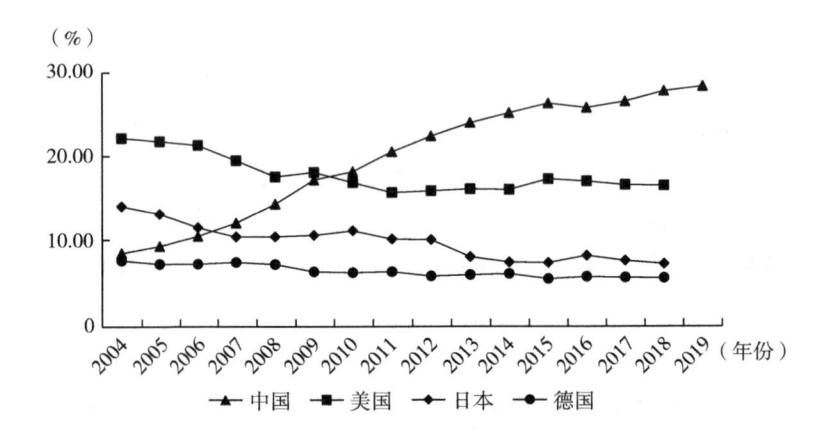

图 10-1 主要国家制造业增加值占世界的比重

资料来源：世界银行。

第二节 世界工厂的共同烦恼：英美制造业面临的相同趋势与挑战

一 从贸易保护向推动自由贸易转变，贸易逆差压力加大

19世纪20年代，英国仍然对工业品保持非常高的关税。但随着英国制造业的竞争力达到世界领先水平，英国制造业厂商为换取国外市场开放和扩大世界商品市场，对自由贸易的呼声日益高涨，英国开始逐步取消本国的贸易保护，对外开放步伐加快。1846年，英国废除《谷物法》，1849年完全取消《航海条例》。1848年，英国有1146种应纳关税商品，但到1860年已经下降到只有48种。1875年，英国对制造品平均进口的关税率已经下调为零。英国沿用自由贸易政策至第一次世界大战爆发，成为美国等国家工业制成品的重要出口市场，对外贸易逆差快速扩大。从1850年到19世纪末，即英国制造业从登顶世界第一位到被超越期间，英国对美国、德国和法国的贸易逆差逐渐上升（见图10-2）。

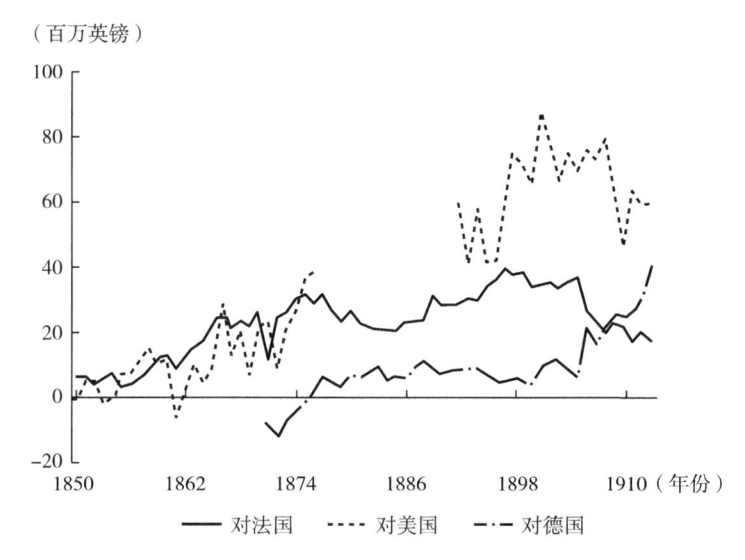

图 10-2　1850—1910 年英国对主要国家贸易逆差

资料来源：兴证宏观：《19 世纪：工业革命推动的贸易变化——从历史看贸易体系变化系列之二》。

美国在后发追赶时期，一直实施不同程度的贸易保护主义政策，特别是在美国内战后，关税大幅上扬。19 世纪末，美国制造业超越英国，美国贸易从逆差转向顺差，并在之后很长一段时间保持对外贸易顺差（见表 10-3）。在经济大萧条后，即 1934 年之后，为削减其他国家对美进口壁垒、促进美国出口产品打开市场，美国通过一系列贸易谈判，不断削减对外国产品的关税，以换取外国对美国出口产品的同等待遇。美国应税进口产品的平均关税率 20 世纪 40 年代大幅下降，50 年代早期在 10% 左右企稳，70 年代后期再降至约 5%，迄今一直维持在该水平。[①] 从 20 世纪 60 年代中期开始，进口量开始上涨，而出口量在 GDP 中所占比重基本保持不变，贸易逆差压力加大。1971 年，美国出现了 20 世纪 30 年代以来的第一次货物

---

① ［美］道格拉斯·欧文：《贸易的冲突：美国贸易政策 200 年》，余江、刁琳琳、陆殷莉译，中信出版集团 2019 年版，第 8 页。

贸易逆差，此后货物贸易逆差不断扩大，2019年扩大至8643亿美元（见图10-3）。

表10-3　19世纪下半叶美国制造业进出口情况

单位：百万美元，%

年份	制造品进口量	制造品出口量	制造品净出口量	制造品的国内产值	进口占国内消费份额
1859	191	46	-145	1866	9
1869	220	61	-159	4232	5
1879	180	133	-47	5370	3
1889	327	166	-161	9372	3
1899	262	381	119	13014	2

资料来源：道格拉斯·欧文：《贸易的冲突：美国贸易政策200年》，余江、刁琳琳、陆殷莉译，中信出版集团2019年版，第246页。

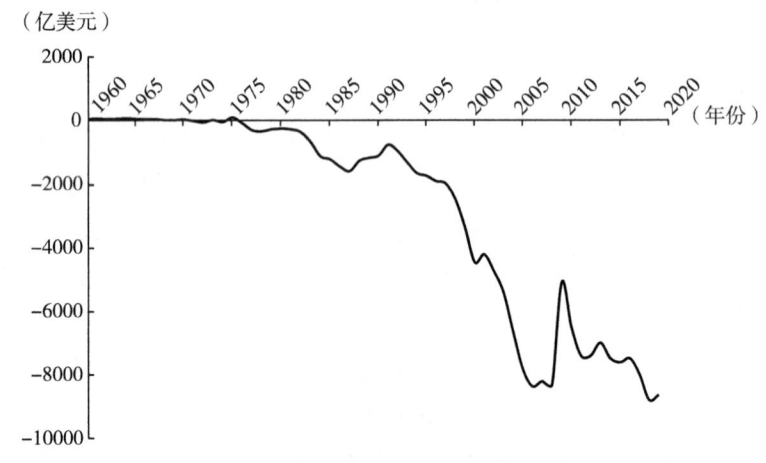

图10-3　1960年以来美国货物贸易顺差

资料来源：美国经济分析局。

二　从对内投资为主向加大对外投资转变，产业外迁压力加大

英国对外投资在19世纪中叶快速增加。19世纪40年代初，英国海外放款存量达到1.6亿英镑左右，50年代初，快速增至约2.5亿英镑，但在此之后，到1870年，英国对外投资规模达到年均

2900万英镑。① 1860—1870年，英国50%以上的对外投资流向欧美，对外投资规模逐渐超过国内投资。到1870年，英国海外投资已达7亿英镑左右，其中超过1/4投向美国工业。② 第一次世界大战前夕，英国对外投资达到历史高峰。到1913年，英国拥有价值约40亿英镑的海外资产，相比之下，美国、法国、德国、比利时、荷兰的海外资产总计不足55亿英镑。③ 英国对外投资为美国等潜在竞争国工业发展带来了大量资金、技术和高端设备，但此消彼长，英国工业基础设施投资大幅收缩，严重抑制英国工业发展。在1914年前的25年里，英国国内资本形成额已远不足以让英国生产设备更新，甚至不足以维持其正常运转。以铁路建设为例，1840—1850年，英国共开通铁路6000英里，与美国大致相当，而1870—1880年，英国仅开通铁路2000英里，不足同期美国的10%。④

美国在19世纪末逐渐从资本输入国转为资本输出国。美国内战后，大量外国投资进入美国，在1869—1875年达到顶峰，占美国净资本的比重达到15%。19世纪80年代，美国拥有13亿美元的资本净流入，但10年后，美国出现了4亿美元的资本净流出。⑤ 第二次世界大战后，美国对外投资进一步加大。1946—1949年，美国对外投资增加了近50%，美国对外贷款主要是提供给欧洲各国政府。在1950年以后，美国大量投资海外制造业，跨国企业争相在海外办厂，为新兴国家的工业化带来持续的资金支持。1967年，美国对外投资

---

① ［英］埃里克·霍布斯鲍姆：《工业与帝国：英国的现代化历程》，梅俊杰译，中央编译出版社2016年版，第148页。
② ［英］埃里克·霍布斯鲍姆：《工业与帝国：英国的现代化历程》，梅俊杰译，中央编译出版社2016年版，第124页。
③ ［英］埃里克·霍布斯鲍姆：《工业与帝国：英国的现代化历程》，梅俊杰译，中央编译出版社2016年版，第160页。
④ ［英］埃里克·霍布斯鲍姆：《工业与帝国：英国的现代化历程》，梅俊杰译，中央编译出版社2016年版，第121页。
⑤ ［美］斯坦利·L.恩格尔曼、［美］罗伯特·E.高尔曼主编：《剑桥美国经济史（第三卷）：20世纪》（上册），蔡挺等主译，中国人民大学出版社2018年版，第419页。

占全球资本支出的55%，对日本等东亚地区的投资快速增长，同时过多的海外投资削弱了美国国内工业发展的物质技术基础。①

三 从偏重有形生产向偏重无形生产转变，去工业化压力加大

19世纪下半叶，英国逐渐偏向无形生产，服务业逐渐成为英国的主要收入来源。一是随着英国财富的积累，英国上层人士逐渐转向金融投资业务，食利者阶级不断成长扩大，依靠前几代所积累的利润和储蓄而生活，逐步远离制造业。在19世纪末期，英国经济已无法割舍其在海外的投资收益，尤其是在美国的扩张，海外收入成为英国居民收入的重要来源，并成为其维持国际收支平衡的重要手段。二是由于船舶工业的崛起和军事实力的扩张，英国加强对全世界航运服务的垄断，英国航运总吨位占全世界的1/3到1/2，是全世界重要的航运服务商，成为英国服务贸易顺差的重要来源，带来英国服务贸易的大幅增长。三是英国伦敦成为全世界的金融中心，有力促进了英国金融业的发展，依托伦敦强势的金融地位，英国保险等金融衍生服务业也快速发展起来。在英国约950万人的就业中，1851年仅有9.1万商业雇员，1881年，这一数字超过30万人，1911年，则达到90万人。②

20世纪70年代以来，美国服务业快速发展，去工业化趋势渐显。大量过剩资本远离实体经济，1975—1990年，私人固定资本投资转向金融、保险和房地产等行业的比例从12%—13%上升至25%—26%，几乎翻了一倍。自20世纪60年代后半期起，美国制造业在国民经济中的比重逐渐下降，从1966年的26.07%下降到2016年的11.71%（见图10-4），制造业就业人数占比在第二次世界

---

① 陈宝森：《美国经济与政府政策——从罗斯福到里根》，社会科学文献出版社2007年版，第724页。
② ［英］艾瑞克·霍布斯鲍姆：《帝国的年代：1875—1914》，贾士蘅译，中信出版集团2017年版，第60页。

大战后就一直下降，直到 2008 年国际金融危机之后，才止住下降的趋势（见图 10-5）。

图 10-4　美国制造业在国民经济中的比重
资料来源：美国经济分析局。

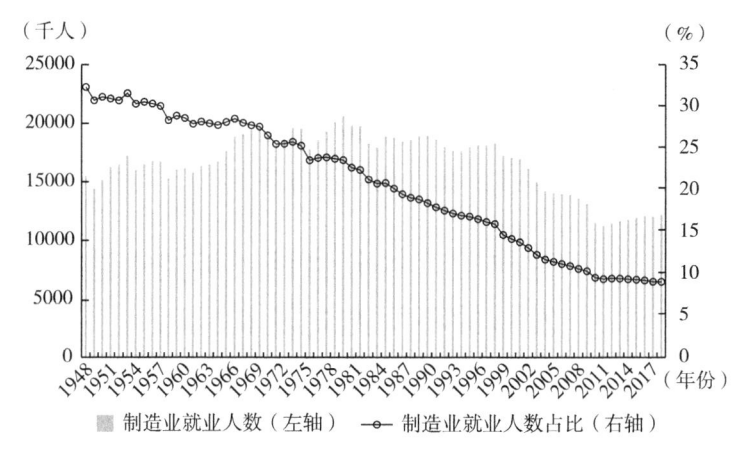

图 10-5　美国制造业就业情况
注：就业人数采用行业全职等效雇员。
资料来源：美国经济分析局。

四　从技术跟随向自主创新转变，技术外溢挑战加大

工业革命后，英国高技术产品输出增加，对外投资加大，对外移民也快速增长，给美国等国家带来了先进技术。铁路、蒸汽机、

炼铁技术、炼钢技术、机器制造等来自英国的先进技术传入美国后，被大规模用于工业发展，迅速推动了美国等其他国家的崛起。19世纪下半叶到20世纪初期，美国仍处于技术跟随的阶段，主要依靠产业化欧洲的先进技术推动本国高技术产业快速发展。以汽车为例，德国人奥托在1886年发明了内燃机，同年本茨发明了世界上第一辆汽车。随后汽车技术被扩散到美国，很快美国制造出了第一辆汽车，并迅速产业化。在化工领域也是如此，美国杜邦公司的先进技术主要靠外部引进，并在引进技术的基础上，开发出了一批成熟的化工产品。第二次世界大战后，美国加大了技术研发投入力度，自主创新能力不断增强，技术领先优势不断扩大。1969年，德国、法国、英国和日本等主要发达国家在研究与开发上投资的总和是11.3亿美元，而美国则达到25.6亿美元。① 与此同时，美国技术外溢压力也逐渐加大，日本等国不断吸收和利用美国技术，并进一步在部分领域超过美国。例如，日本的钢铁行业1951年从美国引进了带钢连轧技术，在此基础上吸收其他技术，研发出转炉炼钢技术、连续铸钢技术等先进技术，逐步实现对美国的赶超。到20世纪七八十年代，日本已超越美国，成为世界最大的钢铁出口国。

第三节　世界工厂的分岔路：英美制造业发展的不同方向及其原因

一　世界工厂发展的不同方向

英国制造业在登顶世界第一后半个世纪内就被美国超越，而美国制造业在登顶世界第一后的100多年后依然通过高技术产业引领全球制造业产业链发展。两国制造业在登顶世界第一后尽管面临一些相同发展趋势和挑战，但两国制造业表现和发展方向却完全不同，

---

① ［美］斯坦利·L.恩格尔曼、［美］罗伯特·E.高尔曼主编：《剑桥美国经济史（第三卷）：20世纪》（下册），蔡挺等主译，中国人民大学出版社2018年版，第726页。

美国制造业不断向高度工业化演变，而英国制造业则呈现出改造升级停滞的趋势。

美国加快推动高度工业化步伐，主要表现为：一是美国高技术制造业快速发展，汽车、飞机、通信、电子配件等高技术制造业在制造业中的比重不断提升（见表10-4）。二是美国制造业不断向产业链上游延伸，生产生产资料的甲类工业快速发展，占制造业的比重快速提升。1982年美国甲类工业占制造业的产值比重从1937年的43.8%上升到53.5%（见表10-5）。三是尽管美国的制造业份额在下降，但与制造业息息相关的生产性服务业比重却是上升的，表明美国的制造业并不是收缩，而是产业链上下游的调整和延伸。1950—2019年美国制造业份额下降14.4个百分点，但同期信息服务和专业商业服务占GDP的比重分别上升1.93个百分点和9.23个百分点，合计提升11.16个百分点，接近弥补制造业份额的下降（见表10-6）。尽管美国货物贸易逆差不断扩大，但美国服务贸易在近几十年里一直保持顺差，商业服务、科技服务和金融服务等生产性服务业贡献较大。

表10-4　　　　　　　1880—1980年美国前十大制造业

1880年	1900年	1920年	1940年	1960年	1980年
棉制品	机器制造业	铁路机车	汽车	汽车	汽车
毛制品	棉制品	机器和铸造	钢铁	飞机	飞机
男子服装	木材业	木材业	棉制品	钢铁	通信
木材业	钢铁	棉制品	木材	新闻杂志	电子配件
机器和铸造	男子服装	钢铁	鞋类	妇女服装	新闻杂志
钢铁	铁路车辆	造船	面包类	木材业	钢铁
靴鞋	印刷出版	电气设备	毛制品	建筑金属	塑料

续表

1880 年	1900 年	1920 年	1940 年	1960 年	1980 年
砖瓦	靴鞋	靴鞋	肉类包装	肉类产品	建筑金属
家具	木工	汽车	纸制品	面包类	妇女服装
印刷出版	水泥工	男子服装	罐头制品	商业印刷	商业印刷

注：根据行业就业人数排名。
资料来源：陈宝森：《美国经济与政府政策——从罗斯福到里根》，社会科学文献出版社 2007 年版，第 303 页。

表 10-5　美国制造业内部行业结构的变化（1937—1982 年）　　单位：%

年份	项目	甲类工业	乙类工业
1937	就业比重	39.7	60.3
	产值比重	43.8	56.2
1967	就业比重	47.5	52.5
	产值比重	52	48
1977	就业比重	47.8	52.2
	产值比重	53.6	46.4
1982	就业比重	48.9	51.1
	产值比重	53.5	46.7

资料来源：陈宝森：《美国经济与政府政策——从罗斯福到里根》，社会科学文献出版社 2007 年版，第 305 页。

表 10-6　美国制造业和主要生产性服务业占 GDP 的比重　　单位：%

年份	1950	1960	1970	1980	1990	2000	2010	2019
制造业	25.34	25.40	22.85	20.46	17.35	15.12	12.23	10.94
信息服务	3.33	3.52	3.83	4.15	4.52	4.59	4.88	5.26
专业商业服务	3.42	4.18	4.87	6.12	8.77	10.80	11.56	12.65

资料来源：笔者根据美国经济分析局数据整理。

相比美国的去中低端化，英国制造业则呈现出改造升级停滞的趋势。① 以钢铁为例，早在19世纪上半叶，钢铁已成为英国的优势行业，大量出口美德等国家。钢铁制造中的大多数重大创新都来自英国，比如分别于1856年、1867年和1877年问世的贝塞麦转炉、西门子—马丁平炉和吉尔克里斯特—托马斯碱性炼钢法。但由于英国钢铁更多转向竞争压力相对较小的殖民地等海外市场，英国钢铁工业在采用新技术上动力不足、动作迟缓，无法跟上美德法等国的创新速度，英国钢铁工业生产率在19世纪末期先后被美德超越。② 1850年，英国钢铁产量占世界比重接近70%，1870年下降到不足40%，到19世纪末期仅为世界总产量的20%左右。③ 在汽车、电气、化工等第二次工业革命中的高技术产业领域，英国也都处于落后状态，新技术落地和产业化严重滞后，产业升级步伐停滞，失去对新一轮科技革命和产业变革的主导权。以汽车产业为例，20世纪初期，美国汽车快速产业化，汽车产量加快扩张。在1900年，美国汽车的产量已经达到每百户家庭拥有0.1辆汽车，而英国直到1930年左右才突破1000辆，同期美国每百户家庭拥有汽车已经达到89.3辆。④

---

① 去中低端化表现为：随着劳动力成本的不断攀升，美国制造业企业不断将加工组装环节和低附加值制造业向外转移，不断加大对低工资国家进口组装件和制成品，满足国内制造业发展和消费需求。

② 相比英国，美国自1890年颁布《谢尔曼反托拉斯法案》以来一直强调、鼓励和促进国内企业竞争，竞争的经济环境迫使美国企业不断尝试和采用创新的技术。如，正是安德鲁·卡耐基不断采用酸性转钢炉、贝氏转炉和西门子平炉等新技术新工艺，战胜了世界上所有的炼钢厂（见［美］乔纳森·休斯、［美］路易斯·P. 凯恩《美国经济史》（第7版），邸晓燕、邢露等译，北京大学出版社2011年版）。

③ ［英］埃里克·霍布斯鲍姆：《工业与帝国：英国的现代化历程》，梅俊杰译，中央编译出版社2016年版，第397页。

④ ［美］罗伯特·戈登：《美国增长的起落》，张林山、刘现伟、孙凤仪等译，中信出版集团2018年版，第160页；［英］埃里克·霍布斯鲍姆：《工业与帝国：英国的现代化历程》，梅俊杰译，中央编译出版社2016年版，第389页。

二 英美制造业不同表现背后的原因

在一个长历史周期里,英美制造业不同表现背后的原因是复杂的,既有资源禀赋等难以改变的因素,也有发展战略等可以改变的原因。由于历史资料和数据的有限,本书选择了比较粗犷的方式,主要研究分析一些与发展战略选择相关的主要原因。

一是包容性增长造就庞大国内市场,很好地支撑了美国制造业的发展。通过制造业的发展,英美人均GDP水平先后快速提升,但相比英国,美国的经济增长惠及各个阶层,中下收入阶层可支配收入的提升培育造就了强大的国内市场,为制造业发展提供了广阔的市场空间。① 从工人工资来看,1780—1851年是英国工业发展的辉煌时期,但其工人的实际增长率仅为0.8%。② 而在1870—1910年,美国工人实际工资年均增长2.08%,在1910—1940年年均增长达到3.08%,收入增长水平明显高于英国。③ 美国工人的工资水平也远高于英国,在1870年,美国的真实工资是英国的1.72倍,1890年降到1.63倍,1913年又回到1.72倍。④ 从财富分配来看,英国前10%人群占有总财富的比重在1810—1870年为85%,到1900—1910年超过了90%,前1%人群占有总财富的比重则从1810—1870年的55%—60%上升至1910—1920年的70%。1910年,即美国制造业登顶世界第一位的初期,美国的财富不平等虽然处于较高水平,前10%人群占有总财富的80%,前1%人群占到45%,但不平等程度远

---

① 收入和财富的不平等在一定程度上还造成了英国工人的移民和对美国等国家的技术工人的输出。
② [美]托马斯·K·麦格劳:《现代资本主义:三次工业革命中的成功者》,赵文书、肖锁章译,江苏人民出版社2006年版,第85页。
③ [美]罗伯特·戈登:《美国增长的起落》,张林山、刘现伟、孙凤仪等译,中信出版集团2018年版,第275页。
④ [美]乔纳森·休斯、[美]路易斯·P.凯恩:《美国经济史》(第7版),邸晓燕、邢露等译,北京大学出版社2011年版,第434页。

低于英国（见表10-7）。在此之后，美国财富不平等程度持续下降，1930年后美国10%人群占有总财富的比重一直保持在70%以下，直到21世纪开始超过70%，前1%人群占有总财富的比重一直维持在30%左右。① 在如此收入和财富分配格局下，美国居民能够支付起汽车等价格高昂的工业制成品，有力地促进了汽车等高技术产业的发展。相反，英国国内市场无法为高技术产品提供一个规模市场，而由于可以持续开发殖民地、自领地等海外市场，英国也没有动力和压力开发和深耕国内市场。这导致英国高技术制造业市场需求缺乏，很多起源于英国的领先技术，如苯胺燃料、电报等难以落地和产业化，高层次市场需求不足制约高技术制造业发展，英国逐渐被第二次工业革命边缘化。

表10-7　英国和美国财富不平等程度在不同时期情况比较　　单位:%

国家	前10%人群占有总财富比重	前1%人群占有总财富比重	前10%人群占有总财富比重	前1%人群占有总财富比重
英国	1850年		1900年	
	85	（55—60）	90	70
美国	1910年		2010年	
	80	45	70	30

资料来源：［法］托马斯·皮凯蒂：《21世纪资本论》，巴曙松等译，中信出版社2014年版，第353、358页。

二是美国持续推动对等贸易自由化，在保护本国市场的同时也为打入国外市场创造了条件。19世纪起，英国逐渐从保守贸易政策

---

① ［法］托马斯·皮凯蒂：《21世纪资本论》，巴曙松等译，中信出版社2014年版，第358页。

转向单边自由贸易政策。① 但英国的潜在竞争对手不仅没有扩大开放，反而强化对英国的贸易保护。由于利益集团博弈等原因，英国一直保持单边自由贸易政策至第一次世界大战，导致英国成为美国、德国等国家的重要市场，英国国内市场孕育美、德等国制造业的发展，而英国制造业却无法打入具有高利润的国外市场，改造升级动力和竞争压力严重不足。②③④ 英国进口关税从 1841—1845 年的 32.2%降至 1871—1875 年的 6.7%。⑤ 美国国内战争之后，为保护本国工业，美国大幅提高进口关税，平均关税率从 1959 年内战前的不到 20%，提升至内战期间的 50%左右，并在此水平维持数十年。在 1871 年统一后，德国开始大力实施贸易保护主义政策，限制自英国的商品进口。在高关税下，英国对欧美出口大幅降低。举例来说，1840 年，欧美市场占到英国棉纺织品出口的 29.5%，但到 1880 年，这一数字下降到不足 10%。⑥ 美国在第二次世界大战后也逐渐开始主导推动贸易自由化，但美国主导缔造的全球贸易体系却是互惠互利

---

① 英国的单边自由贸易政策指的是，英国主动降低关税水平、开放贸易市场，而不要求他国作出相应的自由贸易承诺。

② 邓久根、贾根良：《英国因何丧失了第二次工业革命的领先地位？》，《经济社会体制比较》2015 年第 4 期。

③ 英国选择单边自由贸易是其利益集团博弈的结果，19 世纪末期在英国出现大量贸易逆差的过程中，英国国内曾掀起对自由贸易的抵制，但由于其岛国资源的局限性，需要大量进口国外的原材料，为降低进口成本，国内部分行业企业家坚持降低进口关税。19 世纪的英国是一个以国际大循环为主、依赖海外市场资源的国家，即使后期英国所处的国际环境发生深刻变化，英国也没有推动发展战略转变。

④ 英国不仅在贸易上采取自由放任的态度，在资本输出上也采取了这种放任的态度，放松本国对潜在工业竞争国的资本供给。19 世纪中后期，在与俄国交战的克里米亚战争中，俄国为筹措经费，向伦敦金融市场举债，英国政府则避免介入，一切委由"市场理论"决定，而默许俄国政府向伦敦市场筹措军事费用（见［日］中西辉政：《大英帝国衰亡史》，王敬翔译，湖南人民出版社 2018 年版）。英国对资本输出的自由放任可见一斑。

⑤ 兴证宏观：《19 世纪：工业革命推动的贸易变化——从历史看贸易体系变化系列之二》。

⑥ ［英］埃里克·霍布斯鲍姆：《工业与帝国：英国的现代化历程》，梅俊杰译，中央编译出版社 2016 年版，第 155 页。

的。如，美国在肯尼迪回合之前应税进口产品的平均关税低于英国和日本，肯尼迪回合之后也仍低于英国，与日本大致持平（见表10-8）。东京回合之后，美国应税进口产品的平均关税仍低于欧共体和加拿大等国家和地区（见表10-9）。

表10-8　　　肯尼迪回合前后应税进口产品的平均关税　　　单位：%

国家（地区）	肯尼迪回合之前	肯尼迪回合之后
美国	13.5	9.6
欧共体	12.8	8.1
英国	16.6	10.6
日本	15.5	9.5

注：肯尼迪回合于1964年5月开始，历时3年结束。非农业应税进口产品、矿物燃料除外。

资料来源：[美]道格拉斯·欧文：《贸易的冲突：美国贸易政策200年》，余江、刁琳琳、陆殷莉译，中信出版集团2019年版，第526页。

表10-9　　　东京回合前后应税进口产品的平均关税　　　单位：%

国家（地区）	东京回合之前	东京回合之后
美国	6.5	4.4
欧共体	6.6	4.7
日本	5.5	2.8
加拿大	13.6	7.9

注：东京回合于1973年11月开始，于1979年4月结束。

资料来源：[美]道格拉斯·欧文：《贸易的冲突：美国贸易政策200年》，余江、刁琳琳、陆殷莉译，中信出版集团2019年版，第551页。

三是美苏争霸激发美国政府持续加大对科技创新的投入，美国制造业发展有效避免了"高水平均衡陷阱"。第二次世界大战后，美国联邦政府持续主导国内的技术研发，美国联邦政府对研发的投入占研发总投入的比重一直维持在1/2到2/3。与此同时，美国政府深入推进高技术产业发展,加快前沿技术产业化。以集成电路为例,联邦政府不仅在研发上资助集成电路企业,还从需求侧通过军事采购大量购买集成电路产品,促进集成电路早期发展和价格快速下降,从而为集成电路产品的大规模商用化应用奠定了基础(见表10-10)。集成电路产业的快速发展也推动了美国成为第三次工业革命的主导者和起源地。而英国在第一次工业革命后,对前沿技术和新兴产业的重视程度大幅下降。英国技术创新能力不足的一个重要原因是"高水平均衡陷阱",即英国制造业在全世界处于领先地位,在与美国、德国等工业国的竞争中优势明显,其自大和保守性滋生,坚信自己的技术优势仍将长期持续,导致其对技术创新投入的动力不足。特别需要说明的是,第二次世界大战后美国制造业在全球具有很强的竞争力,业界和民众对制造业的未来发展并无过多担忧,但由于对苏联军事崛起的担忧,美国为赢得对苏联的胜利,不断加大对军备竞赛和科技竞赛投入,为美国技术创新带来了持续不断的支持,为制造业长期发展储备了一批前沿技术,有效地促进了美国继续主导和引领科技革命和产业变革,在一定程度上避免了陷入"高水平均衡陷阱"。

表10-10　　美国集成电路的产值和价格以及军用市场的重要性(1962—1968年)

年份	总产值(百万美元)	平均价格(美元)	军用产值份额(%)
1962	4	50	100
1963	16	31.60	94
1964	41	18.50	85
1965	79	8.33	72
1966	148	5.05	53
1967	228	3.32	43
1968	312	2.33	—

资料来源:[美]斯坦利·L.恩格尔曼、[美]罗伯特·E.高尔曼主编:《剑桥美国经济史(第三卷):20世纪》(下册),蔡挺等主译,中国人民大学出版社2018年版,第781页。

四是美国实施强有力的产业政策，定向打压潜在竞争国战略性产业发展。以半导体为例，20世纪80年代，美国在半导体产业的优势地位受到日本的极大挑战。1978年，美国半导体企业营业收入占全球半导体营业收入的55%，日本仅为22%，但到1986年，日本这一数据快速上升到46%，而美国则下降至40%。[1] 认识到这一挑战，美国政府迅速组织起对日本半导体的狙击，对日本半导体发起贸易摩擦，逼迫日本政府对销往全球的半导体实施最低出口价格，并要求将日本国内半导体市场的外国份额从8%提升至20%。在国内，美国通过放松反垄断法管制和政策支持等方式组织成立半导体制造技术研究联合体，有力地促进了本国半导体企业的创新合作，大大缩短了半导体制造技术开发和应用的周期，加速了新技术在企业间的扩散，带动全行业技术进步，很快便形成了美国半导体产业发展的整体优势。20世纪90年代中期，美国公司全面超越日本公司，重新确立了美国半导体工业的领先地位。此外，美国不断建立和完善出口和技术扩散的管制体系，通过法律制度的规范管理，对其核心技术、人才与资源的扩散和流失实施全面管理和监控，以确保其在高技术制造业领域的领先地位。而且，这种对高新技术的保护并不仅仅针对苏联、中国等社会主义国家，美国同样也通过构建等级不同的技术壁垒来防止英国等盟国获取美国的核心技术。

第四节　结论及对中国的启示

纵观英美制造业崛起的发展历程，可以发现，大国制造业的发展具有共同规律。英美制造业都从保护国内市场和进口替代开始，通过吸收国际先进技术，逐步培育和壮大本国制造业，提升制造业

---

[1] [美]道格拉斯·欧文：《贸易的冲突：美国贸易政策200年》，余江、刁琳琳、陆殷莉译，中信出版集团2019年版，第602页。

在全球市场的竞争力，进而通过推动贸易自由化等方式实施出口导向的发展战略，积极开拓国际市场，做大做强本国制造业。制造业的发展带来居民收入水平不断提高，引起制造业劳动力等要素成本大幅提升、引进国外先进技术难度大幅增加，推动本国制造业发展的自主创新内生动力增强，技术外溢也开始显现，也面临新兴国家和老牌工业国的严峻挑战，在他国贸易保护、本国传统要素成本快速提升、技术引进和创新成本提升的条件下，大国制造业国内投资回报率下降，对外投资、产能外迁压力加大，同时制造业的发展逐步奠定大国在全球军事和货币等领域的霸权地位，给金融等服务业的发展带来极大优势，服务业加快发展，去工业化趋势显现。由此观之，随着制造业的发展壮大，大国制造业进入新发展阶段，可能会陆续出现和承受贸易逆差扩大、产业外迁、去工业化和技术外溢的烦恼和压力。与英国相比，美国的成功经验在于控制和延缓了这些烦恼和压力的发展速度，有效防范了这些现象和苗头快速演变成重大风险。

当前，中国制造业发展进入一个新的历史时期。中国制造业增加值规模自2010年超过美国以来，占全球比重持续上升，成为名副其实的世界工厂。2019年，中国制造业增加值占全球的比重超过28%，接近美日德三国总和。同时，中国制造业也出现了产业外迁、去工业化等现象和苗头。从英美制造业登顶世界第一位后的长期发展趋势来看，中国出现这些现象和苗头是国际竞争中大国制造业的"共同烦恼"，但对比美国等工业化先行国家的历史发展阶段，当前中国这些现象和苗头出现过早。20世纪60年代左右美国出现了制造业比重下滑的趋势，彼时美国城市化率接近70%，人均GDP达到1.7万美元左右（2010年美元不变价），一次产业就业比重接近6%，而当前中国城镇化率刚超过60%，人均GDP刚接近1万美元，一次产业就业比重仍在25%左右，均远低于美国同期水平。[1] 特别是与当时的美国不同，当前中国制造业附加值不高，仍处于全球价值链的中低端水平，技术创新体系不够健全，产业基础能力薄弱，"卡脖子"技术问题突出。因此，中国必须警惕这些现象和苗头在未来一段时间过早过快演变成重大风险，发生英国制造业式的滑落，给中国制造强国建设和社会主义现代化建设带来挑战。需借鉴美国制造业发展的战略选择和经验举措，结合中国制造业的发展阶段，抓住主要矛盾，做好政策储备，强化风险管控，以双循环推动中国制造业发展战略转向。

第一，延缓"退"的速度。即夯实稳固国际大循环，改造提升传统制造业，平衡对外投资和对内投资。一是要扩大经贸合作朋友圈，为本土制造业寻求利润更高、竞争更强的海外市场。强化与美国政府的经贸谈判与沟通，加强与美国各界人士的沟通和交流，与美国探索设立"零关税零壁垒零补贴"为基础的中美自由贸易试验区，开启中美投资协定谈判，探索中美投资合作新模式。充分利用国内市场优势，有针对性地引进高水平的外资企业来华投资，增加鲶鱼效应，激发和提升国内制造业竞争力。但需要注意的是，必须警惕在追求对外开放中出现单边贸易自由化的风险，强化互惠互利的自由贸易。二是要推进制造业升级改造，提升优势产业竞争力。通过破除垄断和支持中小企业发展，鼓励制造业企业竞争，激发企业创新和改造升级的内生动力。加快制造业数字化转型，实施制造业技术改造工程，打造数字车间和智能工厂，以人工智能等新技术赋能石化、纺织服装、机械等优势产业，提升和再造优势产业竞争力。三是要平衡对内投资和对外

---

[1] 马晓河：《跨越中等收入陷阱、迈向高收入国家，亟需加快城镇化》，部分数据来源于世界银行和国家统计局；[美] 斯坦利·L. 恩格尔曼、[美] 罗伯特·E. 高尔曼主编：《剑桥美国经济史（第三卷）：20世纪》（下册），蔡挺等主译，中国人民大学出版社2018年版，第498页。

投资，促进内外双循环联动。结合共建"一带一路"，引导相关产业分阶段、有重点"走出去"，引导国内企业加强境内境外双重布局。

第二，以"进"补"退"。即大力构建国内大循环，持续推动高度工业化，促进制造业内部结构优化，发展战略性新兴产业，延伸发展生产性服务业，加快提升服务贸易水平。一是要畅通国内循环，激发国内市场潜力。推进全国统一市场建设，加快生产要素市场化改革，以制造业效率效益提升为导向，促进研发、设计、生产、商业化等全流程一体化，推动生产、分配、交换、消费等全过程畅通。特别是要加快收入分配制度改革，调节过高收入，增加低收入者收入，扩大中等收入者比重，保障制造业从业人员的合理回报，加快培育壮大中等收入群体，深挖内循环市场需求潜力。二是要建设全球领先的高技术制造业市场，加速新技术产业化。加大对基础研究和前沿技术领域研究的支持力度，进一步聚焦重点科学问题和与产业技术难题相关的基础研究，以及具有公益性质的研发项目，解决制约产业发展的共性技术问题，为制造业未来发展储备一批前沿技术。加大公共部门采购力度，为新兴技术产业化提供应用场景。三是要鼓励重点领域优势企业建立研发和营销体系，强化对全球市场和营销网络的掌控，提升中国企业参与全球供应链的主动权。加快推动服务贸易发展，提升生产性服务业对外贸易水平，弥补货物贸易的增长放缓。

第三，保持产业政策的战略储备，应对重点行业潜在国家竞争的挑战。当前，中国制造业加快从后发追赶向并跑领跑转变，产业政策的适用条件和应用场景正在弱化，但这并不意味着中国要放弃产业政策，放弃政府对战略型产业的支持。未来仍需建立国防安全和技术创新等领域重点行业的产业政策储备，动态跟踪和评估这些战略型产业的发展情况，在潜在国家竞争压力加大时，及时出台相关政策措施，强化对本国战略型产业的市场保护、技术研发支持和技术出口管制。相应地，还需加快建立和完善中国高技术产业和领先行业的技术管制体系，减少高技术产业的技术外溢，保持对国外的技术领先优势，维持和夯实中国战略型产业的核心竞争力。

第十一章　先行工业化国家制造业比重稳定组和下降组的比较及启示

近年来，中国制造业比重下滑，2015—2020 年，制造业增加值占 GDP 比重从 29.0% 下降至 26.2%。[①] 基于此，《中华人民共和国国民经济和社会发展第十四个五年规划和 2035 年远景目标纲要》提出要保持制造业比重基本稳定。近几十年来，主要发达国家制造业发展出现大分化，表现为以美国、英国和法国等为代表的先行工业化国家制造业比重呈现出明显下降趋势，目前制造业比重均下降到 10% 左右水平，而以日本、德国和韩国等为代表的先行工业化国家制造业比重基本保持稳定，目前仍维持在 20% 左右水平。本书试图比较分析先行工业化国家制造业比重稳定组和下降组制造业发展的基本情况，研究下降组国家制造业比重下降的主要原因，梳理和归纳稳定组保持制造业比重基本稳定的主要做法，为中国保持制造业比重基本稳定提供经验启示。

第一节　稳定组与下降组的分类：日德韩 vs 美英法

近几十年来，先行工业化国家制造业发展出现分化，按照制造

---

① 数据来源：国家统计局。

业增加值占GDP的比重可以将先行工业化国家分为制造业比重稳定组和下降组，两者的差别主要在于：一是横向比较来看，2019年日本、德国和韩国制造业比重基本稳定在20%左右，而美国已经下探到11.26%，英国和法国更是低于10%（见图11-1）。二是以日本、德国和韩国为代表的稳定组制造业比重下降并不明显，而美国、英国和法国制造业比重下降较快。2018年，日本制造业比重为20.75%，比1994年下降不到3个百分点。2019年，德国制造业比重为19.11%，比1994年下降不到2个百分点。2019年，韩国制造业比重达到25.32%，基本与1994年保持一致。[①] 反观美国、英国和法国，同一时期制造业比重下降超过或接近5个百分点。

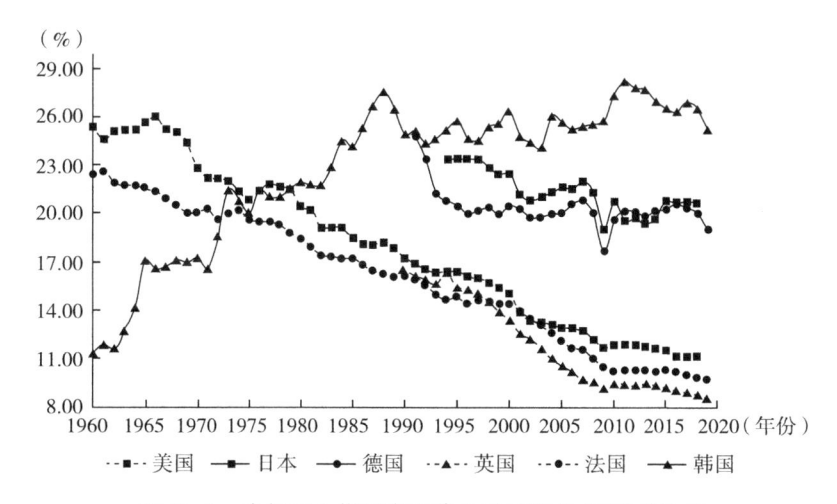

图11-1 先行工业化国家制造业增加值占GDP的比重

资料来源：世界银行、美国经济分析局。

从制造业内部来看，稳定组和下降组的差别主要体现在两个方面：一是稳定组国家中高端制造业占比相对较高，表明稳定组制造

---

① 之所以与1994年相比较，是因为日本制造业比重数据在1994年前缺失，为保持统一，其他国家均与1994年相比。特别强调的是，美国等上述发达国家在1994年前均已进入后工业化阶段，与1994年相比较并不存在发展阶段不同无法比较的问题。

业比重较高很大程度上是高技术制造业发展较好的结果。2014年，美国、英国和法国高技术制造业增加值占制造业增加值的比重分别为39.75%、38.45%和34.03%，远低于日本的42.33%、德国的54.18%和韩国的54.81%（见图11-2）。从商品出口结构来看，2018年，日本、德国和韩国中高技术占制成品出口比重分别为80.66%、73.91%和74.22%，远高于美国的62.31%、英国的68.73%和法国的65.88%。且在21世纪的大部分时间里，稳定组中高技术占制成品出口比重都要普遍高于下降组（见图11-3）。

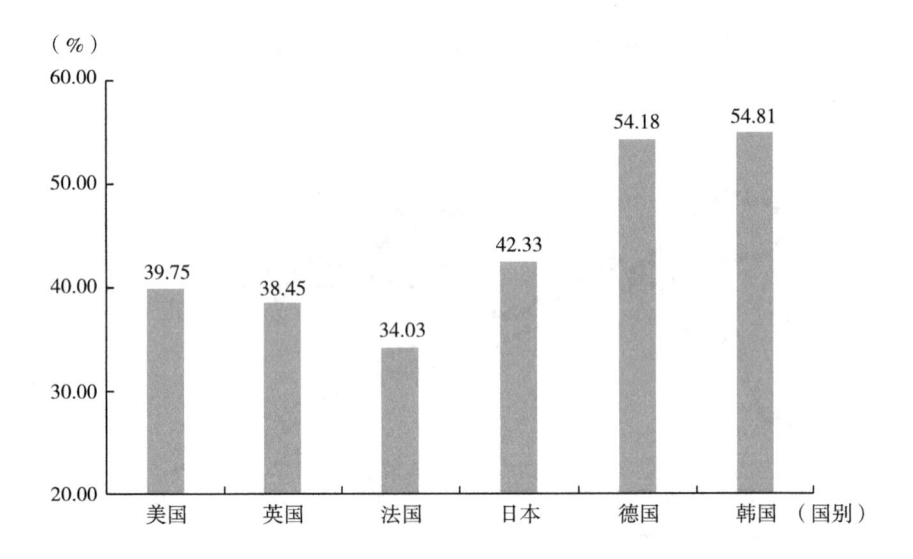

图11-2　2014年先行工业化国家高技术制造业增加值占制造业增加值的比重

资料来源：WIOD数据库。

二是与稳定组相比，下降组贱金属制造、金属制品、电气设备、机械设备和汽车等装备制造产业链快速萎缩。[①] 主要表现为，一方

---

① 贱金属制造、金属制品、电气设备、机械设备和汽车五大行业或是装备制造业，或是装备制造业的重要上游环节，以下简称装备制造等五大制造业行业。

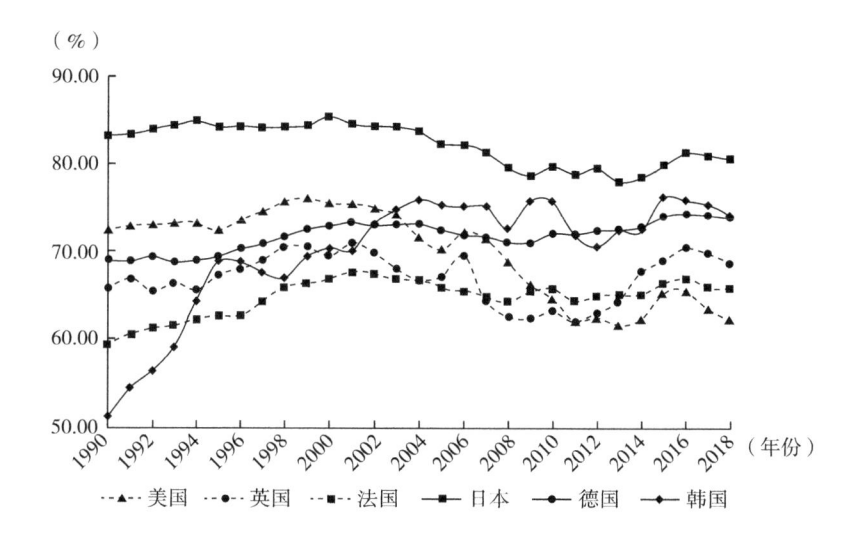

图 11-3　先行工业化国家中高技术占制成品出口比重

资料来源：世界银行。

面，下降组装备制造等五大制造业行业比重过低。2014 年，美国、英国和法国装备制造等五大制造业行业增加值占 GDP 的比重分别为 3.18%、3.10% 和 2.77%，远低于日本的 7.16%、德国的 12.09% 和韩国的 11.85%（见表 11-1）。① 以美国为例，2014 年美国制造业比重比日本、德国和韩国分别低 6.84 个百分点、9.94 个百分点和 18.2 个百分点，同期装备制造等五大制造业行业增加值占 GDP 的比重比日本、德国和韩国分别低 3.98 个百分点、8.91 个百分点和 8.67 个百分点，贡献制造业比重差距的一半左右。另一方面，装备制造等五大制造业行业比重下降过快。与 2000 年相比，美国、英国和法国制造业比重分别下降 3.03 个百分点、4.7 个百分点和 4.44 个百分点，其中装备制造等五大制造业行业增加值占 GDP 的比重分别

---

① 为分析先行工业化国家制造业内部结构，此处采用世界投入产出表数据，与世界银行数据略有差别，此处制造业比重与上文会存在一定差异。

下降 1.35 个百分点、1.53 个百分点和 1.65 个百分点，贡献制造业比重下降幅度的 30% 以上。而反观稳定组，日本装备制造等五大制造业行业比重仅下降 0.74 个百分点，而德国和韩国装备制造等五大制造业行业比重不仅没有下降，反而还有不同程度的提升。装备制造产业链链条较长、加工组装环节较多，制造工艺复杂，对产业链上下游配套要求较高，对一国制造业生态尤其依赖。

表 11-1 先行工业化国家制造业及细分行业增加值占 GDP 的比重　单位：%

	行业	美国	英国	法国	日本	德国	韩国
2014 年	制造业	12.09	10.24	9.97	18.93	22.03	30.29
	贱金属制造	0.34	0.24	0.24	1.29	0.82	2.41
	金属制品	0.84	1.03	1.02	1.33	2.04	2.27
	电气设备	0.31	0.32	0.33	0.83	1.66	1.76
	机械设备	0.87	0.79	0.66	1.64	3.55	2.57
	汽车	0.81	0.72	0.51	2.05	4.03	2.83
	五大行业合计	3.18	3.10	2.77	7.16	12.09	11.85
2000 年	制造业	15.12	14.94	14.41	21.26	22.46	28.98
	贱金属制造	0.46	0.46	0.53	1.34	0.90	2.26
	金属制品	1.18	1.36	1.38	1.82	2.04	1.60
	电气设备	0.45	0.58	0.61	1.36	1.84	1.58
	机械设备	1.10	1.19	0.92	1.49	3.22	2.34
	汽车	1.34	1.04	0.99	1.88	2.97	2.20
	五大行业合计	4.53	4.63	4.42	7.90	10.95	9.98
2000—2014 年下降份额	制造业	3.03	4.7	4.44	2.33	0.43	−1.31
	贱金属制造	0.12	0.22	0.29	0.05	0.08	−0.15
	金属制品	0.34	0.33	0.36	0.49	0	−0.67
	电气设备	0.14	0.26	0.28	0.53	0.18	−0.18
	机械设备	0.23	0.4	0.26	−0.15	−0.33	−0.23
	汽车	0.53	0.32	0.48	−0.17	−1.06	−0.63
	五大行业合计	1.35	1.53	1.65	0.74	−1.14	−1.87

资料来源：WIOD 数据。

制造业比重下降对应的是服务业比重的上升，从服务业内部结构来看，下降组制造业比重较低既有金融业、房地产租赁等服务业上涨的原因，也有专业商业服务等高科技含量、高附加值生产性服务业发展提升的原因。以美国为例，1950—2019 年，美国金融业、房地产租赁等服务业占 GDP 的比重上升幅度较大，分别提升 5.07 个百分点和 4.9 个百分点，同时信息服务和专业商业服务等高附加值生产性服务业分别提升 1.93 个百分点和 9.23 个百分点，提升幅度大致与制造业下降份额相当，① 但批发、零售、交通仓储等中低端生产性服务业占的 GDP 比重均有不同程度的下降（见表 11-2）。

表 11-2　　　　美国主要服务业占 GDP 的比重　　　　单位：%

主要服务业	1950 年	1960 年	1970 年	1980 年	1990 年	2000 年	2010 年	2019 年
批发	6.2	6.4	6.3	6.5	5.8	6.1	5.8	5.9
零售	8.7	7.6	7.7	7.0	6.7	6.8	5.8	5.4
交通仓储	5.6	4.3	3.7	3.6	2.9	3.0	2.8	3.3
信息服务	3.33	3.52	3.83	4.15	4.52	4.59	4.88	5.26
金融业	2.7	3.6	4.1	4.8	5.8	7.3	6.7	7.77
房地产租赁	8.5	10.2	10.1	10.9	11.7	12.1	13.0	13.4
专业商业服务	3.42	4.18	4.87	6.12	8.77	10.80	11.56	12.65

资料来源：笔者根据美国经济分析局数据整理。

第二节　先行工业化国家制造业比重不同背后的原因

先行工业化国家制造业比重不同背后的原因是复杂的，既有全球产业分工的原因，也有制度、发展战略选择等原因。

---

① 数据来源：美国经济分析局。

一 全球产业分工不同：为全球制造 vs 为全球服务

日本、德国和韩国是制造业大国，还是制成品输出大国，货物贸易输出常年保持顺差。2019年，日本、德国和韩国商品净出口占GDP的比重分别为0.07%、6.41%和4.67%，均为货物贸易顺差国家，而与之相对比，同期美国、英国和法国商品净出口占GDP的比重分别为-4.43%、-5.92%和-1.94%，均为货物贸易逆差国家（见图11-4）。特别是，美国在1970年后就一直处于货物贸易逆差状态，在1970年后除少数年份外，英国均处于货物贸易逆差状态，而法国在21世纪的大多数年份商品净出口均为负数。相反，日本、德国和韩国在21世纪基本处于货物贸易顺差状态。再以汽车制造业为例，日本、德国和韩国均为全球生产制造汽车，是名副其实的汽车大国。2019年，日本GDP为美国的23.7%，汽车产量却达到美国的89.0%，德国GDP为美国的17.9%，汽车产量却达到美国的82.8%，韩国GDP

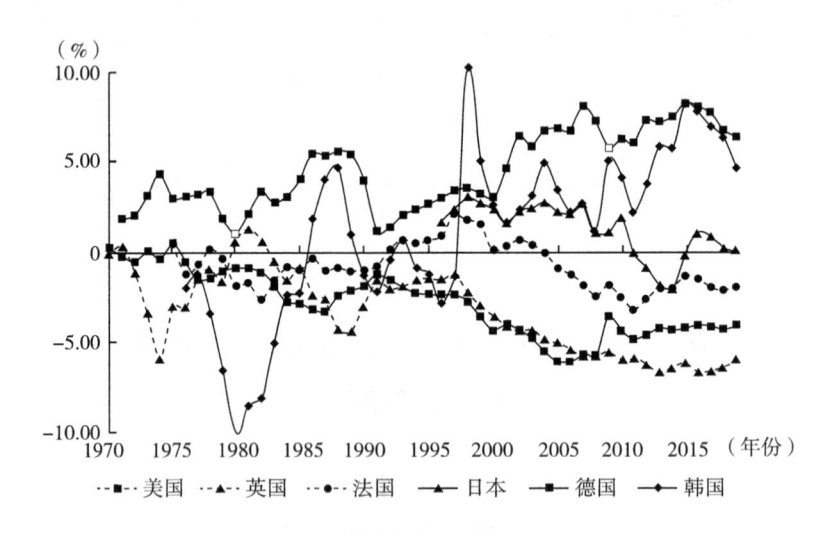

图11-4 先行工业化国家商品净出口占GDP的比重

资料来源：世界银行。

为美国的 7.6%，汽车产量却达到美国的 36.3%。①

美国、英国和法国的制造业在全球范围内也较为突出，但相比而言，三国服务业发展比较优势更为突出，服务贸易常年保持较大顺差。2019 年，美国、英国和法国服务贸易净出口占 GDP 的比重分别为 1.34%、4.67% 和 0.89%，均为服务贸易顺差国家，而同期德国和韩国服务贸易净出口占 GDP 的比重分别为 -0.63% 和 -1.40%。且日本近几十年来，除 2019 年略有顺差外，均处于服务贸易逆差状态，德国在近 50 年里一直处于服务贸易逆差状态，韩国在 20 世纪 90 年代服务贸易转为逆差后也一直处于服务贸易逆差状态（见图 11-5）。

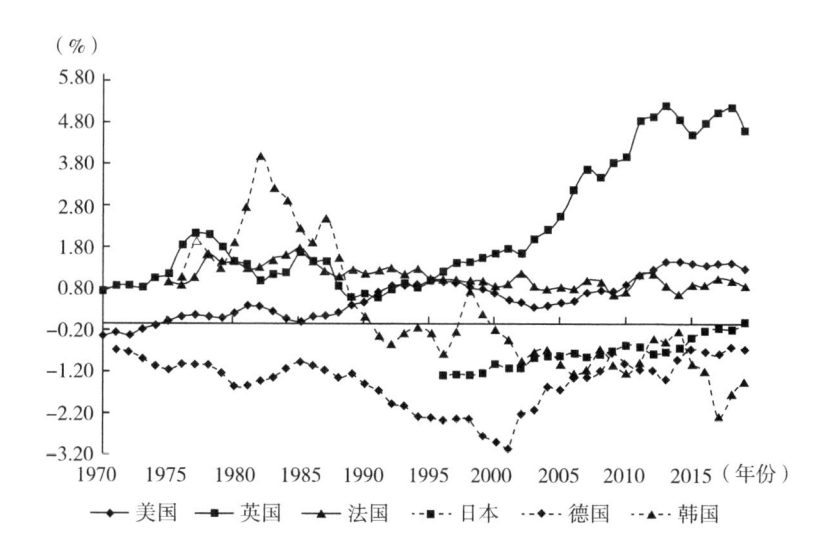

图 11-5　先行工业化国家服务贸易净出口占 GDP 的比重
资料来源：世界银行。

二　国家发展模式不同：重商主义 vs 自由主义

日本、德国和韩国的发展模式是重商主义，重视生产，尤其是

---

① 数据来源：世界银行、世界汽车工业协会。

制造业生产,通常采取金融抑制、限制进口、保护国内市场、压低本国劳动力工资等政策手段,大量进口原材料,大力发展出口产业占领国际市场,获取规模经济效益。伴随这种发展模式的一个鲜明特征是高储蓄低消费。2019年,日本、德国和韩国储蓄率分别达到27.84%、28.52%和34.79%,远高于美国的18.71%、英国的13.33%和法国的23.40%。① 在过去半个世纪里,除德国在部分年份储蓄率低于美国和法国外,稳定组国家储蓄率基本处于高位,均高于下降组国家(见图11-6)。相应地,美国、英国和法国最终消费支出率均处于高位。2019年,美国、英国和法国最终消费支出率分别为81.83%、83.65%和76.82%,均高于日本的75.44%、72.81%和65.71%,且在过去半个世纪里,下降组国家最终消费支出率也均高于稳定组(见图11-7)。②

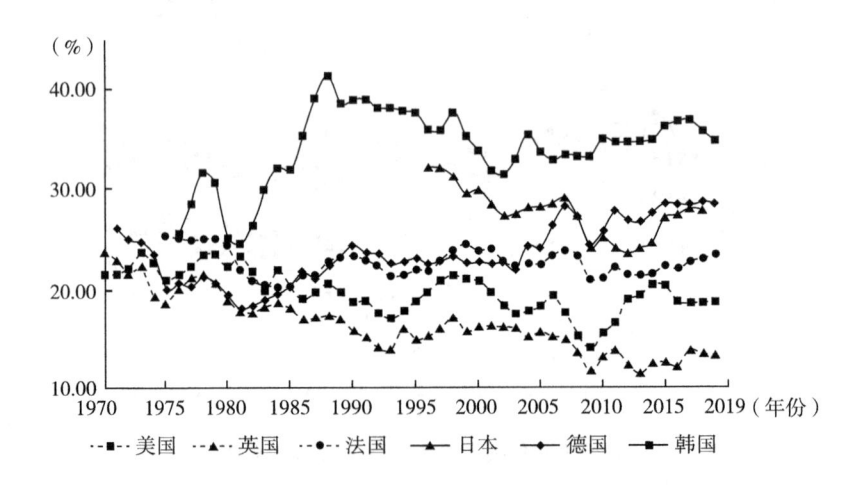

图11-6 先行工业化国家储蓄率

资料来源:世界银行。

---

① 日本为2018年数据。
② 日本为2018年数据。

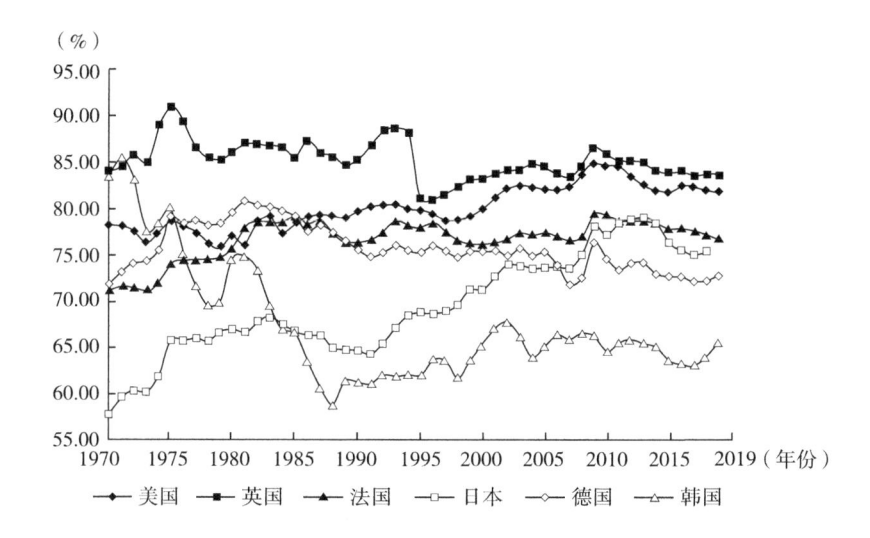

图 11-7　先行工业化国家最终消费支出率

资料来源：世界银行。

在重商主义发展模式中，政府干预对制造业发展支持力度较大。20 世纪 70 年代后，日本制造业快速崛起，不断冲击美国制造业在全世界的地位，日本央行依然使用货币管制保持日元价值低于美元，并通过保护国内市场和交叉补贴出口，以确保制造业产品的贸易竞争优势。韩国集中金融资源以及动员商业集团支持重点制造业的发展：[①] 一方面，故意歪曲物价体系，压制和排斥劳动部门，同时向参与的企业集团提供各种优惠；另一方面，政府通过保护国内产业、建立贸易壁垒、支付企业补助金等方式进一步促进产品出口。德国也选择了金融抑制的手段，德国从加入欧元区中得益，与一个独立的德国货币价值相比，欧元可能被低估。

而相对而言，在过去很长一段时间，下降组国家信奉自由市场

[①] 李折周：《韩国发展型国家模式下"进口替代"与"出口导向"战略研究》，《东北亚经济研究》2020 年第 1 期。

理论，主张互惠平等自由贸易，对生产和服务并没有明显的偏向。以美国为例，从宏观上看，美国并没有过多强调对生产制造的支持，较少采用扭曲生产要素价格等方式支持制造业的发展，特别是强势美元还推动储蓄和投资不匹配的过度消费，生产与消费之间的不平衡不断增加。此外，美国开放的贸易体制、强势的货币、高消费率、开放的金融市场在促进本国服务业发展的同时，也为其他国家制造业出口提供了规模市场。

三 产业对外转移类型不同：激进型产业转移 vs 保守型产业转移

以美英为代表的发达国家制造业向外转移呈现出激进的特征，即以获取高额利润为主导的产业转移，转出的产业和产业链环节不受约束。主要表现为，随着劳动力等传统要素成本的上涨，跨国企业会逐渐将本国制造业中不具备比较优势的生产环节逐步转移到具有比较优势的新兴国家和地区，以充分利用这些地区的要素资源禀赋优势，通过全球化分工布局来获取高额利润，甚至部分企业在设计和生产新产品时就采取全球化布局方式，把新开发出来的最新技术连同资本一同带到国外最有利可图的地方去投资建厂。如，苹果手机基本将全部生产、加工和组装环节全部外包至新兴国家和地区，其本土基本不存在生产制造环节，只保留高附加值的研发设计、营销等环节。从短期来看，这种全球化分工布局方式，有利于发挥本国的比较优势、赚取高额利润。但从长期来看，随着制造业的持续向外转移，本国制造能力持续下降，制造业的产业公地和产业配套逐渐侵蚀，制造业生态发生深刻变化，本国制造成本不断高企，越来越不利于制造业的发展。

日本、德国和韩国等稳定组国家在进入高收入国家行列后，也面临劳动力成本优势快速下降的问题，同时由于市场在外也面临运输成本过大和贸易摩擦风险加大等问题，企业也倾向于将不具备比较优势的生产制造环节向外转移。但日本、德国和韩国的产业对外转移均是保守型产业转移,在本国保留了生产制造的部分重要产能。① 以日本为例,日本在产业转移中仍将制造业企业总部和研发设计等核心环节留在国内,日本制造业企业在国内均保留有"母工厂"。② 如,机器自动化领域的企业虽然也在海外建设工厂,但总体上以组装厂为主,核心部件的生产、加工仍在日本国内进行,数控机床与伺服马达主要在其位于山梨县的总部及栃木县壬生町的工厂制造;机器人在总部及筑波工厂制造。③ "母工厂"在满足本国市场需求的基础上,保留了本国的制造能力,并通过加大对新技术新产品的开发试制,促进日本制造业企业进行技术改进和确定标准生产方法等,特别是有利于国内制造业保持技术领先地位,防止核心技术外溢。

第三节 典型国家稳定制造业比重的主要做法与经验

制造业是日本、德国和韩国参与国际竞争的重要产业和部门。制造业的茁壮成长会引发对相关配套的强大需求,进而繁荣促进制造业发展的生态体系。而反过来,培育和维护制造业发展生态又能夯实和稳固制造业发展。日本、德国和韩国为促进制造业发展,不断强化基础产业及工业基础设施、科技创新、人力资源和现代金融等对制造业的支撑,在培育和维护制造业发展生态方面作出了很多努力。

---

① 稳定组国家对外产业转移较为保守,具有深层次原因。以德国为例,德国制造业家族企业居多,家族企业的经营者一般希望将企业传承给后代,将更多的精力放在公司的长远发展上,能容忍短期的利润减少。这些企业一般在一个地区扎根较长时间,出于解决本地区就业的社会责任感,在全球化中会刻意保留本地区的产能。
② 贺俊、刘湘丽:《日本依托"母工厂"发展先进制造的实践及启示》,《中国党政干部论坛》2013 年第 10 期。
③ 野村东方国际证券:《老龄化与产业升级、产业转移、人工替代、牛股:中日先进制造业国际比较研究》,2021 年 6 月 21 日。

一 强化基础产业和工业基础设施建设，夯实产业公地

产业公地丧失会导致一国制造业发展在本土难以获得硬件产品制造所需的零部件、组件、测试设备和物流等，往往导致一国选择将相关产品生产转移到海外。[①] 基础产业和工业基础设施是制造业产业公地的重要内容。相比美英等发达国家，日本、德国和韩国在本国保留了为制造业提供硬件配套的基础产业，并大力建设工业基础设施促进制造业发展。在基础产业方面，2019年，日本、德国和韩国钢铁人均产量分别达到78.81吨/百人、35.78吨/百人和137.31吨/百人，也远高于同期美国的26.77吨/百人、英国的19.25吨/百人和法国的17.31吨/百人（见表11-3）。冶金等基础产业尽管附加值相对不高，却是一国制造业产业公地的重要内容，发展不足对制造业生态会造成较大负面影响。第一，冶金等基础产业是制造业很多产业的上游原材料，这些产业弱化会增加一国下游产业链的生产成本，降低锂电池等高技术产品的竞争力，抑制制造业创新成果产业化。第二，基础产业在本国的大规模生产，会引发对制造业其他配套的需求，能分摊制造业其他行业的成本，进而有效降低制造业其他行业的成本。第三，基础产业的工艺创新能促进下游产业链的创新，基础产业的弱化不利于发挥各产业在本土的协同创新效应，基础产业的外迁在一定程度上会促进下游创新产品跟随转移。在工业基础设施方面，相比美国等国家基础设施建设滞后被诟病，日本、德国和韩国尤其重视工业基础设施建设。如，德国的高速公路网总长约12917公里，属于世界上最长最密集的系统，德国有约33000公里的铁路轨道，是欧洲迄今最长的铁路系统。[②]

---

① ［美］加里·皮萨诺、［美］威利·史:《制造繁荣：美国为什么需要制造业复兴》，机械工业信息研究院战略与规划研究所译，机械工业出版社2014年版。
② ［美］戴维·奥德兹、［德］埃里克·莱曼:《德国的七个秘密》，颜超凡译，中信出版集团2018年版。

表 11-3　　　　2019 年中国以外的世界主要国家钢铁产量

国家	钢铁产量（百万吨）	人均产量（吨/百人）
日本	99.3	78.81
德国	29.7	35.78
韩国	71.4	137.31
美国	87.8	26.77
英国	12.9	19.25
法国	11.6	17.31

资料来源：根据公开数据整理。

二　偏重过程创新的科技创新体系有效支撑制造业创新

先行工业化国家均是创新大国，但不同国家创新对制造业支撑是不同的，日本、德国和韩国的创新大部分是基于制造业的创新，很大程度上转化为制造业的结构升级、效率提升，但相比而言，美国、英国和法国的创新与生产制造相脱节，对制造业的支撑作用有限。从创新环节来看，日本、德国和韩国更关心产业过程创新，应用研究和试验发展投入较多，主要依靠企业研发投入，而美国、英国和法国关注基础研究，转化为制造业创新成果的比重不高。如，美国过去的研发对于生产领先所需要的先进技术和流程关注度非常有限，美国推出的几乎所有项目都致力于支持创新的开发阶段，而不是生产本身，美国政府通过大学和研究机构对基础研究提供支持，但较少对生产制造进行支持，[1] 与日本、德国和韩国制造研发的方式形成了鲜明对比。2018 年，日本企业研发投入占全部研发比重达到 79.06%，德国达到 66.01%，韩国也高达 76.64%，远高于美国的 63.12%、英国的 54.8% 和法国的 56.71%（见图 11-8）。从行业来看，下降组制造业研发投入不够，制造业研发投入占全行业研发投

---

[1] ［美］威廉姆·邦维利安、［美］彼得·辛格：《先进制造：美国的新创新政策》，沈开艳等译，上海社会科学院出版社 2023 年版。

入的比重远低于稳定组。2018年,日本、德国和韩国制造业研发投入占全行业研发投入的比重均稳定在85%以上,而美国这一数据2017年已经下降到65%以下(见图11-9)。

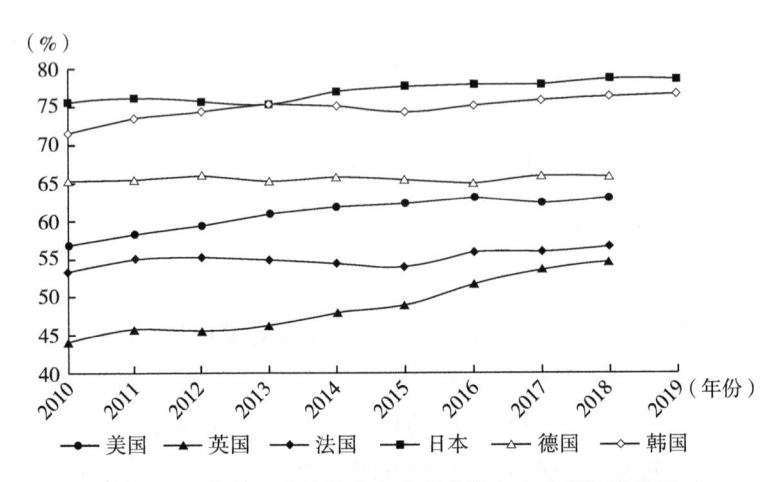

图11-8 先行工业化国家企业研发投入占全部研发比重

注:OECD数据中部分国家2018年后数据缺失。

资料来源:OECD。

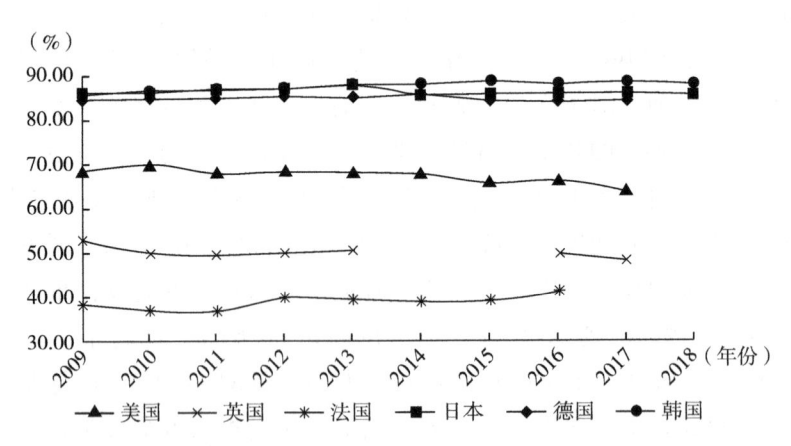

图11-9 先行工业化国家制造业研发投入占全行业研发投入的比重

注:OECD数据中部分国家数据缺失。

资料来源:OECD。

三 产学合作人才培养模式为制造业发展提供优质人才保障

最典型的是，德国采取"双元制"职业教育，即私人企业作为"一元"，国家公立学校作为另"一元"，合作培养应用技能人才的职业教育制度。[①] 数据显示，在多数年份德国第二阶段（即高中阶段）各类学校（包括主体中学、实科中学和完全中学）总的毕业生中，超过50%的年轻人选择接受"双元制"职业教育。[②] 德国"双元制"职业教育专业范围覆盖机械、汽车等很多制造业领域，为德国培育制造业技术人才打下了坚实基础。通过"双元制"职业教育，德国制造业企业可以显著降低新职工岗位熟悉、岗位安排和岗位培训等方面的成本费用，还可以在企业培训中挑选适合本工作岗位的优秀学员，获得高素质的员工，在全球制造业竞争中人才优势明显。无独有偶，日本也采取产教融合的方式促进制造业技能人才的培养，通过强化学生在企业的实习锻炼，增加学生与制造业企业的联系和磨合，为制造业企业培育了一批职业技能过硬、实践理论丰富、实用技术创新能力较强的人才。20世纪，韩国劳动力资源也开始呈现高学历化，但与制造业企业的需求脱节，很多高学历人才不愿意进入制造业企业。针对这一问题，韩国陆续出台了《职业培训促进法》《劳动者职业能力开发法》等法律法规，有效促进了制造业技能人才培育和成长，为韩国制造业发展奠定了良好的人才基础。[③]

[①] 蔡跃：《德国综合性大学的"双元制"教育模式研究》，《外国教育研究》2010年第7期。

[②] 姜大源：《德国"双元制"职业教育再解读》，《中国职业技术教育》2013年第33期。

[③] 张斌、武宸妤：《国际角度下的职业技能培训——以德国、瑞士、韩国、日本等国家为例》，《中国人力资源社会保障》2020年第12期。

四 耐心资本为制造业持续发展提供了长期稳定的资金支持

相比服务业，制造业企业一般拥有大量固定资产，可以作为抵押品从银行贷款。由于银行追求稳健投资的理念，制造业企业以厂房和设备为抵押，能够更便捷地在银行体系下融通资金，[①] 银行贷款相对比较耐心。[②] 日本、德国、韩国均通过银行贷款和政策性银行，加大对制造业信贷支持，制造业发展明显受益于这种银行主导下的间接融资体系。如，日本间接融资比重曾一度高达65%，[③] 德国也建立了由银行主导的金融体系，企业融资以间接融资为主，[④] 在韩国，银行一直是制造业企业的最重要的融资来源。相比银行贷款的长期性和稳健投资性，由于缺乏规制和引导，美英等发达国家风险投资、证券市场等直接融资体系偏向于高利润和短期利润回报，对轻资产的服务业支持较多，倾向于支持产业化前端、"从0到1"和"1到100"的项目，利润回报相对较高，资本退出时间相对较短，而对"100到10000"的制造过程耐心缺乏。[⑤] 此外，对于社交媒体等服务业领域的创新周期一般较短，企业仅需要5年左右的时间就可以从创意、试验到走向市场，但制造业企业，特别是生物医药和半导体

[①] 荀玉根：《融资方式对产业结构升级的影响——基于对美国、日本和中国的研究》，博士毕业论文，上海社会科学院，2019年。

[②] 银行贷款也并不是绝对的耐心资本，比如在中国就存在银行在银根一松就开始劝贷、经济过热就立马惜贷的现象。但因为制造业有固定资产作为抵押，银行贷款对制造业的支持比其他形式的金融支持方式相对具有耐心。

[③] 张威：《他山之石：金融支持先进制造业的国际经验》，《金融世界》2019年第10期。

[④] 德国有很多地方银行，这些地方银行对本地的制造业企业较为了解，能提供长期资金支持，与本地制造业企业一起成长。

[⑤] 以美国为例，2013年，在蒂姆肯公司的股东大会上，一个大型退休金公司和一个资产管理公司通过一个非强制性决议，要求这个有100年历史的轴承、钢铁、电力输送设备公司把它的钢铁业务剥离开来，以推动股价上涨。转引自［美］苏珊娜·伯杰：《重塑制造业》，廖丽华译，浙江教育出版社2018年版。

领域的企业可能需要 10 年或更长时间才能将产品带到市场,[1][2] 这也是美英等发达国家资本支持制造业不足的一个重要原因。

第四节 辩证看待制造业比重下降组和稳定组的风险和挑战

先行工业化国家进入后工业化时期后,制造业比重的高低对经济发展的表现并无显著影响。2019 年,制造业比重下降组中的美国人均 GDP 为 6.5 万美元,英国为 4.2 万美元,法国为 4.0 万美元,与稳定组中的日本的 4.0 万美元、德国的 4.6 万美元和韩国的 3.2 万美元相比,并无明显差距。[3] 2008 年国际金融危机后,以美国为代表的发达国家对制造业的重视加大,采取一系列措施促进再工业化战略,提升制造业比重,主要是因为下降组国家逐渐认识到制造业比重下滑对一国可持续安全发展的挑战加大。

一是制造业比重下降抑制了一国创新能力的提升。一国产业的核心竞争力主要源于其创新能力,而研发投入是一国提升创新能力的重要保障,而长期以来,制造业在研发投入上始终独占鳌头。数据显示,中美制造业研发投入占全部投入的比重均超过 60%。[4] 在创新链上,制造和研发相辅相成,在某些产业,两者更是密不可分,制造本身就是创新过程不可或缺的组成部分,研发很难独立于制造业存在,制造环节的向外转移首先会引起产业链上下游环节的外移,最终也会导致创新链的迁移。产业外迁导致的制造业比重下降,会

---

[1] [美] 苏珊娜·伯杰:《重塑制造业》,廖丽华译,浙江教育出版社 2018 年版。
[2] 风险投资对制造业企业不适用,对产业化年限超过 10 年、支持资金金额超过 1 亿美元的投资很难获取利润,因此美国很多风险投资倾向于将资金投入产业化年限相对较短的服务业领域,而不愿意支持制造业企业的发展。
[3] 数据来源:世界银行。
[4] 任继球、王海成:《中美贸易战实质是制造业之争》,《中国发展观察》2018 年第 15 期。

带来制造和研发长期分离，产品创新能力不足，破坏产业生态系统。从研发投入强度来看，稳定组均是高研发投入强度国家，下降组国家研发投入强度相对而言较低，也说明了这一道理。2018年，日本、德国和韩国的研发投入强度分别为3.26%、3.09%和4.81%，均高于美国的2.84%、英国的1.72%和法国的2.20%（见图11-10）。美国研发投入一直位居全球第一，但美国研发投入强度在近20多年增长缓慢，在2004年被韩国超越，在2011年被德国超越。韩国制造业比重远高于其他国家，其研发强度在21世纪后也快速提升，2018年达到4.81%。

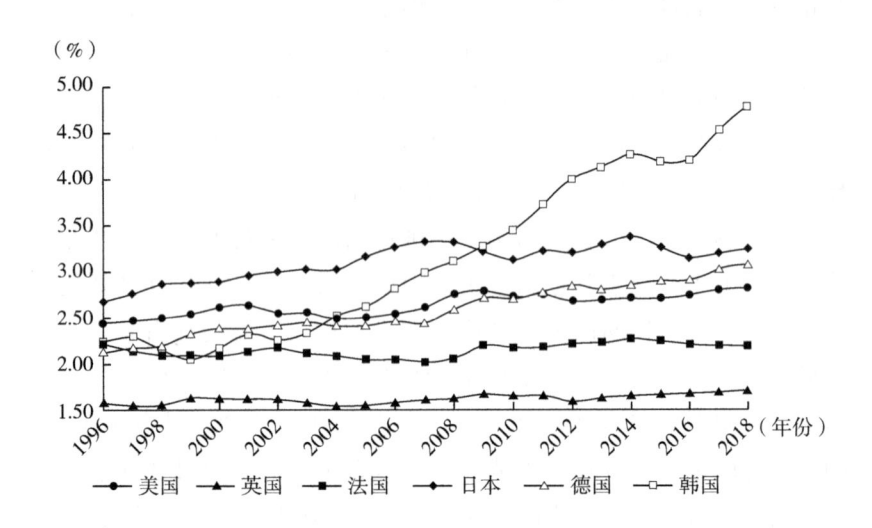

图 11-10　先行工业化国家研发投入强度

资料来源：世界银行。

二是制造业比重下降引发了一国对外部冲击下国家安全的担忧。早期发达国家之所以放任将制造业中的低附加值环节外包给发展中国家，除了发挥比较优势、促进产业升级的考虑以外，还有就是认为外包出去的低附加值环节技术含量相对较少，转移出去后如果还有需要，仍可快速促进回归。但随着制造业分工细化，产业配套对制造业发展的重要性愈发凸显，单独一个企业和某个环节很难孤立地回流，在一定程度上导致发达国家产业向外转移在中短期的不可逆。制造业发展是一国军事工业和重要物资供应的重要基础，制造业比重持续下降，会间接增加一国军事工业对国外供应链以及重要应急物资的依赖程度。在非应急状态下，一国可通过对外采购解决本国的战略应急物资供应问题，但在战时或疫情等外部冲击下，国家安全隐忧将凸显。当前，主要发达国家不断强化国防工业产业链安全战略，出台一系列推动国防工业供应链回流的政策，也反映出这些国家对制造业比重下降和国防工业供应链外溢的担忧。特别是在新冠疫情中，美国等发达国家防疫物资的短缺也说明这一问题。

三是制造业比重下降会扩大一国的贫富差距。对美国行业工资的数据研究发现，服务业中只有批发贸易、信息产业、金融和保险业、科学和技术服务业、公司管理部门工资高于制造业工资，其他部门工资都低于制造业部门工资，[①] 因此在制造业比重下降的过程中，大部分工人分流到服务业工资较低部门，服务业部门的扩张并没有改善反而恶化了工人的收入。在20世纪70年代后，美国制造业比重快速下降，这一时期美国底层90%人群实际收入平均增长率出现负增长（-0.17%），而同期美国前10%的高收入群体实际收入仍保持着1.42%的平均增长率（见图11-11）。

制造业比重过低会对一国可持续安全发展带来挑战，但从日本、德国和韩国的历史经验来看，制造业比重稳定组主要国家也同样面临挑战。一是稳定组国家均是出口导向型国家，对海外市场依赖较大，面临美国等高消费国家市场保护和贸易摩擦的挑战。一国可以在发展初期通过开拓国际市场，加快发展制造业，但随着该国制造

[①] 苏立君、王俊、杨善奇：《发达国家经济服务业化趋势、发生机制及经济后果——以美国为例》，《政治经济学评论》2016年第6期。

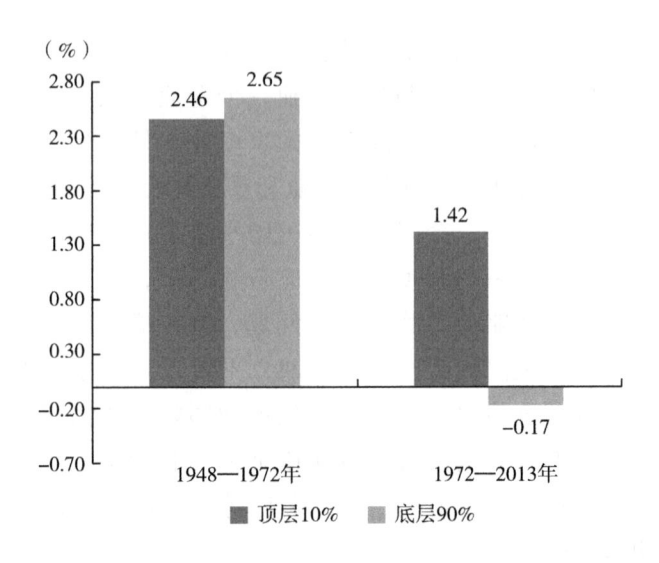

图 11-11　1948—2013 年美国实际收入平均增长率

资料来源：[美] 罗伯特·戈登：《美国增长的起落》，张林山、刘现伟、孙凤仪等译，中信出版集团 2018 年版。

业逐步壮大，占全球份额逐渐扩大，出口导向型的制造业发展模式很难持续。日本、德国和韩国均是货物贸易顺差大国，国外市场对高制造业比重贡献较大，这种出口导向型的发展模式面临贸易摩擦的严峻挑战。如，20 世纪 70 年代和 80 年代，由于日本对欧美市场集中大量出口，引发贸易摩擦，欧美各国对日本实行产品进口配额、反倾销等严厉的贸易保护。为了解决贸易摩擦，日本在贸易摩擦发生后的初期实行自愿出口限制，后期进行直接投资向海外转移生产，压缩日本制造业海外市场空间，对日本国内制造业发展造成较大压力。① 二是稳定组国家均是在已有制造业基础上的应用型创新国家，具有渐进式创新的特点，激进式创新和颠覆式创新不够可能会导致

---

① 赵瑾：《日美贸易摩擦的历史演变及其在经济全球化下的特点》，《世界经济》2002 年第 2 期。

错过新一轮工业革命。日本和德国的机械、汽车等传统产业发展较好，但也形成了过于依赖这些传统优势产业的惯性发展路径，在持续加大对传统制造业的创新投入的同时，却无法抓住新一轮工业革命的机遇，在新兴产业和未来产业的发展中严重滞后。如，美国诞生了谷歌、苹果等一批引领全球电子信息产业发展的跨国企业，而日本和德国在此领域鲜有建树。又如，美国燃油汽车发展逐渐落后于日本和德国，但美国在信息革命中孕育了电动汽车巨头特斯拉，而日本和德国的电动汽车产业发展在国际竞争中处于相对落后的状态。

第五节 启示与建议

制造业比重稳定组和下降组代表着两种不同的发展路径。这两种发展路径各有利弊，借鉴和参考何种路径需要结合和考虑中国当前的发展阶段和当前发展的主要矛盾。当前中国制造业比重出现下降的苗头，中国要高度警惕美国、英国和法国的发展路径对制造业比重下降的推动作用，要借鉴日本、德国和韩国稳定制造业的主要做法和经验，实施有针对性的政策措施和配套改革，夯实和稳固制造业发展的产业生态和发展基础，保持中国制造业比重基本稳定。但也要注意到，简单照搬日本、德国和韩国的发展路径，也会给中国带来负面影响，要结合中国的国情，加快推动构建新发展格局，充分吸取先行工业化国家的经验和教训，在稳定制造业比重的同时，促进中国经济高质量发展。

一是重视实体经济特别是制造业的发展，防范各种制造业的外迁。美国等发达国家制造业比重下降较多，但这些国家均完成了工业化，服务业在全球具有较强竞争力，制造业比重较低一定程度上是服务业走出去带来的高服务业占比导致的。但当前中国金融业、科技服务、商业服务等现代服务业发展并不突出，与美国等发达国家相比,在全球竞争力优势并不明显,制造业仍是中国参与全球竞争的重要部门和产业。因此,必须强化实体经济特别是制造业的基础地位,加大对部分战略性领域的支持力度。还要平衡产业外迁和国内产业转移的关系,以加快推进国内产业转移为重要抓手,防范制造业外迁,推动中西部地区交通、信息、物流等基础设施建设,大力推动东部地区不符合比较优势的产业向内陆转移。

二是加强外需市场建设,长期要通过扩大内需减少对外贸易依存度,短期要延续过去以出口为导向的发展战略,稳住欧美等海外市场。但也要认识到,与日本、德国和韩国等国家不同,中国是一个人口大国,制造业国内需求潜力巨大,特别是当前中国工业化并未惠及所有人群,国内仍有一部分人群工业制成品消费不足,工业发展的国内市场仍有较大空间。① 从长期来看,扩大内需是减少对外贸易依存度、稳定制造业比重的重要方式,因此,要逐渐通过收入分配制度改革,调节过高收入,增加低收入者收入,扩大中等收入者比重,完善失业人群职业技能培训体系,推动失业人群再就业,降低人工智能等新技术的贫富分化效应,培育壮大中等收入群体,提升中西部落后地区收入水平,深挖内循环市场需求潜力。

三是在加大基础研究投入的同时,强化创新对生产制造过程的支撑。当前,中国产业的发展重心从后发追赶向先发布局过渡和转变,为应对新一轮科技革命和产业变革,必须前瞻布局未来产业,加大基础研究投入。但也要认识到重视基础研究并不意味着要全方位举起全球创新的大旗,成为引领全球创新的引擎,为全球产业发展提供创新公共品,而是要围绕中国产业发展的重大"卡脖子"技术问题和制造业的优势领域,引导基础研究聚焦当前及未来一段时

---

① 2019年,中国每百户的汽车保有量在35辆左右,而同期美国每百人就有将近80辆汽车,日本也有将近60辆;同年,中国每百户仅拥有微波炉40台,而2009年美国微波炉用户比例已经达到96%;当前,中国仍有将近5亿人没有使用过抽水马桶,而美国在1940年抽水马桶就已经覆盖60%的家庭,到1970年更是上升至95%。

间制造业重点发展的行业和领域，支持制造业重点前沿技术产业关键技术、产业共性技术的基础理论研究攻关。同时也要认识到过程创新对制造业发展的重要性，警惕过度偏向基础研究和前端创新导致对过程创新的忽视，要鼓励制造业龙头企业成立研发机构，加强生产技术和装备的研发力度，推动制造生产工艺创新，增强企业的工艺创新能力，改进生产流程，提升产业化技术能力。

四是促进产教融合发展和耐心资本培育，强化人力资源、现代金融与制造业协同发展。一国的产业结构与人力资源结构和金融体系相辅相成、相互促进。一国制造业比重高、制造业企业发展突出，会带来与之相对应的人力资源结构和金融体系，而相对应的人力资源结构和金融体系又会反过来促进制造业的发展。要夯实制造业发展基础、稳定制造业比重可借鉴日本和德国等国家的经验，推动产教融合发展，提高制造业劳动供给质量，积极发展职业技术本科教育，创建一批高水平的应用型大学和职业技能型大学。建立校企协同育人机制，形成具有制造业特色的人才培养模式，促进校企深度协同，推行现代学徒制和企业新型学徒制，开展职业资格证书改革试点和高层次产业技术人才学位制试点。也要加强耐心资本培育，为制造业企业的长期发展提供一个稳定的金融支持系统，规制和引导高度依赖资本市场的短期金融投资模式，促进金融资本向产业资本、耐心资本转变，运用政府资本撬动民间资本，引导成立"耐心资本"投资机构，推动成立更多的长期投资基金。

第十二章　美国商业航天产业政策的四个转向及对中国的启示

20世纪60年代开始，美国实施"阿波罗计划"，有力地促进了美国航天技术的发展，但也耗费了美国大量财政资金。2000年左右，美国投入国家航天的资金大大缩减，在原有体制下，美国航天产业在全球的竞争力直线下滑。但进入21世纪后，美国积极推动航天产业政策转向，商业航天产业快速发展，并取得积极成效，卫星发射成本快速下降，航天器发射全球领先。当前中国航天产业商业化运行还处于初级阶段，可参考借鉴美国商业航天产业政策的转向，积极推动中国航天产业商业化发展，加快释放商业航天产业新动能。

第一节　美国商业航天产业发展取得积极进展

从20世纪80年代开始到21世纪初，美国航天产业发展出现下行趋势，国际竞争力锐减。20世纪90年代，美国彻底失去了在国际商业发射市场的主导地位，其市场份额由70年代的80%降至36%[1]。2011年，美国航天飞机退役后，美国航天员只能"买票"搭乘俄罗斯的飞船前往太空。同时，美国航天发射的主力部队——洛马和波

---

[1] 路建功、涂国勇等编著：《透视SpaceX公司20年发展历程（2002—2022年）》，中国宇航出版社2022年版。

音公司组建的联合发射联盟（ULA）长期进口俄罗斯的RD-180火箭发动机，无法用自己的火箭发动机替代，以致美国制裁俄罗斯时，不得不自己把该发动机排除在制裁清单之外。但近十多年来，美国加快推动国家航天战略转向，实施积极的航天产业政策，商业航天产业发展取得明显成效。

一是美国商业航天产值规模国际领先。从卫星发射服务业来看，2022年，全球商业采购的卫星发射服务业收入70亿美元，其中美国商业卫星发射收入占全球的比重达到56%，远高于其他国家和地区。从卫星制造业来看，2022年，全球卫星制造业收入158亿美元，其中，美国卫星制造业收入达到56亿美元，占全球比重的35.44%[1]，在世界主要国家中处于较高水平。

二是美国航天发射次数和航天器发射质量处于全球绝对领先水平。2022年，美国航天发射次数达到87次，占全球的比重达到46.8%，高于中国的64次。美国在全球航天发射的领先地位还在提升。2023年上半年，美国火箭发射次数达到52次，占全球的比重已经提升至54.2%，美国航天器发射总质量达到45.27吨，占全球的比重达到82.0%，远高于全球其他国家和地区。从存量来看，截至2022年年底，全球在轨航天器数量达到7218个，其中，美国4731个，占全球的比重达到66%，远高于欧洲的1002个和中国的704个[2]。

三是美国商业航天技术快速提升、成本加速下降。美国SpaceX航天公司自主研发的"猛禽"发动机，是世界首款成功起飞的"全流量分级燃烧"发动机，也是首款以甲烷为燃料并用于实战的火箭发动机，在各项指标上达到甚至超越了俄罗斯RD-180火箭发动机，美国在火箭发动机方面已完全摆脱对国外的技术依赖。同时，随着猎鹰重型、星舰为代表的大型火箭及绰号"超级筷子"的火箭可回收技术陆续成熟，SpaceX的发射成本大幅度下降。自2013年以来，

---

[1] 美国卫星产业协会（SIA）：《卫星产业状况报告（2023）》，2023年7月。
[2] 美国卫星产业协会（SIA）：《卫星产业状况报告（2023）》，2023年7月。

SpaceX 公司以 0.56 亿—0.62 亿美元的低地球轨道载荷单次发射的价格成功进入国际商业发射市场,远远低于传统发射服务商 1 亿—2 亿美元的价格,打破了原来欧洲阿里安空间公司、俄罗斯国际发射服务公司形成的垄断局面。且 SpaceX 的发射成本还在下降,如,猎鹰 9 号的 LEO 运力是中国长征二号丙的 10 倍,但平均发射成本仅为长征二号丙的 30%不到。

专栏 12-1　美国航天发展历程

第一阶段:阿波罗时代(20 世纪 60 年代到 70 年代初期)。作为第二次世界大战后美苏太空争霸赛的尖峰对决任务,NASA 在 1961—1972 年执行的载人登月项目,动用 40 万人,参与机构数千家,耗资 254 亿美元(相当于 2017 年的 2000 亿美元),先后 16 次成功发射,执行 11 次载人任务,其中 6 次成功载人登月,12 名宇航员登月。

第二阶段:航天飞机时代(1972—2011 年)。美国航天飞机是全世界唯一投入运行的航天飞机,也是迄今唯一能够多次复用的载人航天器。从 1981 年至 2011 年 30 年间,先后有 5 架服役,总发射次数为 135 次,成功发射 134 次,成功返航 133 次。但整整 30 年的航天飞机时代,最终在 2011 年被终结了。航天飞机退出历史舞台的原因主要有:一是宇航员丧生。全球载人航天失事一共造成 22 位宇航员丧生,其中美国就占了 14 位,占比高达 63%。二是财政资金花费较大。原计划每架航天飞机的设计寿命是 20 年、复用 100 次,但最终 5 架加起来才发射 135 次。也只有美国最强盛时期才经得起这 5 架航天飞机,苏联航天飞机只试飞了一次就终结了。即使以现在的美国财力,也无力再支撑一个新的航天飞机时代。

第三阶段：商业飞船时代（2010年至今）。这一阶段，NASA从运动员变身为裁判员，美国载人航天项目，从官办自营变成商业外包。美国航天飞机退役后，美国国际空间站补给运输和航天员太空运输出现政府供给真空，在一段时间必须依赖俄罗斯。因此，对内开放商业载人飞船项目，成为美国航天最近十年来最关键最急迫的特级计划。就在2011年航天飞机退役前一年，NASA就开始大力扶持本国太空快递公司，分别向波音、SpaceX持续投入48.2亿美元、31.4亿美元，用于开发新一代商业载人飞船。SpaceX和波音提供的平均报价在5800万美元/次/人，远低于俄罗斯联盟号的票价：2017年7060万美元/次/人，2018年涨到8100万美元/次/人。

资料来源：路建功、涂国勇编著：《透视SpaceX公司20年发展历程（2002—2022年）》，中国宇航出版社2022年版。

专栏12-2　SpaceX发展历程

SpaceX的发展大致可以分为三个阶段，第一阶段（2002—2009年）是萌芽时期。SpaceX从无到有，首枚火箭"猎鹰"-1的研制历经坎坷，第一次发射比原计划推迟了1年，在经历了2006—2008年连续三次失败后，终于2008年9月取得成功，成为首次成功发射入轨的私人液体火箭，并于2009年7月连续第二次试射成功，同时首次将卫星送入低地球轨道。2008年12月，SpaceX公司赢得了NASA高达16亿美元的国际空间站商业货运合同，并计划采用"猎鹰"-9和"龙"飞船在航天飞机退役后为国际空间站运送物资。

第二阶段（2010—2017年）是快速成长时期。为了满足NASA的国际空间站商业货运合同，SpaceX叫停了"猎鹰"-5

的研发，直接冲刺运载能力更强的"猎鹰"-9火箭。2010年6月，"猎鹰"-9首次飞行，2012年"龙"飞船与国际空间站对接，成为历史上首次对接国际空间站的商业飞船。"猎鹰"-9火箭于2015年和2016年相继实现火箭一子级陆地和海上平台回收，并于2017年实现一子级的重复使用，重新定义了运载火箭，并形成大规模、快速、低成本进入空间的能力。

第三阶段（2018年至今）是发展壮大时期。"猎鹰"-9火箭从首飞开始就进行了大量设计上的持续改进，在经历了8年的迭代升级后，"猎鹰"-9终极版"Block5"定型。2018年猎鹰重型火箭首飞成功，成为现役推力最大的运载火箭（近地轨道运载能力63.8吨）。2020年SpaceX顺利发射载人"龙"飞船，这是航天飞机退役后时隔近9年美国再次自主将本国航天员送入轨道，载人"龙"飞船认证完成最后一个重要里程碑。2021年星舰原型机SN15成功实现10km高度飞行演示验证，2023年4月"超重-星舰"执行首次轨道级测试飞行任务，但升空后不久发生爆炸，"超重-星舰"未来将具备全箭可完全重复使用能力。

资料来源：路建功、涂国勇等编著：《透视SpaceX公司20年发展历程（2002—2022年）》，中国宇航出版社2022年版，马天诣、吕伟、崔若瑜：《为什么SPACEX估值可达1500亿美金？》，民生证券研究报告，2023年3月6日。

第二节 美国商业航天产业加快发展得益于其产业政策"四个转向"

近些年来美国商业航天发展取得积极进展，在部分领域实现全球领先，是多方面因素的结果。不可否认，美国国家航天经过几十年的发展积累了大量的技术和产业基础,为美国商业航天企业的技术来源奠定了基础,同时美国成熟的市场体系为商业航天企业的融资等发展需求提供了较多帮助。同时,美国政府2004年提出了"重返月球"计划,计划退役航天飞机,并建造新的太空交通工具,但这个计划在2010年因美国财政捉襟见肘而搁浅,美国出现航天飞机退役后国际空间站补给运输和航天员太空运输出现政府供给真空,被国内外少数几个企业高度垄断,也给商业航天企业打破垄断分一杯羹带来了机遇。而美国航天产业政策的转向在这些因素的基础上加快释放以SpaceX为代表的商业企业创新活力,有效促进了美国商业航天产业的发展。

一 剥离业务:从"近地业务、深空探索两手抓"到"将近地竞争性业务剥离给商业航天",为新进入企业提供商业化发展空间

2004年,美国设立的"太空探索新构想"中将未来的目标定位于任务更复杂、成本更高的载人深空探索。此后,美国政府陆续颁布了《美国国家航天政策》(2006版)、《美国国家航天政策》(2010版)、《国家航天运输政策》(2013版)、《关于促进私营航天竞争力、推进创业的法案》(2015)和《商业航天发射竞争法案》(2015)等政策,其中最重要的就是要求NASA将发展核心转变到科学研究和深空探测领域,即"太空探索新构想",要求NASA让出最赚钱的近地空间业务,放开相关科研给私营航天公司并支持它们的发展。如,2013年出台的《国家航天运输政策》,明确指出要鼓励商业航天企业研制和发展低地球轨道航天运输系统,将国际空间站的运输服务交由商业公司竞争,先通过政府服务需求的牵引和带动,提高美国竞争力,继而在国际商业发射市场上争取更多份额。

NASA随之转变方向,认为商业航天公司比政府机构更能有效承担起开发和运营低地球轨道项目,而NASA及其系统内研发机构和企业要将主要资金用来实现"太空探索新构想"的目标。在这一理念和

支持方向转变下，美国国际空间站任务合同，如 2008 年的商业货运服务和 2010 年的商业载人项目，两个合同合计超过百亿美元，被要求只能交给商业公司。在这些政策的激励下，无数资本开始涌入。几个今天非常成功的商业航天公司都是此段时间成立的，如，可回收火箭的 Blue Origin 公司、SpaceX 公司先后在 2000 年和 2002 年成立。

二　政企分离：从"政企一体吃大锅饭"到"政企分离和企业自主决策、自负盈亏"，为企业降本增效提供较大激励

美国波音和洛马等企业的航天系统虽然也是由私人公司设计建造，但由于涉及军工，这些企业被政府牢牢控制，企业自主决策权不多，属于美国航天系统内企业。在美国以往的航天器研发制造中，这些系统内航天巨头会参与到项目中来，尽管航天器的制造最终是由这些企业而不是 NASA 来完成的，但在研发过程中，NASA 始终对航天的设计保持控制，NASA 的科学家和工程师会参与研发、制造、测试和发射的各个过程，主导设计方案和技术路线的确定，并确保航天器的安全和可靠。但造成的结果是，制造出的航天器、附带的知识产权和航天器的运营设施属于 NASA，研发的全部预算也由 NASA 承担。这种模式的弊端：一是由于项目的成败由 NASA 负责，承包商通过技术开发降低成本的动力不强，NASA 进行航天活动的成本不断增加，项目几乎都会超过预算；二是作为政府机构的 NASA 因官僚主义而导致的内耗，大幅增加了管理成本。

为破除这些弊病，NASA 对"政企一体吃大锅饭"的发展模式进行改革，颁布了太空行动协议，以替代以前的联邦采购规则，采用固定价格而不再是传统的成本加利润的合同，具体为：一是允许参与公司保留其知识产权，可防止这些产权转手归政府所有或由竞争公司享用；二是航天研发设计方面的决策，全部让渡给私营企业决定，当政府改变要求时，公司可自主决定应对措施，因此可免除多层次官僚主义的约束造成的延缓进度和高成本问题；三是在确定的里程碑事件实现后，企业才能获得资金。与以往不同的是，企业拿到 NASA 的资助后，对飞船设计具有自主权，可以采用一切认为合理的设计方案和技术路线，研发产生的技术和专利成果归属企业。同时，NASA 只为自身的需求付费，无论航天器研发最终的成本是多少，NASA 的付费是固定的。在这种模式下，企业将有动力自发地提高研发的效费比，尽力控制成本。

三 政采创新：从"政府系统内采购"到"赛马式政府采购制度创新"，在供血企业的同时强化企业竞争

NASA 以前的任务订单基本就在波音、洛马等传统航天巨头里挑，基本形成了寡头垄断的局面。但在 2008 年之后，NASA 改变了传统的政府采购制度，给予新兴企业更多机会，构建起一个有效市场竞争的商业航天格局。以 2010 年 NASA 启动的商业载人运输方案为例，第一轮 NASA 采购的目的是完成系统概念、关键技术的研发，NASA 授予 5 家公司共 5000 万美元。第二轮于 2011 年 4 月 18 日启动，主要开展运载火箭的设计和成熟度研究，加速"商业乘员运输系统"技术的实现。NASA 向美国工业界征集了促进商业乘员运输发展的意见，并向 4 家公司授出 3.162 亿美元的合同。第三轮为商业载人综合能力计划，将完成商业乘员运输系统的综合设计，包括航天器、运载火箭、地面运营和任务控制，帮助美国实现安全、可靠、经济的载人进入太空的方案，最终只选择 2 家企业，每个合同价值 3 亿—5 亿美元。

NASA 新的采购制度有几个优点：一是吸引新兴企业参与，给商业航天产业带来了搅局者和鲇鱼效应，促进商业航天领域的有效竞争。如，第一轮从 22 家竞赛者中选定了 5 家，第二轮从 5 家中淘汰 1 家，最后一轮 4 进 2，通过竞争压力激发企业创新。二是采取多阶段事前支付的方式，为新兴商业航天企业带来研发资金支持。新兴企业与传统航天巨头相比，技术积累相对较少，资金相对有限，NASA 通过多阶段政府采购，给予新兴企业技术攻关的时间和资金，为新兴企业技术积累和胜任后期任务创造了条件。截至 2018 年年底，美国政府为 SpaceX 公司提供的资金支持包括系统研制经费和服务采购经费，合计高达 80 亿美元，对 SpaceX 的成长发挥了重要作用。三是通过多阶段的任务设置，以技术规制为主要手段，前两轮竞争淘汰掉大多数企业，政采的大部分资金给予最后一轮具有技术实力的中标企业，从而为整个任务的安全顺利执行提供了重要保证。

表 12-1　　SpaceX 获得的政府招标项目及模式创新　　单位：亿美元

项目	金额	年份	来源	类别
商业轨道运输服务计划（COTS）	3.96	2006	NASA	货运系统研制及鉴定
商业乘员研制（CCDev2）	0.75	2011	NASA	载人系统研制及鉴定
商业乘员集成能力（CCiCap）	4.6	2012	NASA	载人系统研制及鉴定
鉴定产品合同	0.09	2012	NASA	载人系统研制及鉴定
商业乘员运输能力（CCiCap）	26	2014	NASA	载人系统研制及鉴定
第一轮商业补给服务（CRS-1）	16	2008	NASA	服务采购
CRS-1 延长	11.5	2015	NASA	服务采购
第一轮商业补给服务（CRS-2）	9	2016	NASA	服务采购
猛禽液氧甲烷发动机	0.33	2016	美国空军	系统研制
猛禽液氧甲烷发动机	0.4	2017	美国空军	系统研制
DSCOVER 发射	1	2012	美国空军	服务采购
STP-2 发射	1.62	2012	美国空军	服务采购
GPS3 发射	0.82	2016	美国空军	服务采购
GPS3 发射	0.96	2017	美国空军	服务采购
GPS3 发射	2.9	2018	美国空军	服务采购
合计	79.93			

资料来源：钛和智库、中国宇航协会、国海证券。

四 政军开放：从"航天技术和设施的封闭化"到"转让和租赁形式的商业化开放"，为企业技术创新和运营节约重复建设成本

美国在航天领域积累了大量的技术和专利，也兴建了很多基础设施，新的企业进入商业航天领域若要从头开始建设，需要大量的前期投入，也会带来重复建设的资源浪费。但美国航天技术和设施均属于军工等部门，相对较为封闭，一般不对商业企业开放。但在近地球轨道业务对私营企业开放后，NASA 通过协调等方式促进私营企业能够通过商业化方式利用相关技术和基础设施。

一是 NASA 推动其系统内技术向私营企业开放。如，SpaceX 等商业航天企业主要的技术专利来自 NASA 及其下属的戈达德航天飞行中心、约翰逊航天中心、肯尼迪航天中心、马歇尔航天飞行中心、斯坦尼斯航天中心和喷气推进实验室。在 SpaceX 等商业航天企业进入航天系统"搅局"之后，NASA 及其下属的研究中心、产业设施与商业航天企业进行商业化合作。商业航天企业发出需求，NASA 做研究，最后商业航天企业付钱购买其完成的技术成果或专利。根据 NASA 最新的航天法案协议清单，NASA 和 SpaceX 公司之间签订的航天法案协议中，有 10 项是由 NASA 为 SpaceX 公司提供技术支持，涉及的技术领域包括运载火箭研制、发动机建模、增材制造技术、乘员舱显示和控制技术。另外，在"商业轨道运输服务"计划和商业载人运输方案下，双方签署的协议也明确表述，NASA 会给 SpaceX 公司提供必要的技术支持，而且相关技术成果和专利的所有权属于 SpaceX。一方面，通过提供技术支持保证 SpaceX 公司的航天运输系统研制计划，另一方面，将技术成果划归为公司产权，促进技术的商业应用。此外，其他商业航天企业也得到过 NASA 的技术支持。如，比格罗航天公司（Bigelow Aerospace）的可扩性膨胀居住舱技术，也曾是 NASA 试验了多年的技术。内华达山脉公司（SNC）的"追梦者"小型航天飞机

采用的构型，就是 NASA 在多年积累的升力体技术上研发出的 HL-20 升力体构型。

二是 NASA 协调军用发射基础设施租赁给私营企业使用。经过 NASA 从中协调，从 2007 年 4 月开始，美国空军准许 SpaceX 公司租用其卡纳维拉尔角 40 号发射台用于商业卫星发射。通过租赁方式得到上述设施的使用权之后，尽管 SpaceX 需要进行大量适应性改建，但是相比于完全自建发射场，租赁更加经济，而且更重要的是能够利用空军和 NASA 提供的各类支持服务。

第三节　对中国的启示与建议

2023 年 12 月召开的中央经济工作会议提出，要打造商业航天等若干战略性新兴产业。当前中国航天产业商业化运行还处于初步阶段，要借鉴美国产业政策的"四个转变"，加快推动中国商业航天产业发展。但也要认识到中国国情的特殊性，在尊重存量的基础上，优化和提升增量，加快推动先行先试，促进中国航天产业商业化发展。

一是为民商航天企业剥离让渡国家部分航天发射竞争性业务。建议国家航天局设立商业航天分局，具体负责航天产业商业化运行事宜，统筹发展商业航天产业，负责开展航天发射申报、商业航天发射协调等事项，为商业航天发射简化审评审批流程。特别是将国家部分发射任务订单中的竞争性业务剥离给商业航天分局，采取"政府采购+企业竞标"模式，明确通过政府采购的方式给予国内民商航天企业，以政府采购放松管制和稳定需求预期鼓励社会资本进入商业航天领域。

二是在安全基础上推动航天技术成果向国内民商航天企业开放。推动国家航天局相关事业单位、国有航天企业和航天相关科研院所成立混合所有制企业，采取灵活的机制，加强市场化激励，将航天技术积累以商业化方式向民商航天企业开放，促进相关技术的流动，减少民商航天企业技术创新投资的重复建设。同时，支持国有航天企业以参股的形式，与民商企业成立混合所有制企业，促进国有航天企业与民商企业的技术交流和人才交流。支持国有航天企业人才创新创业，促进体制内外科研人员自由流动，鼓励国有航天企事业单位高水平人才来商业航天大企业任职。

三是通过赛马方式加大对重点技术攻关企业的倾斜性扶持。动员央地各级政府和各类央国企力量，以一定比例形式撬动民间资本，共同组建国家商业航天大基金，加强对商业航天领域上下游企业前期发展倾斜性支持。建议借鉴美国政府采购创新模式，通过分阶段的方式，在前期支持多个企业进行技术验证的基础上，不断通过技术指标缩小支持范围，在后期阶段支持少数几个重点技术攻关企业获得政府订单，并在完成里程碑事件后，通过股权投资方式配套给予大基金资金支持，引导民间资本支持民商航天企业。

主要参考文献

一　中文文献

本书编写组：《中国电机工业发展史——百年回顾与展望》，机械工业出版社 2011 年版。

BCG 中国气候与可持续发展中心：《中国碳中和通用指引》，中信出版集团 2021 年版。

陈宝森：《美国经济与政府政策——从罗斯福到里根》，社会科学文献出版社 2007 年版。

高柏、李国武、甄志宏等：《中国高铁创新体系研究》，社会科学文献出版社 2016 年版。

国际能源署：《中国能源体系碳中和路线图》，中信出版集团 2024 年版。

国家发展和改革委员会编写：《〈中华人民共和国国民经济和社会发展第十四个五年规划和 2035 年远景目标纲要〉辅导读本》，人民出版社 2021 年版。

国家统计局编：《国际统计年鉴 2020》，中国统计出版社 2021 年版。

黄汉权等：《新时期中国产业政策转型：理论与实践》，中国社会科学出版社 2017 年版。

机械工业经济管理研究院主编：《中国装备制造业发展报告

（2017）》，社会科学文献出版社2017年版。

江飞涛等：《理解中国产业政策》，中信出版集团2021年版。

路建功、涂国勇等编著：《透视SpaceX公司20年发展历程（2002—2022年）》，中国宇航出版社2022年版。

王昌林：《新发展格局：国内大循环为主体 国内国际双循环相互促进》，中信出版社2021年版。

王昌林主编：《大众创业万众创新理论初探》，人民出版社2018年版。

王缉慈等：《超越集群：中国产业集群的理论探索》，科学出版社2010年版。

杨斌主编，李建明、李东红副主编：《中国高端装备制造业发展报告》，清华大学出版社2017年版。

杨志刚：《复杂技术学习和追赶——以中国通信设备制造业为例》，知识产权出版社2008年版。

［英］埃里克·霍布斯鲍姆：《工业与帝国：英国的现代化历程》，梅俊杰译，中央编译出版社2016年版。

［英］艾瑞克·霍布斯鲍姆：《帝国的年代：1875—1914》，贾士蘅译，中信出版集团2017年版，第60页。

［美］戴维·奥德兹、［德］埃里克·莱曼：《德国的七个秘密》，颜超凡译，中信出版集团2018年版。

［美］道格拉斯·欧文：《贸易的冲突：美国贸易政策200年》，余江、刁琳琳、陆殷莉译，中信出版集团2019年版。

［美］加里·皮萨诺、［美］威利·史：《制造繁荣：美国为什么需要制造业复兴》，机械工业信息研究院战略与规划研究所译，机械工业出版社2014年版。

［美］罗伯特·戈登：《美国增长的起落》，张林山、刘现伟、孙凤仪等译，中信出版集团2018年版。

［美］乔纳森·休斯、［美］路易斯·P.凯恩：《美国经济史》

（第7版），邱晓燕、邢露等译，北京大学出版社2011年版。

［美］斯坦利·L.恩格尔曼、［美］罗伯特·E.高尔曼主编：《剑桥美国经济史（第三卷）：20世纪》（上册），蔡挺等主译，中国人民大学出版社2018年版。

［美］斯坦利·L.恩格尔曼、［美］罗伯特·E.高尔曼主编：《剑桥美国经济史（第三卷）：20世纪》（下册），蔡挺等主译，中国人民大学出版社2018年版。

［美］苏珊娜·伯杰：《重塑制造业》，廖丽华译，浙江教育出版社2018年版。

［法］托马斯·皮凯蒂：《21世纪资本论》，巴曙松等译，中信出版社2014年版，第358页。

［美］托马斯·K·麦格劳：《现代资本主义：三次工业革命中的成功者》，赵文书、肖锁章译，江苏人民出版社2006年版，第85页。

［美］威廉姆·邦维利安、［美］彼得·辛格：《先进制造：美国的新创新政策》，沈开艳等译，上海社会科学院出版社2023年版。

［日］小宫隆太郎、奥野正宽、铃村兴太郎编：《日本的产业政策》，黄晓勇等译，国际文化出版公司1988年版。

［日］中西辉政：《大英帝国衰亡史》，王敬翔译，湖南人民出版社2018年版。

敖青、陈相、刘永子：《广东未来产业培育方向与发展路径研究》，《特区经济》2021年第4期。

蔡跃：《德国综合性大学的"双元制"教育模式研究》，《外国教育研究》2010年第7期。

陈爱贞：《全球竞争下装备制造业技术创新路径：基于分工网络视角分析》，《南京大学学报》（哲学·人文科学·社会科学版）2013年第3期。

陈劲：《聚焦未来产业，探寻管理创新》，《清华管理评论》

2020年第9期。

邓久根、贾根良：《英国因何丧失了第二次工业革命的领先地位？》，《经济社会体制比较》2015年第4期。

冯祖强、余轶峰：《"双碳"目标下钢铁企业的应对策略探讨》，《广西节能》2021年第3期。

付保宗：《当前我国装备制造业竞争力现实特征及影响因素》，《中国经贸导刊》2013年第19期。

高斌：《浅谈"十四五"及2035年我国钢铁原料需求及结构变化》，《冶金管理》2021年第10期。

顾昕：《产业政策治理模式创新的政治经济学》，《中共浙江省委党校学报》2017年第1期。

顾昕、张建君：《挑选赢家还是提供服务？——产业政策的制度基础与施政选择》，《经济社会体制比较》2014年第1期。

郭京京、眭纪刚、马双：《中国未来产业发展与创新体系建设》，《新经济导刊》2021年第3期。

郭年顺、李君然：《本土半导体企业打破"后进者困境"的路径和机制——以华为海思为例》，《企业经济》2019年第6期。

何宁、夏友富、黄海刚：《中国产业迈向全球价值链中高端科技政策研究——以装备制造业为研究对象》，《科技管理研究》2018年第7期。

贺俊：《新经济与结构性产业政策的精细化调整》，《探索与争鸣》2017年第1期。

贺俊：《中国向世界制造业中心转变过程中装备工业发展的战略选择》，《产业经济研究》2006年第3期。

贺俊、刘湘丽：《日本依托"母工厂"发展先进制造的实践及启示》，《中国党政干部论坛》2013年第10期。

贺俊、吕铁、黄阳华、江鸿：《技术赶超的激励结构与能力积累：中国高铁经验及其政策启示》，《管理世界》2018年第10期。

贺正楚、吴艳：《战略性新兴产业的评价与选择》，《科学学研究》2011 年第 5 期。

湖北省总工会课题组：《提升技术工人技能素质的调研和建议》，《中国工运》2020 年第 9 期。

黄汉权：《美国对华 301 调查报告对中国产业政策的指责毫无道理》，《中国战略新兴产业》2018 年第 17 期。

黄汉权、任继球：《新时期我国产业政策转型的依据与方向》，《经济纵横》2017 年第 2 期。

黄群慧：《新发展格局的理论逻辑、战略内涵与政策体系——基于经济现代化的视角》，《经济研究》2021 年第 4 期。

黄群慧、贺俊：《中国制造业的核心能力、功能定位与发展战略——兼评〈中国制造 2025〉》，《中国工业经济》2015 年第 6 期。

黄阳华、吕铁：《深化体制改革中的产业创新体系演进——以中国高铁技术赶超为例》，《中国社会科学》2020 年第 5 期。

黄艺苗：《2001 年—2015 年我国新能源汽车产业政策综述》，《汽车工业研究》2017 年第 7 期。

江飞涛、李晓萍：《改革开放四十年中国产业政策演进与发展——兼论中国产业政策体系的转型》，《管理世界》2018 年第 10 期。

江飞涛、李晓萍：《当前中国产业政策转型的基本逻辑》，《南京大学学报》（哲学·人文科学·社会科学）2015 年第 3 期。

江飞涛、李晓萍：《直接干预市场与限制竞争：中国产业政策的取向与根本缺陷》，《中国工业经济》2010 年第 9 期。

江小涓、孟丽君：《内循环为主、外循环赋能与更高水平双循环——国际经验与中国实践》，《管理世界》2021 年第 1 期。

姜大源：《德国"双元制"职业教育再解读》，《中国职业技术教育》2013 年第 33 期。

李晓华、吕铁：《战略性新兴产业的特征与政策导向研究》，

《宏观经济研究》2010年第9期。

李晓华、王怡帆：《未来产业的演化机制与产业政策选择》，《改革》2021年第2期。

李晓琳：《提升我国装备制造业在全球价值链中的地位》，《宏观经济管理》2018年第12期。

李折周：《韩国发展型国家模式下"进口替代"与"出口导向"战略研究》，《东北亚经济研究》2020年第1期。

李政刚：《从政府主导走向院所治理：公益类科研机构"去行政化"改革研究》，《科技进步与对策》2015年第1期。

林学军：《战略性新兴产业的发展与形成模式研究》，《中国软科学》2012年第2期。

刘文仲：《中国钢铁工业互联网发展现状及思考》，《中国冶金》2022年第11期。

刘娅、梁明、徐斯等：《中国制造业外迁现状与应对策略——基于产业链供应链关联性的分析》，《国际贸易》2023年第5期。

刘志彪：《从客场到主场：中国经济全球化的新格局》，《智慧中国》2020年第8期。

刘志彪、孔令池：《从分割走向整合：推进国内统一大市场建设的阻力与对策》，《中国工业经济》2021年第8期。

卢锋：《繁复的产业政策 不利经济结构调整》，《中国产经》2013年第7期。

路风：《冲破迷雾——揭开中国高铁技术进步之源》，《管理世界》2019年第9期。

吕铁、贺俊：《如何理解中国高铁技术赶超与主流经济学基本命题的"反差"》，《学术月刊》2017年第11期。

吕铁、贺俊：《政府干预何以有效：对中国高铁技术赶超的调查研究》，《管理世界》2019年第9期。

罗重谱、李晓华：《中国超大规模市场优势发挥与"双循环"

新发展格局的构建》,《学习与探索》2021年第11期。

任继球:《从外循环到双循环:我国产业政策转型的基本逻辑与方向》,《经济学家》2022年第1期。

任继球:《供给侧改革中的钢铁行业:发展成效与趋势展望》,《宏观经济管理》2018年第7期。

任继球:《加快推动制造业国内产业转移》,《中国投资》2022年第Z3期。

任继球:《特朗普经济政策对我国产业发展的影响》,《宏观经济管理》2017年第6期。

任继球:《推动装备制造业高质量发展》,《宏观经济管理》2019年第5期。

任继球:《先行工业化国家制造业比重稳定组和下降组的比较及启示》,《经济纵横》2022年第1期。

任继球:《政府主导产业发展模式的边界条件——高铁与通信设备行业比较启示》,《开放导报》2020年第5期。

任继球、王海成:《中美贸易战实质是制造业之争》,《中国发展观察》2018年第15期。

任曙明、康潇丹、王洪静:《业主损失厌恶对本土企业进入的阻止——对重大装备制造业产业政策的反思》,《大连理工大学学报》(社会科学版)2012年第2期。

沈华、王晓明、潘教峰:《我国发展未来产业的机遇、挑战与对策建议》,《中国科学院院刊》2021年第5期。

石春艳、张国帅、李益等:《碳中和背景下的钢化联产发展趋势》,《过程工程学报》2022年第10期。

苏立君、王俊、杨善奇:《发达国家经济服务业化趋势、发生机制及经济后果——以美国为例》,《政治经济学评论》2016年第6期。

汤志伟、李昱璇、张龙鹏:《中美贸易摩擦背景下"卡脖子"技术识别方法与突破路径——以电子信息产业为例》,《科技进步与对策》2021 年第 1 期。

田勇、田中明、王念军等：《中国钢铁行业碳排放源头治理分析与策略研究》，《鞍钢技术》2022 年第 5 期。

王刚、张怡、李万超等：《基于双碳目标的钢铁行业低碳发展路径探析》，《金融发展评论》2022 年第 2 期。

王海风、平晓东、周继程等：《中国钢铁工业绿色发展回顾及展望》，《钢铁》2023 年第 2 期。

王辉、张月友：《战略性新兴产业存在产能过剩吗？——以中国光伏产业为例》，《产业经济研究》2015 年第 1 期。

王喜平、王素静：《碳交易政策对我国钢铁行业碳排放效率的影响》，《科技管理研究》2022 年第 1 期。

王燕梅、周丹：《中速增长时期的产业政策转型——以中国装备制造业为例》，《当代经济科学》2014 年第 1 期。

王一鸣：《积极探索形成"双循环"新发展格局的路径》，《清华金融评论》2020 年第 11 期。

韦福雷：《论"双碳"下高耗能产业向西部地区的转移》，《开放导报》2021 年第 5 期。

魏守华、石碧华：《论企业集群的竞争优势》，《中国工业经济》2002 年第 1 期。

吴敬琏：《产业政策面临的问题：不是存废，而是转型》，《兰州大学学报》（社会科学版）2017 年第 6 期。

伍华佳：《中国高碳产业低碳化转型产业政策路径探索》，《社会科学》2010 年第 10 期。

夏骋翔：《产业政策的经济学分析》，《经济问题探索》2007 年第 3 期。

肖广岭：《以颠覆性技术和"卡脖子"技术驱动创新发展》，《人民论坛·学术前沿》2019 年第 13 期。

邢奕、崔永康、田京雷等：《钢铁行业低碳技术应用现状与展望》,《工程科学学报》2022年第4期。

徐奇渊:《双循环新发展格局:如何理解和构建》,《金融论坛》2020年第9期。

薛英岚、张静、刘宇等:《"双碳"目标下钢铁行业控煤降碳路线图》,《环境科学》2022年第10期。

余东华:《"十四五"期间我国未来产业的培育与发展研究》,《天津社会科学》2020年第3期。

张斌、武宸妤:《国际角度下的职业技能培训——以德国、瑞士、韩国、日本等国家为例》,《中国人力资源社会保障》2020年第12期。

张杰:《基于产业政策视角的中国产能过剩形成与化解研究》,《经济问题探索》2015年第2期。

张鹏飞、徐朝阳:《干预抑或不干预?——围绕政府产业政策有效性的争论》,《经济社会体制比较》2007年第4期。

张琦、沈佳林、籍杨梅:《典型钢铁制造流程碳排放及碳中和实施路径》,《钢铁》2023年第2期。

张威:《他山之石:金融支持先进制造业的国际经验》,《金融世界》2019年第10期。

张于喆、杨威:《中兴事件冷思考》,《中国经贸导刊》2018年第21期。

赵瑾:《日美贸易摩擦的历史演变及其在经济全球化下的特点》,《世界经济》2002年第2期。

郑春蕊、李晓沛:《"十四五"时期我国未来产业发展战略与思路》,《河南科技》2021年第27期。

郑明月:《钢铁产业发展趋势及碳中和路径研究》,《冶金经济与管理》2022年第1期。

周波、冷伏海、李宏等:《世界主要国家未来产业发展部署与启示》,《中国科学院院刊》2021年第11期。

李万：《加强核心技术攻关的关键所在》，《学习时报》2019年5月29日。

刘鹤：《加快构建以国内大循环为主体、国内国际双循环相互促进的新发展格局》，《人民日报》2020年11月25日。

卢海川：《新生代农民工与代工企业的劳资博弈——以郑州富士康为例》，硕士学位论文，河南农业大学，2022年。

荀玉根：《融资方式对产业结构升级的影响——基于对美国、日本和中国的研究》，博士毕业论文，上海社会科学院，2019年。

二 英文文献

Mao, J., Tang, S., Xiao, Z., & Zhi, Q., "Industrial Policy Intensity, Technological Change, and Productivity Growth: Evidence from China." *Research Policy*, 2021, 50 (7), 104287.

Mu, Q., & Lee, K., "Knowledge Diffusion, Market Segmentation and Technological Catch-up: The Case of the Telecommunication Industry in China", *Research Policy*, 2005, 34 (6).

Porter, M. E., *The Competitive Advantage of Nations*. Macmillan, Publishing: London, 1990.

Rabellotti, R., "Is There an 'Industrial District Model'? Footwear Districts in Italy and Mexico Compared", *World Development*, 1995, 23 (4).